本书系海南省 2019 年哲学社会科学规划课题成果 ［HNSK（YB）19-31］

SHIDEZHILIYANJIU

JIYUHAINANSHENGZHONGXIAOXUEDE

DIAOCHAYUFENXI

师德治理研究

——基于海南省中小学的调查与分析

华 荣 孙自强 ◆ 著

中国政法大学出版社

2024 · 北京

图书在版编目（CIP）数据

师德治理研究 ： 基于海南省中小学的调查与分析 /
华荣，孙自强著. -- 北京 ： 中国政法大学出版社，
2024. 7. -- ISBN 978-7-5764-1666-4

Ⅰ. G635.16

中国国家版本馆 CIP 数据核字第 2024AF2696 号

出 版 者	中国政法大学出版社
地　　　址	北京市海淀区西土城路 25 号
邮寄地址	北京 100088 信箱 8034 分箱　邮编 100088
网　　　址	http://www.cuplpress.com (网络实名：中国政法大学出版社)
电　　　话	010-58908586(编辑部) 58908334(邮购部)
编辑邮箱	zhengfadch@126.com
承　　　印	固安华明印业有限公司
开　　　本	880mm×1230mm　1/32
印　　　张	9
字　　　数	250 千字
版　　　次	2024 年 7 月第 1 版
印　　　次	2024 年 7 月第 1 次印刷
定　　　价	59.00 元

序

　　教育，作为社会进步的基石，承载着培养人才、传承文明的重要使命。教师，作为教育事业的中坚力量，其职业道德和职业操守的优劣直接关系教育质量的高低和人才培养的效果。党的二十大报告提出，"加强师德师风建设，培养高素质教师队伍，弘扬尊师重教社会风尚"。加强师德师风建设，培养高素质教师队伍，是落实党的教育方针、推进教育现代化、提高教育质量的关键所在。师德的提升需要师德教育体系的支持，也离不开师德治理体系的保障。师德教育体系可以帮助教师树立正确的价值观和职业道德，培养良好的教学态度和行为习惯。而师德治理体系则可以通过建立健全的评价机制、监督机制和问责机制，对教师的师德行为进行规范和管理，对违反师德规范的行为进行处理和处罚，从而确保教师的师德行为符合职业要求，维护教育行业的形象和声誉。

　　然而，我们也必须清醒地认识到，当前师德治理面临着诸多挑战和困境。一方面，社会转型期的复杂多变对教师职业道德提出了更高要求；另一方面，部分教师在师德方面存在的问题不容忽视。这些问题既有个体层面的道德失范，也有制度层面的监管缺失。因此，时代呼唤建立健全的师德治理体系，对教师的师德行为进行规范和管理。本书就是对当代师德治理的一种理论与实践的探索。主要分为四大部分，十个章节，从师德治理概述、师德治理主要内容调查与分析、师德治理的现实困境与应对策略、师德师风案例展示四大模块深入分析当前我国师德治理的现状及问题，期望对现实中的师德治理问题予以回应。同时进一步结合中小学管理模式的特点及制度特征，分析当前师德治理理念及方式，寻求建立多元主体参与、共商共治的师德治理长效机制。

本书系海南省 2019 年哲学社会科学规划课题成果［HNSK（YB）19-31］，由课题组成员共同完成，具体分工如下：孙自强（前言和全书统稿）；华荣（第一章、第三章、第四章、第六章、第八章和第九章）；郭晓君（第二章和第十章）；温小静（第五章）；周金山（第七章）。同时，在写作过程中参阅和引用了一些专家、学者的研究成果，在此表示真诚的感谢！

作者

2024 年 4 月

目　录

📗 第二部分　师德治理主要内容调查与分析

📗 第三部分　师德治理的现实困境与应对策略

第四部分　师德师风案例展示

导　言

　　"师者也，教之以事而喻诸德也。"作为承担着教书育人重要使命的人民教师，只有具备高尚的道德情操和人格魅力，才能使学生"亲其师而信其道"。实际教育实践中，师德治理无论在高等教育领域还是在基础教育领域、学前教育领域中都不可或缺。特别是在中小学阶段，由于学生善于模仿，价值观念和良好的行为习惯还未成熟，可塑性较强，作为教师，更应该以身作则，发挥职业模范作用，成为学生成长的引路人。然而，长期以来，中小学教师职业道德问题屡次浮现，"体罚学生""以职务谋私利""职业倦怠"等现象常见报端，这些问题使得公众对教师职业的崇高形象产生了疑问，甚至赋予其负面标签。随着新媒体技术的飞速发展，一方面，师德师风问题的传播速度和影响范围不断扩大；另一方面，由于缺乏有效的师德师风管理机制和规范，一些教育管理机构在应对师德事件时常常受制于舆论压力，表现出不同程度的迟疑、犹豫或不当处理，造成了不良影响。中小学教师职业行为具有较强的示范性及威慑性，中小学教师师德失范行为容易给学生形成错误示范、对学校教育产生负面的社会效应。因此，本书着力聚焦基础教育领域师德治理问题研究，尝试构建现代化、科学化、规范化的中小学教师师德治理体系，从而更有效地应对和解决基础教育领域的伦理和道德挑战。

一、师德治理研究背景与意义

（一）选题背景

1. 教育现代化呼吁新时代教师专业化

推进教育的现代化，不仅仅意味着要实现教育理念的现代化，办学硬件的现代化，更要有教师能力素质的现代化。中小学教师作为基础教育领域重要的行动者，承担着重要的职责和使命。中小学教师不仅需要传授知识，更需要引导学生树立正确的价值观和人生观，培养良好的道德品质和思想素养，为学生的成长和社会的发展作出积极贡献。教师需要时刻保持教育理念先进、知识更新、职业道德高尚、行为规范等方面的素质，从而更好地履行"立德树人"的使命，为整个教育领域代言。同时，人们逐渐认识到，学校不仅是一个教学型组织，更是一个道德性组织、公共性组织。教师的行为规范直接决定着学生的成长质量、学校生活质量以及教育的形象。教师的言行举止也代表着整个教育领域的形象和声誉，教师师德行为的好坏会直接影响教育事业的发展和社会的认可。教育现代化呼吁教师的专业化。教育现代化的发展需要有高素质、专业化的教师队伍来支撑。教育专业化不仅仅是指教师的学科知识专业化，更包括教师的职业道德和职业精神的专业化，也就是师德的专业化。教师的师德专业化需要具备一系列的素质和能力，包括正确的师德观念、高尚的职业道德、严谨的工作态度、优秀的教育技能、超前的教育理念等。只有具备了这些素质和能力，才能更好地履行"立德树人"的使命，为学生的成长和社会的发展作出更大的贡献。因此，师德专业化是教育现代化的一个重要组成部分，对于教育事业的发展和提升具有重要意义。

2. 师德建设受到国家与社会广泛重视

教师职业道德建设对于教育事业的发展具有重要的战略意义。只有树立正确的职业价值观和职业道德观，才能提高教师的职业素养和职业操守水平，构建健康的师生关系，为学生成长成才创造良好的教育环境。为此，我国颁布了系列文件，强调师德师风建设的重要性，明确新时代师德师风建设的主旨思想、目标原则以及建设举措，着力全方位构建师德师风建设新格局。2018 年 1 月 20 日，中共中央、国务院印发了《关于全面深化新时代教师队伍建设改革的意见》，这是新中国成立以来第一份以党中央名义印发的教师队伍建设文件。该文件的出台标志着我国在教师队伍建设方面进入了一个新的发展阶段，对于推动教育现代化、提高教育质量和水平具有重要意义。随后，2018 年 2 月 11 日，教育部等五部门出台了《教师教育振兴行动计划（2018—2022 年）》，提出了"落实师德教育新要求，增强师德教育实效性"的首要目标。各地方政府在中央政策的引领下不断加大师德规范建设力度，有的省份制定了中小学教师师德考核负面清单，有的省份明确了师德"一票否决"制实施的范围与原则，有的省份明确要求各校依据学校具体情况成立师德考核领导小组等。2018 年 11 月 8 日，教育部发布《新时代高校教师职业行为十项准则》《新时代中小学教师职业行为十项准则》与《新时代幼儿园教师职业行为十项准则》，对教师的职业道德和职业操守提出了明确要求，为新时代中小学教师的职业行为划定了基本的底线，旨在规范教师行为，促进行业发展。这些政策的颁布与实施为我国教师队伍建设提供了具体的指导和保障，为实现教育现代化和建设人才强国提供了有力支撑。

3. 实践中师德治理存在诸多现实困境

虽然政策的推进和教育理念的传播在一定程度上促进了教师的专业化和道德素养的提高，但在实践中，我们仍然面临着诸多师德建设问题：一些中小学教师在教学、管理和与学生沟通等方面存在不当行为，如教学方法陈旧、缺乏创新、评价方式不公、违规补课等；管理不严、不公正、不规范；与学生沟通不够平等、尊重、耐心等。这些师德问题的存在，直接影响着学生的学习和成长，同时也损害了整个教育行业的形象和声誉。因此，需要合理良善的师德治理体系以保障师德建设的实效性。而现实中，师德治理工作遇到了一些瓶颈。治理机制不够完善，尽管政策法规已出台，但监管和问责机制仍有待完善，这将导致违规行为的惩戒力度相对较弱；由于教育领域的多元复杂性，师德评价标准难以统一，师德评价结果可能存在不准确和不公正的情况；师德教育体系、内容、形式有限，师德教育效果受到一定制约；社会支持度还有待提高，需要更多的社会力量和资源的投入来支持师德建设等。因此，师德治理任重道远。我们需要深入思考政策文件传达的理念和精神在实践中为何难以落地，是师德规范本身存在问题，还是实践领域的复杂性导致难以实施，抑或是教育实践领域的问题是综合性的，需要更广泛的视野来看待？师德建设仍然缺乏一个行之有效的方法与模式，例如，在师德主要依靠个人理性自觉与道德觉悟之间，在内在修养与外在制度规训之间，应如何平衡与完善？这些都是值得深入探讨的问题。因此，本书将着重关注师德治理中的制度建设、现实困境及科学评价，重点以师德建设的外在监管为出发点，探讨监管的主体、方式、内容等问题，推动中小学师德治理体系的现代化发展。

（二）选题意义

任何行业或多或少都会存在一些有关职业道德方面的问题，

但只要依规妥处,负面问题完全可以变成积极的教育力量。[1]
深入研究师德治理,有助于推动师德建设的良序发展。一方面,
重视中小学教师师德教育。师德教育有利于新时代教师树立正
确的职业价值观和职业道德观,不断提高职业素养和职业操守
水平,构建健康的师生关系,为学生成长成才创造良好的教育
环境。另一方面,重视中小学教师师德治理。师德治理以其先
进的管理理念与模式,促进教育领域的发展。师德治理可以帮
助教育管理者发现和解决教师职业道德和职业素养方面的问题,
有助于推进师德建设的民主性和科学性,有助于增强师德建设
的活力与实效,有助于彰显学校组织的道德性和公共性。具体
而言,意义有三:

1. 有助于推进师德建设的民主性和科学性

治理的核心在于民主参与。民主是公民自由、平等地参与
公共事务管理的一种利益均衡机制。民主是社会主义核心价值
观之一,是代表社会进步方向的价值观。《国家中长期教育改革
和发展规划纲要(2010—2020 年)》提出:"适应中国国情和
时代要求,建设依法办学、自主管理、民主监督、社会参与的
现代学校制度,构建政府、学校、社会之间新型关系。"可见,
民主在学校教育中被提上了议程。但是在师德建设的实践中,
民主参与与民主监督的力量有待充分发挥。师德建设要么过于
依赖教师主体的道德修炼,要么过于依赖上级部门的权威命令。
这样形成的结果是,作为公共事务的师德建设成了一件"私人
事务"。排除了公众的参与与监督,即使是利益相关者的动力,
也因为渠道的缺乏而被压制着。师德建设这一公共议题成了一
件随心所欲的事,教师角色所带的"公权力"属性没有受到足

---

[1] 刘次林:《直面师德问题,强化师德治理能力》,载《中国德育》2022 年
第 3 期,第 28~31 页。

够的约束。希冀教师能够在现代社会里永远保持道德的觉悟，而不作任何的规限，是传统教育师德建设中不理智的表现，这种师德建设是不科学的。治理理念的提出，将极大地改善目前师德建设的困境，使师德建设呈现"人人参与、人人监督"的状态，使民主理念在师德建设中得以发挥与实现，从而使师德规范的建设不断科学化。

2. 有助于增强师德建设的内活力与实效性

近些年，大量的师德文件和师德会议，将师德问题作为教育领域的中心议题。师德师风建设意义重大，事关学生成长的质量、教育的全局。因而，教育部门对于师德建设从政策设计到资金提供上都给予了巨大的支持，同时，师德的理论研究成果层出不穷，深化了我们对师德、师德建设等相关问题的认识。但是，理论的红红火火，却面临着实践的难题。师德培训的形式化和低效化，师德监督的缺位，相关主体参与师德建设的途径和制度的不完善，师德评价的附属性地位等，导致师德建设长期处于不理想的状态。相对来说，以往的师德建设在实践中是一种传统的政策性、口号性、动员式行动，师德建设缺乏一种持续性的活力去支撑其不断运行。具体而言，教育与师德缺乏相应的利益牵扯，对教师的评价依然主要围绕教学水平和学生成绩，师德评价的标准模糊，缺乏导向性；师德评价的主体单一，依然是行政主导的上级评价，众多的利益相关者没有获得评价的权利，无法参与到师德评价之中。治理理念变革的是政府的管理模式。提出师德治理，就是要改善以往师德建设过程中主体单一的情况，实现权力的分散和下移，使得利益相关者能够通过合法的制度和程序参与到师德建设之中，监督教师的行为规范，评价教师的行为属性。这样，就不会使教师的道德行为的生长因缺乏阳光而发育不良，教师的道德行为改善由此就获得了生长的动力。

3. 有助于彰显学校组织的道德性和公共性

学校是一个育人的组织，其自身应处处体现道德精神与人文关怀。学校的人文关怀能够给学生营造一个自由、良善的生活环境，使学生在道德生活中实现道德的养成。首先，存在主义认为"存在先于本质"，师生共同"相遇"在教育场域中，学生能成为什么样的人，完全取决于这一偶然的"相遇"所带给学生的境遇。如果师德建设水平低下，教师的道德价值得不到彰显，学校中将会处处体现对学生的控制与压迫，体现工具性与功利性。反之，学校中弥漫着自由的人文气息，学生的生命力将不断得到释放。其次，教师的道德素养影响着学生的道德成长。教师的行为方式，与学生的交往方式，是一种隐性课程，对学生的道德起着重要的影响作用。师德建设，使得教师在与学生的日常交往中注重合乎规范的行为养成，彰显教师的道德人格魅力，使学生"亲其师而信其道"，在榜样示范之中给学生以感染，形成良善的道德信念。最后，师德治理过程还能彰显学校组织的公共性。学校的公共性意味着每个公民都能够参与到与自身利益相关的学校公共事务的管理之中，能够参与到平等、互动的学校公共决策过程之中，学校应尊重每个利益相关者的权利与利益诉求。师德治理提倡的多元主体的对话协商，能够使学校成为社会的"中心"，使民主政治的光芒在学校中闪烁。

勇于承认中小学教师职业道德失范问题的存在，并对其进行深入探讨，同时给予教师充分的发言权，让他们成为师德治理的主体。这样做既能保障教师的教学自主权，提升中小学教师职业情感，也能提高教师对职业道德行为的自我反省和自我约束意识。因此，本书旨在通过探索师德、师德建设的理论与实践，采用文本分析以及实证研究的方法，一是了解当前我国师德治理的现状及问题，期望对现实师德失范行为处理问题予以回应；二是强调治理过程中多元主体的参与，保障利益相关者充分且平等地自由表达诉求的权利，寻求建立平等对话的矛盾解决机制；三是同时进一步结合中小学管理模式的特点及制度特征，分析当前师德治理理念及方式，寻求建立多元主体参与、共商共治的师德失范行为治理长效机制。这对我国师德治理的理论探讨以及师德失范问题的解决研究具有重要意义。

二、师德治理研究文献综述

"治理"理论的提出，源于在公共事务的管理中，政府作为单一权力主体而导致的失效与失灵。治理理念提倡多主体、多中心的管理结构，注重利益相关者、公共组织在公共事务中的参与，体现的是上下互动的合作、沟通、协商的伙伴关系。正如俞可平提到的，"其（治理）权力向度是多元的、相互的，而不是单一的和自上而下的"。[1]从党和国家的相关政策文件看，"治理"理念已进入教育领域，成为推动教育改革和发展的重要力量。从内容上看，师德治理是教育治理的一个维度。师德治理的理念与模式的建立是可以从已有的教育治理研究中获取经验的。因而，对教育治理的研究是探究师德治理的必要前提。

（一）关于教育治理

1. 教育治理的内涵特征

有学者提出，教育治理不是作为单一主体的政府的统治和管理，而是多元主体参与的民主化管理。[2]该概念突出了治理

---

[1] 俞可平：《民主与陀螺》，北京大学出版社2006年版，第82页。

[2] 滕世华：《公共治理理论及其引发的变革》，载《国家行政学院学报》2003年第1期，第44~45页。

的多方参与过程。目前，学界关于教育治理比较权威的定义是："国家机关、社会组织、利益群体和公民个体，通过一定的制度安排进行合作互动，共同管理教育公共事务的过程。"[1]该概念不仅突出了治理的多元化特征，还突出了教育治理的法治化特征。好的教育治理的标准是什么呢？于水、查荣林和帖明认为，教育治理体系现代化和教育善治的衡量标准主要包括教育民主化、教育法治化、教育市场化、教育多元化、教育透明化等。教育治理体系现代化的终极目标是实现法治化、合作共治、善治取向的现代治理形态，[2]体现了治理概念丰富的内涵。

2. 教育治理与政府职能

治理理念指出政府不是教育管理领域的唯一主体，这就为政府在职能变革上提出了要求。魏海苓、孙远雷认为，治理视野下，我国的教育行政管理体制改革要实现政府教育行政职能的重构，包括政府职能定位和职能实现方式的转变。治理视野下的政府在教育管理中职能转变的核心就是政府不再垄断对教育的管理权力，强调与社会、学校、公民组织、受教育个体之间合理分权，政府只保留对例外事项（即对教育事业发展起决定作用的重要事项）的决策权和控制权。[3]蒿楠认为，教育治理下，政府应由无处不在的"管制者"转变为宏观层面的"监督者"角色；社会组织和其他利益相关者对教育事务的话语权也

［1］褚宏启：《教育治理：以共治求善治》，载《教育研究》2014年第10期，第4~11页。

［2］于水、查荣林、帖明：《元治理视域下政府治道逻辑与治理能力提升》，载《江苏社会科学》2014年第4期，第139~145页。

［3］魏海苓、孙远雷：《论治理视野下的教育行政管理体制改革》，载《辽宁教育研究》2006年第6期，第29~31页。

明显提升，并以第三方的角色提供专业化的智力支持。[1]

也有研究者提出，教育治理不是政府在教育领域管理角色的退出。治理指的是共同治理，政府依然承担着确立教育的发展目标，使教育体现公共性的任务。[2]也有研究者强调，政府作为治理的主体之一，虽不具有最高绝对权威，却承担着确定教育发展方向、目标、标准的重任，为多方主体参与管理提供共同的行动目标和行为准则。[3]可见，治理理念不是政府管理的削弱，而是政府职能的转变，目的是使政府能更好地实现自身的职能。

3. 教育治理与学校自治

教育治理不仅提倡政府的放权，还要求学校能不断完善内部治理体系。学校有了办学自主权只是办好学校的前提，能不能科学有效地用好办学自主权则与学校自身的治理能力有着密切关系。大多数教育治理的研究者都关照了学校自身的治理问题。

学校自治的内涵与意义。有研究者指出，教育治理其实质是建设依法办学、自主管理、民主监督、社会参与的现代学校制度；一是强调自治，二是强调共治。学校在治理变革中最需要做的变革就是"从他治到自治，从依附到自主"。学校层面的自治不是校园内"独立王国"的校长专制，而是教师、学生、家长等利益相关者充分参与和教育专业组织积极介入的合作共治，其实质是建设依法办学、自主管理、民主监督、社会参与

---

〔1〕蒿楠：《论教育治理体系下的学校自主发展》，载《教育理论与实践》2016年第29期，第10~13页。

〔2〕Ahrens J., Caspers R., Weingarth J., *Good Governance in the 21st Century*, EdwardElgar Publishing, 2011, pp. 10~14.

〔3〕魏海苓、孙远雷：《论治理视野下的教育行政管理体制改革》，载《辽宁教育研究》2006年第6期，第29~31页。

的现代学校制度。有研究者认为，学校自治的意义是让学校摆脱对政府的依附，逐步形成"自主管理、自主发展、自我约束、社会监督"的机制，凸显学校的主体性，增进学校办学的专业性，更好地满足学生的教育需求，促进学生的发展。[1]

如何实现学校自治？学校自治意味着要在学校内实施"二次分权"，将权力分至教师、家长、学生等相关主体。有研究者指出，政府赋权给学校并不意味着学校可以滥用权力，自我约束、自我规制对于权力的合理、合法使用是非常必要的。打破学校内部权力格局，完善学校内部治理结构，当务之急是要实现学校内部权力资源的重新配置。[2]也有研究者具体提到，要突破原有的管理组织架构，加强制度建设，用制度规范权力的运行。学校要在依法办学和自主办学的基础上，制定适宜学校发展的章程和规划，构建内部民主管理的各项机制，并为多方利益主体参与学校事务开辟渠道。[3]

4. 教育治理与教育民主

教育治理与民主具有紧密的联系。褚宏启认为，教育治理是多元主体参与的共同治理，民主化是其精髓。在教育治理中，民主既是目标，也是手段。[4]教育治理的本质是民主管理，利益诉求的充分表达与有效整合是民主管理的精髓。[5]滕世华也

---

〔1〕 褚宏启主编：《中国教育管理评论》（第 2 卷），教育科学出版社 2004 年版，第 63 页。

〔2〕 鲍传友：《提升学校治理能力需要进一步完善学校内部治理结构》，载《教育发展研究》2017 年第 20 期，第 3 页。

〔3〕 蒿楠：《论教育治理体系下的学校自主发展》，载《教育理论与实践》2016 年第 29 期，第 10~13 页。

〔4〕 褚宏启：《教育治理：以共治求善治》，载《教育研究》2014 年第 10 期，第 4~11 页。

〔5〕 褚宏启、贾继娥：《教育治理中的多元主体及其作用互补》，载《教育发展研究》2014 年第 19 期，第 1~7 页。

指出，治理不是作为单一主体的政府的统治和管理，而是多元主体参与的民主化管理。[1]

教育治理的民主性主要体现在教育治理的民主协商过程中。有研究者指出，教育治理是一种重要的以利益表达、协商和保障为重点的利益调整机制。教育治理也需要利用民主来实现决策的理性化。另有研究者指出，"了解公众的需求最有效的方式就是让其参与决策和管理过程。公众很清楚自己需要什么，他们参与了的决策才更有针对性，才能更好地解决问题"。[2]教育治理过程需要广泛参与，多方商讨。

5. 教育治理研究的反思

教育治理的相关研究提出，我国教育实践中主要面临着政府调控能力不足、社会参与不够、学校办学自主权不足、学校内部治理结构不完善、学生主体性不彰等问题。同时也分析出了问题的原因：在于长期以来政府作为单一主体通过自上而下的行政命令管理教育事务、多元主体参与不足的行政方式。总体上讲，目前已有的教育治理研究对于变革教育作出了有价值的方向和路径指引。但是，已有的教育治理研究，主要还是从理念和价值上开展的，充分体现了教育治理的理论要求。但是对于教育治理理念下的实践开展，更进一步说是针对某一具体实践问题的研究，师德治理相对来说还是比较少。教育治理研究应更多地走向具体的教育实践领域，在实践中丰富理论意义并提升自身的价值。

（二）关于师德治理研究

目前，关于师德治理的研究一定程度上吸收了教育治理的

---

〔1〕 滕世华：《公共治理理论及其引发的变革》，载《国家行政学院学报》2003年第1期，第44~45页。

〔2〕 施雪华、张琴：《国外治理理论对中国国家治理体系和治理能力现代化的启示》，载《学术研究》2014年第6期，第31~36页。

理念，体现了师德治理主体的多元化，治理过程的规则化，监督、评价过程的民主化、平等化与协商化。

1. 师德治理的多元主体研究

单一治理主体的失灵。张旦生和张振改提出，师德治理应摆脱以往单纯地以政府机构为主导，直接介入师德检查、考核、评价和奖惩环节的直接规制方式，这种治理方式存在明显局限，不能满足当代师德治理的需要。师德治理还应结合政府创造条件，刺激目标团体并调动其自我规制的积极性，使目标团体自己规制自己的间接规制方式。这种间接规制方式鼓励多元参与，倡导在一些社会治理领域实现"共治"和"自治"的结合。其实施的主要方式有民间规制、明示义务制度和制定责任法等。直接与间接规制方式应相互融合，体现师德治理的多元化。[1]对于治理过程中的多元主体，吕洪刚提出，在师德治理过程中，我们要建立一个多元参与的师德治理主体系统，让利益相关者都参与并表达自己的意愿。学校教育的利益相关者众多，有教育行政部门、专家、教师、学生、家长、社会等。有研究者指出，教育行政部门作为主流意识，任务是把握师德建设的方向，也就是"在师德建设中，我们应以社会主义核心价值观为指导，传承和创新中华优秀传统价值理念和道德规范"。教师作为师德建设的承受者与参与者，是师德建设的主体。"一切道德规范要真正作用于道德主体就必须被主体所认同，内化为情感和意志。没有教师主动地参与和内化，师德建构必然收效甚微。"学生与家长应积极表达对教师履行师德规范的要求，监督教师在教育教学中的行为。[2]

---

〔1〕 张旦生、张振改：《间接规制：师德治理的有效路径》，载《中小学管理》2015 年第 4 期，第 39~41 页。

〔2〕 吕洪刚：《教育治理视角的师德建构理论与实践》，载《现代教育科学》2017 年第 12 期，第 12~15 页。

2. 师德治理的手段方式研究

师德治理的结果在于提高教师道德的水平。通过怎样的治理过程，依靠怎样的治理手段来规范教师的道德行为呢？理论界主要给出了两种方式：

一是师德自觉，依循的是"知识—美德"路径。此种师德治理模式认为，教师道德发展是在教师习得与理解相关的师德行为规范知识的基础上，教师主体自我修炼，主动向善的过程。师德的发展主要取决于教师对相关知识的理解与认同。此模式下，首先是教育行政部门通过师德培训（教育）让教师理解基本的行为规范，在此基础上依靠教师个体的道德自觉来养成德性。张自慧认为，仅凭教育主管部门下达的"师德禁令"、画出的"师德底线"、树立的育人楷模难以真正破解师德建设的难题。师德建设依靠的是师德自觉，路径是德性的养成。德性养成是践履道德规范的前提和基础，没有德性就没有道德自觉，没有教师德性的养成就没有教师的师德自觉。[1]二是制度规训，依循的是"规则—德行"路径，即通过普遍化、外显化、强制性的规则行为，建构教师在教育教学过程中合乎道德的行为。陈桂生对各地轰轰烈烈开展的针对教师的"师德教育"是持怀疑态度的。其认为，师德准则是约定俗成的，不同地区的每一位教师对于起码的道德规范是有着几乎相同的感受的。师德建设重点不在于"教育"，而在于管理。"那些不尊重学生人格又不自重的教师，哪里缺乏什么'教育'，单靠'教育'又能解决多少问题？因为它本是一个起码的道德人格问题，而起码的道德准则是约定俗成的，其道理自明，何须多讲？故对教师中的失范行为，主要诉诸管理，而这方面的管理又该以请诉本单

---

〔1〕 张自慧：《论师德自觉及其实现路径》，载《教育伦理研究》2018 年第 0 期，第 383~390 页。

位舆论监督辅以行政处置最为有效。"[1]

刘磊指出，现代社会共同体社会结构瓦解，师德建设的主导形态是规范思维。在规范思维视域下进行师德建设，需要依托良性运行的教师职业行为规则体系。具体来说，就是法律法规、规章纪律、师德规范构成教师职业行为规则体系的三大基本要素。其更进一步指出，规则体系应体现教师工作的专业性，厘定教师的专业权利和责任；各规则体系在内容之间相互吻合、相互协调、相互匹配，使之共同构成一个系统、完整、自洽的规范体系；制约公权力，使规则体系在执行过程中具有形式上的普遍性。[2]

3. 师德治理的分层工具研究

美国学者埃尔默尔提出师德治理的四类政策工具：命令性工具（mandates）、激励性工具（inducements）、能力构建工具（capacity building）和系统变革工具（systemic changes）。[3]命令性工具在于解决最低限度的标准问题，其指向教师行为规范中的底线，即"不得……"，指向教师不得违背的行为规则，师德建设以命令、服从权威为主。激励性工具指的是将特定行为目标作为荣誉进行奖赏的行为，例如，对师德中的崇高行为予以鼓励。能力构建工具强调通过培训、学习提高目标群体的道德水平，通过提升教师的认知水平来提升教师的道德水平。系统变革工具强调权利和责任的重新分配，系统变革工具的运用体现在：在推进教育治理体系建设和治理能力现代化的背景下，

〔1〕　陈桂生：《"师德"研究》，载《教育研究与实验》2001年第3期，第8~11页。

〔2〕　刘磊：《我国师德建设主导形态转向与突破路径》，载《中国教育学刊》2017年第3期，第83~88页。

〔3〕　Elmore, "R. F. Instruments and strategy in public policy", *Policy Studies Review*, 1987（1），pp.176~177.

我们应该鼓励多个相关利益主体参与师德治理，并建立广泛的利益表达机制，给予广大教师机会来表达和自主维护自身利益，以实现各方利益的平衡。同时，我们需要以社会主义核心价值观为引领，传承和创新中华优秀传统价值观念和道德规范。我国学者张旦生与张振改将这四类工具对应到师德中的理想层面、原则层面、规则层面，提出了师德治理的理念与方法。[1]

4. 师德评价研究

师德评价是师德治理的重要环节，谁来评价、评价什么、如何评价等直接决定着教师道德的内容与发展方向。同时，合理的师德评价理念与模式能够给师德治理注入动力，监督师德的运行，改善师德的效果。吕洪刚认为，师德评价不能呈现"知识化"倾向，不能通过像数学、语文等科目性知识的考核模式来评价教师的道德，而应该结合教师在教育教学工作中体现的"德行"来评价。[2]宋芳明和余玉花认为，目前师德评价观存在三种不合理的评价取向，即功利化、泛道德化和独白化。功利化评价观忽视了对教师美德的培养，泛道德化评价观丧失了评价活动的正面效应，独白化评价观违背了人的道德发展规律且难以准确把握评价对象的道德面貌。在当前推进教育治理体系构建和治理能力现代化的背景下，鼓励多方参与师德治理，构建广泛的利益表达机制，使广大教师有机会表达利益诉求，以平衡各方利益。同时，以社会主义核心价值观引领师德建设，传承创新中华优秀传统价值理念和道德规范。其认为，师德评价应注重美德塑造和规范制约的结合，体现教师个人美德与合

---

〔1〕 张旦生、张振改：《政策工具视角下师德分层治理的路径探索》，载《教育科学研究》2015 年第 8 期，第 26~29 页。

〔2〕 吕洪刚：《教育治理视角的师德建构理论与实践》，载《现代教育科学》2017 年第 12 期，第 12~15 页。

乎制度规范的双向建构性。此外，评价过程应体现为评价者与被评价者之间基于平等身份基础之上的合作性竞争、冲突性共谋的特征。具体来说就是，"改变过去评价过程中以评价者为唯一话语主体的观念，注重受评教师的自我评价，尊重受评教师的主体性人格，采取平等商谈、理性对话的姿态与受评教师进行交流"。[1]

综上所述，国内外学界对"师德治理"和中小学师德建设研究已然取得了一定的成果，尤其是对于中小学师德建设的研究较为充分，为本书的进一步深入奠定了良好的基础。但整体分析关于师德治理的研究，从理念和思路上来看，尚存不足：首先，已有的师德治理是以理论研究为主，提出了师德研究的一些基本理念与关注点，为师德治理实践提供了观念的指导。但治理更多地应体现在实践上。其次，从研究思路与旨趣上看，已有的师德治理研究在于分析与探讨教师个体道德发展的方式与影响因素，是一种结果导向的师德治理模式。但是，治理一词，更应该体现过程性，动态性，目前的研究思路没有凸显治理的生动性与生命力，过程性没有得到体现。正如有研究者指出，师德治理的关键在于需要政府、社会和学校从顶层设计上构建一套科学、民主、透明的教师师德治理机制。[2]最后，已有的师德治理研究没有充分体现民主性。"教育治理的核心在于教育民主"，教育民主追求权力分散下的公共参与、公共监督、公共评价，已有研究虽然提到了师德治理的主体多元化，但是具体怎么操作，如何兼顾个人利益与公共利益，已有研究总体

---

〔1〕　宋芳明、余玉花：《评价观：师德评价合理性的理论反思》，载《黑龙江高教研究》2018 年第 4 期，第 41~46 页。

〔2〕　夏远永：《当前高校青年教师师德治理问题及机制研究》，载《浙江理工大学学报（社会科学版）》2016 年第 2 期，第 183~189 页。

上来说还没有深入，太过平面化，缺少对具体事务全方位、多视角的分析。

因此，师德治理研究应依托治理理念与模式，加强对于教师道德发展的正面研究，尝试建立起一套包含师德评价、监管和问责机制等的科学完整的师德治理体系，从而实现对教师职业道德和职业素养的全面管理和提升。注重挖掘教师职业道德和职业素养的积极因素，通过正面激励和引导，培养教师的职业素养和道德情操。从课堂教学、班级管理、师生关系、教育行政等多角度入手开展研究，以提高教师专业生活中的道德质量。

三、师德治理研究目标与内容

教育现代化要求教育理念的更新、教育方式的创新和教育制度的完善，而教师是教育现代化的主要实施者和推动者，其道德素养和职业行为对整个社会的发展和进步起着重要的作用。通过深入研究和治理师德，能够推动教育体制改革，建立科学规范的师德管理制度，引导教师正确履行教育使命，提高教师的教学质量和专业能力，从而提升整体教育质量。

（一）研究目标

立足已有研究成果的基础上，基于"概念界定—政策分析—现状调研—总结提炼—理论建构—现实观照"的逻辑思路对新时代师德治理进行详细研究。结合现实大背景对师德治理中存在的问题进行梳理，希望梳理出师德治理的主要问题以及解决策略，构建新时期师德治理的有效路径。具体而言，目标有三：

1. 建构"政府主导，学校主管，管办评分离"的师德治理
模式

首先，政府主导是师德治理模式的重要保障。政府应发挥主导作用，加强法律法规的制定和实施，明确教师职业道德和行为准则。建立健全师德评价机制，通过明确的标准和程序，对教师的职业道德进行评价和监督。同时，政府还应加强对教师师德建设的支持，通过开展培训、研讨和示范等活动，提高教师的职业道德水平，促进其自我修养和专业发展。

其次，学校主管是师德治理模式的重要执行者。学校作为教师的工作单位，应承担起师德治理的主管责任。学校应制定和实施本校的师德管理制度，明确教师职责和权益，加强对教师职业道德和行为的监督与管理。通过建立健全的师德考核机制和评价体系，引导教师树立正确的职业观念和职业操守。此外，学校还应加强师德培训和教育，为教师提供持续的专业发展机会，提升其教育教学能力和道德修养。

最后，师德评价和管理应实现管办分离，由第三方机构负责，确保评价的客观性和公正性。第三方机构应具备专业背景和丰富经验，独立进行师德评价和监督工作。其应依据明确的评价标准和程序，对教师的职业道德和行为进行评估，提供客观准确的评价结果。这种评价机制减少了学校管理人员主观因素对评价结果的影响，提高了评价的科学性和规范性。

2. 建构"教师专业生活中即教学道德"的分析与评价模式

建构教师专业生活中即教学道德的分析与评价模式是新时代师德治理中的重要内容，对于提高教育教学质量、促进教育事业健康发展具有重要意义。教学道德是教师在教育教学过程中所应遵循的道德规范和行为准则，体现了教师职业道德的核心价值。建构科学合理的教学道德评价体系能够客观准确地评

价教师的教学道德水平，为教师的职业发展提供重要参考和指导。这样的评价体系应考虑教师在教学过程中课堂管理、教学方法、学生关怀等方面的表现，以全面评估教师在教育教学中的道德表现和职业素养。通过建立科学的评价指标和评估体系，可以准确把握教师教学道德的发展状况，及时发现并解决存在的问题，推动教师教学道德的提升。

除了评价体系的建构，加强对教师教学道德的培训和教育也是至关重要的。通过专业的培训和教育活动，教师可以接受最新的教学理念、教育政策和职业道德准则，提升教学水平和教育教学质量。培训和教育应注重教师的道德修养和职业操守，引导教师正确理解和践行教学道德要求，培养教师在教育教学实践中的自律意识和责任感。同时，通过教育教学案例的讨论、道德冲突的解决等方式，引导教师思考和解决实际教学中的道德难题，提高教师在道德选择和判断方面的能力。

3. 建构治理理念下的师德评价模式

师德评价是新时代师德治理的重要内容，应该立足于教育教学质量和学生发展，以学生为中心，注重教师的职业道德、教育教学水平和社会责任等方面的综合评价。在此基础上，构建科学合理的师德评价模式具有重要意义，可以促进教师职业道德的提高、推动我国教育事业的健康发展，为实现中华民族伟大复兴作出贡献。

师德评价模式应与教育教学质量紧密结合。教师的职业道德和教育教学水平是密不可分的，评价模式应将二者有机融合，综合评价教师在道德修养、课堂管理、教学设计和学生关怀等方面的表现。评价指标应包括教师的诚信、责任心、教学方法、教育效果等方面的综合考量，以全面衡量教师在师德方面的表现。同时，评价模式应注重学生的评价和参与，了解教师在学生眼中的形象和影响力，以学生的成长和需求为导向，真正实现以学生为中心的评价。

师德评价模式应注重客观性和公正性。评价过程应严格遵循科学、公正、公开、透明的原则，避免主观偏见和不公平对待。评价指标和标准应明确、具体，符合教育教学的实际需求，避免模糊性和主观性的评价。评价结果应通过多种评价方法和工具进行收集和分析，充分考虑教师在不同教育阶段和教学环境中的实际表现，确保评价结果的客观性和准确性。

师德评价模式应为教师的职业发展提供有效的参考和指导。评价结果应及时反馈给教师，帮助他们发现和解决存在的问题，引导他们不断提升自身的职业素养和教学能力。评价过程中应鼓励教师参与自我评价和自我反思，形成良好的教育教学反馈机制。同时，评价结果也可用于教师的职称评定、晋升和奖惩等。

（二）研究内容

师德治理本着权力下放、多元参与的理念，建构科学性、民主性、专业性的师德建设模式，其内容主要包括如下几个方面。

1. 师德及师德建设理论

在我国的历史文化传统中，师德一直被视为教育事业的重要组成部分。《大学》就提到了"修身、齐家、治国、平天下"的思想，强调了教育者应该先修身、齐家，才能治国、平天下。在明清时期，教育家们提出了"忠恕谦让，尊师重道"的教育理念，强调了教师的职业道德和职业行为准则。在现代，随着教育事业的发展和社会进步，师德建设也逐渐成了教育改革和发展的重要议题。本书以史论结合的方式，在此基础上查找相关文献，对已有的教学道德研究、师德评价研究进行一个全面的分析。主要把握以下问题：分析"师德"内涵在我国的历史发展以及"师德建设"政策在我国的颁布实施过程，了解已有研究的师德研究是从哪些角度在哪些方面进行了研究，形成了哪些观点，是否体现了治理的理念，形成了哪些模式等，在此基础上深化对教师职业道德以及师德建设的理性认识，为师德建设提供理论支持。

2. 师德建设的实践研究

实践研究是探讨如何落实师德建设的具体举措，本书通过规模调研、访谈以及个案研究，详细分析如何通过专业组织处理教师在专业生活中的困境，提升教师面对师德困境的反思能力，有助于推动师德建设的发展。进一步剖析"政府主导、学校主管"模式下师德的实效，探究目前师德建设取得的成效与面临的问题，有助于促进师德建设的全面发展，提高教师职业道德水平和教育教学质量，为推动我国教育事业的健康发展作出贡献。

3. 师德治理的有效路径

建构体现民主性、专业性的师德治理模式，建设相关的专业组织参与到师德建设之中，是教育领域推动教育教学质量提高、促进教师职业道德提升的重要途径。然而，在建设这些专业组织时，需要探究组织建设的作用和模式，明确行为规范，以及如何监督和处罚教师的违规行为等问题。专业组织可以根据教育教学实践经验和专业知识，制定具体的课堂教学行为规范，加强对教师师德的监督和管理，从而提高教师的职业道德水平和教育教学质量。同时，也需要考虑如何体现治理理念的主体多元化和参与性以及运行过程的程序性，使专业组织的制定行为规范更加科学、公正、有效。因此，建构体现民主性、专业性的师德治理模式，建设相关的专业组织参与到师德建设之中，是深化师德治理研究、推动师德治理具体化和实践化的重要表现。

4. 师德评价的合理建构

主要解决三个问题。首先是对于师德本身的评价研究：新时代下教师道德是什么样子的，结构性、价值性、层次性应该如何体现。其次，要研究评价教师道德行为的依据是什么，已有的师德规范在每个维度上都有一定的表述，但是总体来说，过于抽象，可操作性差，师德评价缺乏一定的标准。最后，研究评价的程序问题。一是由谁评价的问题。治理理念下，教师本人、专家以及各利益相关者都是治理开展师德评价的主体，理想情况下利益主体会充分监督，理性评价，但是实际情况下评价过程中可能会出现利益主体之间的"利益同盟"情况，导致师德治理过程空洞与失真。二是研究评价规则和方法的问题。师德评价要体现出公共性、民主性、科学性，必须设计一套行之有效的评价规则，排除表面评价的随意性，才能使评价真正体现治理的理念。

四、师德治理研究方法与思路

研究对象和研究目的的特性决定了研究方法的定位，本书的重点研究对象是中小学师德失范行为的治理，目的是探寻当前中小学师德失范行为治理中存在的问题，进而追根溯源，探索更加民主正义、科学合理的治理对策。据此，笔者通过文献阅读，科学认识当前师德失范行为及其治理的现状；以此为基础，采用问卷调查和访谈的方式，深入一线调研，挖掘典型案例，科学认识当前治理现状，总结经验，反思存在的问题；并以此为依据，展望未来中小学师德失范行为治理的发展趋势。

（一）研究方法

1. 文献分析法

为了解当前中小学师德失范行为及其治理对策，笔者前期收集 2000 年以来相关研究文献进行筛选阅读，对本书核心概念及关键词进行定性分析，准确定义。在总结前人研究的基础上，寻找本书的理论基础，找到研究的突破点、创新点。同时，还对国务院、教育部等部门颁布的与本书相关的政策法规进行分析，并归类整理，掌握相关依据。而对于研究过程中遇到的疑难点问题，进一步有针对性地细查文献，在前人的研究成果中寻找线索，并结合自己的思考，为本书寻找新的突破口。

2. 问卷调查法

在通过文献分析总结现有理论研究的基础上，深入中小学一线进行调研，对当前中小学师德失范行为治理现状展开调查。为了解中小学教师对当前中小学师德失范行为治理的知晓情况、治理现状等，本书采取问卷调查法，以中小学教师为调查对象，分别在海南省不同地区的中小学教师群体中随机抽取样本，发放调查问卷，收集相关的数据资料；并及时整理、分析，探寻当前中小学师德失范行为治理存在的问题。

3. 访谈法

为了进一步了解当前中小学师德失范行为治理的现状，以及校长、教师、家长等不同主体对该现状的真实想法，同时为克服问卷调查可能存在的缺陷，笔者针对问卷调查存在的问题，有针对性地设计访谈提纲，并从海南省不同市县中小学选取访谈对象，包括中小学校长、教师、家长，根据访谈提纲逐个对访谈对象进行访谈，并视访谈过程中的具体情况随机应变，适当对访谈内容和程序灵活调整（虽然访谈对象中没有直接包含

教育管理部门的人员，但是通过对校长的访谈间接了解了教育
管理部门在师德失范行为治理过程中扮演的角色及发挥的作
用)。通过访谈，深入了解中小学师德失范行为治理现状，探索
目前中小学师德失范行为治理低效的原因。

（二）研究思路

首先，以中小学师德失范行为治理为研究主题，查阅文献
资料，准确把握中小学师德失范行为治理的内涵及研究现状，
明确研究的可行性及研究意义。其次，根据本书的研究内容和
目的，设计调查问卷及访谈提纲，验证可行之后对调查对象进
行抽样发放问卷及访谈，及时整理调查资料，并对中小学师德
失范治理现状进行定量和定性分析，探寻当前中小学师德失范
行为治理存在的问题，并剖析问题产生的原因，对症下药，探
索更加科学合理的治理对策。

（三）创新之处

研究对象的多元化。在整理文献的过程中发现，大部分学
者的研究对象主要为教师群体，而本书在实践调查中选取的研
究对象不仅包含教师，还包含了校长和家长，从多角度、多层
面了解中小学师德失范行为治理现状及不同角色对师德失范行
为治理的认知情况。

研究方法上，定量与质性研究相结合。现有研究多是理论
性的演绎研究，建立在分析二手资料的基础上。笔者在收集资
料、把握内涵的基础上发放问卷，对收回的问卷进行整理分析，
初步了解中小学教师眼中当前师德失范行为治理现状。同时，
本书还采用了访谈调查法，进一步了解校长、教师、家长等不
同群体在中小学师德失范行为治理中发挥的作用，把握当前治
理的总体现状，使研究更加科学。

研究思路上，强调动态性与过程性。现有研究多基于政策

文本和管理主义理论对治理提出看法，是一种静态化的研究思路。本书通过事件调查了解现状，建立多元主体共同参与的协商对话机制，寻找问题根源，注重民主、科学治理，能比较完善地对问题进行动态、全面的把握。

第一部分
师德治理概述

　　教育大计，教师为本；教师大计，师德为本。"要把提高教师思想政治素质和职业道德水平摆在首要位置，把社会主义核心价值观贯穿教书育人全过程，推动教师成为先进思想文化的传播者、党执政的坚定支持者、学生健康成长的指导者。"〔1〕新时代背景下，研究中小学师德治理的理论逻辑以及历史演进，对推进中小学师德师风建设具有重要而深远的意义。

---

〔1〕　教育部课题组：《深入学习习近平关于教育的重要论述》，人民出版社 2019 年版，第 79 页。

第一章

师德与师德观演进

我们的教师应该首先要爱孩子，爱是一切的前提。教师的师德包含很多方面，例如精神、道德、审美和情感等，但情感的敏锐是其中的基础，而要达到各方面的统一，既有赖于修养，也有赖于集体的环境。

—— ［苏］苏霍姆林斯基

师德是教师从教的灵魂，是对教师职业行为的基本要求。[1]师德作为一种传统精神，是社会主义经济关系的产物，在不同地域、不同社会以及不同的历史时期有着不同的内容与特点。明晰师德内涵和基本范畴是研究师德治理工作的基础，有助于深化对师德治理的认识，为实践中的师德建设提供科学的理论基础和操作指南。

一、师德的内涵与范畴

古希腊哲学家亚里士多德曾把范畴归为三类——本质、状态与关系，认为事物总是以属（本体）为前提，然后才能找出

---

〔1〕 刘健、王颖、孙雅：《改革开放以来我国高校师德政策演变及走向》，载《教育文化论坛》2023 年第 3 期，第 69~79 页。

种差，最后方能定义出一个事物的概念范畴。师德概念的发展具有内生性与外源性的共同特征，历史上不少研究者都给予过研究和定义。无论在哪个时期、哪个社会，师德都是一种高尚的品质，它包括了教育者的职业操守、道德规范、学术水平、人格魅力等方面的要求。整体分析，对"师德"的观点集中于"师德即教师道德"以及"师德即教师职业道德"两种观念。

（一）师德的内涵

1. 师德即教师道德

侧重"师德即教师道德"观的学者认为教师的道德行为应该被视为个人道德的一部分，不仅限于教育行业内部，而且涵盖了教师作为社会成员的行为准则和价值观。这一观点强调了教师在教育行业之外的社会角色和责任。如苏联教育家契尔那葛卓娃等在《教师道德》中的观点，"教育道德习惯包含的是最低水平的概括""教育道德是彼此处于一种复杂的相互关系之中的一般规范和个别规范、规则和习惯的体系""教育道德是向教师提出关于他对自己、对自己的职业、对社会、对儿童和其他所有参加教学教育过程的人们的道德要求的体系"。[1]

教师作为社会的一员，应该具备基本的公德和社会道德。尊老爱幼、夫妻和睦、勤俭持家、邻里团结等都是社会公德的要求，但同时也是教师个人道德的体现。教师应该以身作则，成为学生的榜样，通过自己的言行来引导学生形成正确的价值观和道德观。教师的道德修养和品质直接关系他们的教育效果。教师应该以高尚的道德标准来要求自己，不仅仅是为了教育的目的，更是为了塑造学生健康成长所需的道德品质。通过教师个人的道德修养，学生可以在道德上得到良好的引导，形成正

---

〔1〕 〔苏〕В. Н. 契尔那葛卓娃、И. И. 契尔那葛卓夫：《教师道德》，严缘华、盛宗范译，华东师范大学出版社1982年版，第68~69页。

确的世界观、价值观和人生观。此外，教师的道德行为也关系教育行业的形象和声誉。教育是一个公众关注的领域，社会对教师的道德要求较高。教师的言行举止、廉洁从教、专业精神等都会直接影响社会对教师的评价和对教育行业的信任。只有教师在个人道德上不断自我约束和修炼，才能赢得社会的尊重和信任，进一步提升整个教育行业的形象。

2. 师德即教师职业道德

倾向"师德即教师职业道德"观念的学者强调教师在职业角色中的责任和特殊要求，认为教师的职业道德是基于教育行业的需求和特点形成的，是教师在职业实践中必须遵守的行为准则和职业操守。亓子杰、王庆之认为："所谓师德，是指教师在从事教育活动过程中所形成的比较稳定的道德观念和行为规范。它是在教师职业活动范围内，调整教师与学生，教师与教师，教师与学校领导、教师与学生家长，教师与社会相互关系的行为规则。"[1]教育部人事司组编的《高等学校教师职业道德修养》也明确指出："教师职业道德是职业道德的一种表现形式，它是有了教师职业劳动后，由一些教育家、思想家总结概括而成，并在他们的著作中表达出来的。"[2]这种观点强调教师作为教育行业的从业者，其职业道德要求是与教育目标和教育理念相一致的。教师应该具备深厚的知识修养和文化品位，以高尚的道德品质来影响和引导学生。教师的道德行为应该符合习近平新时代中国特色社会主义思想要求，注重培养学生的全面发展和社会主义核心价值观的形成。

教师的职业道德要求体现了他们在学生成长中的示范作用。

[1] 亓子杰、王庆之主编：《教师道德学》，山东人民出版社1990年版，第9页。
[2] 教育部人事司组编：《高等学校教师职业道德修养》（修订版），北京师范大学出版社2006年版，第106页。

教师不仅仅是知识的传授者，更是学生的榜样和引路人。良好的师德能够激励学生积极向上、树立正确的人生观和价值观。教师应该以身作则，用自己的行为影响和启迪学生，让他们在道德品质上得到正面的引导和塑造。教师的职业道德也要求他们对教育行业负起社会责任。教师是实施教育政策和推动教育改革的重要力量，他们应该积极参与到教育事业的发展中，为科教兴国战略和人才强国战略作出贡献。教师的道德行为对于自身职业发展的重要性不言而喻，同时也会对整个教育事业的进步以及国家的未来产生深远影响。本书中，我们采用顾明远教授在《教育大辞典》中指出的师德定义："师德即'教师职业道德'的简称，教师进行教育、教学工作，处理各种关系、问题应遵循的道德准则和行为规范，包括教师的道德品质、思想信念、对事业的态度和感情，有关的行为习惯等。"我国现行的《中小学教师职业道德规范》是由教育部颁布实施的，其中包括爱国守法、爱岗敬业、关爱学生、教书育人、为人师表、终身学习六项内容。

（二）师德的范畴

师德的范畴是指在教师职业生涯中应遵循的道德准则和规范的领域或范围。这个范畴对于我们的师德认知、自觉地践行师德原则和规范、进行师德教育和师德修养、提升道德评价能力等方面有着极其重要的作用。教师的道德行为不仅影响个人职业发展，还关系整个教育事业的进步和国家的未来。具体而言，师德的范畴包含教师义务、教师良心、教师尊严、教师公正、教师权威五方面。

1. 教师义务

（1）教师义务的含义。教师义务是指教师在教育工作中所承担的道德责任和行为要求。师德是教师职业的重要组成部分，对于人们了解教师职业的伦理关系、调整道德行为、自觉遵守师德原则和规范等方面具有重要意义。同时，师德教育和师德修养也在提高道德评价能力等方面起到了十分关键的作用。

教师的义务源自教育者与受教育者、家长、社会等多方面的道德关系。教师应该将学生教好，以符合社会培养目标的要求。这是教师最基本的道德责任，他们应该遵循党的教育方针，促使学生在道德、智力、体力、美感、劳动等多个方面全面发展，最终成为具备"四有"品质的新一代人。教师的责任除了传授知识，还包括关心每个学生并保护他们的合法权益，促进他们身心健康成长。教师应该尊重学生的个性，保护他们的自尊心，坚决禁止任何侮辱、体罚或侵害学生权益的行为。通过履行对学生的责任，教师能够同时履行个人和社会的义务，全面培养学生并为社会作出贡献。

此外，教师的义务是无条件的。在从事教育工作时，教师不应以谋求个人权益或回报为主要动机，也不应将获得某种回报视为行为的前提条件。教师履行道德义务应该根植于内心的责任感和信念，而不是外在的强制。这种无条件性要求教师树立献身教育、全心全意为学生服务的理念和信念。同时，教师的义务还包括对每个学生个体关怀，保护他们的合法权益，促使他们在身心上健康成长。

（2）教师义务的内容：

第一，教师的法定义务。《义务教育法》[1]第28条规定："教师享有法律规定的权利，履行法律规定的义务，应当为人师表，忠诚于人民的教育事业。全社会应当尊重教师。"第29条规定："教师在教育教学中应当平等对待学生，关注学生的个体

---

〔1〕　为表述方便，本书中涉及我国法律文件直接使用简称，全书统一，后不赘述。

差异，因材施教，促进学生的充分发展。教师应当尊重学生的人格，不得歧视学生，不得对学生实施体罚、变相体罚或者其他侮辱人格尊严的行为，不得侵犯学生合法权益。"

第二，教师的道德义务。教师职业道德赋予了教师特有的道德义务。笔者认为教师的道德义务包含尊重学生、保护学生、建立良好的师生关系、传播正确的价值观念以及持续的专业发展等方面。首先，教师应该尊重学生的人格和尊严，关注他们的需求和权益。他们应当以平等、公正、善意的态度对待每个学生，不歧视、不羞辱、不侮辱学生。同时，教师应该尊重学生的个性差异，鼓励他们展示自己的特长和才能。其次，教师有责任保护学生的身心健康和安全。他们应该采取适当的措施，防止学生遭受欺凌、虐待或其他不当行为。教师还应该及时发现并报告可能存在的学生安全问题，并积极配合相关部门处理。为了促进学生的学习和发展，教师应该与学生建立和睦的师生关系。教师需倾听学生的观点和提议，重视学生的想法和情感，并与他们进行积极、有益的交流。教师还需为学生提供所需的支持和引导，鼓励他们克服困难，发挥自身潜力。同时，教师是学生的榜样和引导者，他们应该传播正确的价值观和道德观念。教师应该积极倡导诚实、正直、宽容、友善等品德，引导学生树立正确的道德观念和行为准则。教师还应该教育学生尊重他人、关心社会、承担责任。最后，教师应该不断提升自己的专业能力和教育教学水平。他们应该积极参加教师培训、学术研讨和专业发展活动，不断更新自己的知识和教学方法，以更好地履行教育使命。教师应以《中小学教师职业道德规范》《新时代中小学教师职业行为十项准则》为纲要，对标自身行为，履行教师义务，助力学生成长。

2. 教师良心

（1）教师良心的含义。良心是指人类在道德伦理领域中的一种内在的、主观的评判能力和行为准则。它是个体内心的道德意识和自我评价能力的体现。良心在伦理学和道德哲学中被广泛研究和讨论。不同的学派和思想家对良心的理解和解释有所不同，例如康德将良心视为道德行为的普遍准则，弗洛姆认为良心是超越个人利益的道德感知，休谟则将良心视为情感和理性的结合。

良心作为人类的道德感知和判断能力，具有内在性、主观性、自我评价性以及道德准则性的典型特征。首先，良心是存在于每个个体内心深处的，它是个体自我意识中的一部分，反映了个体对道德行为的认知和判断。其次，良心是个体主观意识的产物，它反映了个体对于道德问题的主观态度、价值观念和行为准则。每个人的良心可能会有所不同，因为人们的道德观念和价值观念存在差异。再次，良心是个体对自己行为进行道德评价的依据。通过良心，人们可以自我反省和评价自己的行为是否符合道德准则，从而产生内在的道德责任感和羞耻感。最后，良心是基于个体对道德准则的认知和理解，它指引人们在道德选择和行为中遵循一定的准则和原则。良心的形成受到文化、社会环境、教育等多种因素的影响。

教师良心是指教师在职业生涯中所展现的道德意识、道德判断和道德行为的内在准则和自我评价能力。教师良心是教师职业道德的核心，是教师在教育实践中应该遵循的道德规范和行为准则。教师良心是教师职业发展和师德建设的重要内容。教育学家、伦理学家、教育伦理学研究者等学者通过对教师良心的研究，探索教师道德发展的路径、促进教师职业行为的规范，并提出了一系列关于教师职业道德的理论和实践指导。具体而言，教师良心是教师职业道德的内在指引和动力，它涵盖了教师在职业生涯中应该具备的道德意识、职业责任、学生关怀、公平公正、专业发展和道德决策等方面的内容，具有内在性、道德判断、自我反省、职业道德导向的典型特征。

教师良心存在于每位教师的内心深处，它是教师对于职业道德的主观认识和反思。教师良心的形成受到教育经历、职业培训、道德观念等因素的影响，反映了教师对于道德问题的判断和评价能力。教师凭借良心可以区分善恶、正误，对教育实践中的各种情境作出道德准则的选择和决策。教师良心促使教师对自己的教育行为进行内省和评估。教师通过反思自己的教育实践，判断自己的行为是否符合道德要求，从而推动个人的道德成长和自我完善。同时，教师良心是教师职业道德的内在指引和动力。它激励教师秉持教育伦理、尊重学生权益、关注学生发展，并以真诚、责任、公正的态度对待教育工作。

（2）教师良心的作用。教师良心在教师职业生涯中发挥着重要的作用。它提醒教师牢记教育的使命和责任，关注学生的全面发展，推动教师不断自我反思和进步，维护教育的公正和质量，促进教师之间的合作和共同成长。教师良心是教师职业道德的内在指引和动力，对于保障教师职业道德的规范和提升教育质量至关重要。

第一，教师良心使教师能够意识到自己的责任和使命。教师职业是一项光荣而神圣的事业，教师良心提醒教师们要以崇高的教育理想和社会责任感对待自己的工作。教师良心使教师深入思考教育的价值和意义，不仅关注学生的知识和技能的传授，更重视培养学生的品德、思维能力和创造力，以帮助他们全面发展。教师良心使教师认识到自己是学生成长道路上的引路人，要引导学生树立正确的价值观和世界观，培养他们积极向上的人生态度和社会责任感。

第二，教师良心促使教师尽职尽责地教育学生，关心学生的学业和成长，关注他们的心理健康和综合素养的培养。教师良心提醒教师要把学生的发展放在首位，关注每个学生的个体差异，因材施教，帮助他们克服学习困难，激发他们的学习兴趣和潜能。教师良心使教师对学生的发展需求有敏锐的洞察力，能够倾听学生的声音、理解他们的需求，并及时调整教学策略和方法，创造积极的学习环境和情感支持，以促进学生的全面成长。

第三，教师良心推动教师不断自我反思和进步。教师通过反思自己的教育实践，审视自己的行为和决策是否符合道德标准，以及对学生和社会的影响。教师良心激励教师积极寻求专业发展机会，不断提升自身的学识水平和教育教学能力，以更好地履行教师的职责和使命。教师良心促使教师关注教育研究和教育改革的前沿动态，积极参与教育实践和创新，不断更新自己的教育理念和教学方法，以适应时代的发展和学生的需求。

第四，教师良心还具有警示和约束的作用。当教师面临道德抉择和职业困境时，教师良心会提醒教师们坚守道德底线，不为个人利益或外界压力所动摇。教师良心帮助教师避免偏见和歧视，坚持公平和公正原则，公正评价学生的表现，为学生提供平等的学习机会和资源。

第五，教师良心在教师之间形成一种职业共同体的凝聚力。教师们都有类似的教育理念和追求，教师良心使他们能够相互理解、支持和鼓励，共同推动教育事业的发展和进步。教师良心鼓励教师进行合作和交流，分享教育经验和教学方法，相互学习和成长，形成良好的教师团队和学习共同体。

3. 教师尊严

尊严指的是权利和人格被尊重，教师尊严则是社会及其成员对教师职业及其从业人员的社会价值和道德价值的期望、认可和肯定。它是建立在教师职业特点和职业行为的基础上的，体现了教师在教育领域的地位和价值。教师的尊严是一个复合性概念，不仅包括来自道德主体自身的认同，也涵盖了社会及其成员对其职业行为的期望与评价。这种多维度的尊严构成，使得教师在职业生涯中能够不断追求卓越，为教育事业的繁荣与发展作出更多贡献。

第一，教师尊严的显现蕴含于社会意识形态之中。纵观中国教育发展史，教师尊严随着社会的变迁经历着高低起伏的变化。在历史长河中，教育被赋予塑造国家和社会未来的责任，而教师作为这项事业的中坚力量，其地位和尊严在社会的变迁中会受到极大的影响。在封建社会，"一日为师，终身为父""天地君亲师"等理念深刻根植于社会意识形态之中，彰显着对教育家和教育事业的极高尊崇。教师不仅仅是知识传授者，更是德育引导者，担负着培养后继人才、传承文化的神圣使命。在这种背景下，教师的尊严得到社会广泛认可。同时，社会意识形态的变革往往伴随着对教师尊严的剧烈波动。在一段时期内，特定的历史事件或社会运动可能导致教育理念的变更，反映在教师身上就是尊严的起伏。进入新时代，我国教育事业得以蓬勃发展，教师的职业价值得到彰显。因此，教师尊严的高低起伏，不仅仅是教育发展的一面镜子，更是社会意识形态的反映。

第二，教师尊严是社会及成员对教师职业的期望。教师的尊严不仅是道德主体的先决条件，更是来自社会关系中他人对其行为的价值认可与尊重。这种认可与尊重构成了教师作为道德主体的心理支撑，为其在教育事业中的担当提供了坚实基础。[1]
社会赋予教师职业以尊重主要是因为师道尊严的传统和教育对
象的特殊性。[2]社会及其成员对教师职业的期望具体体现在对
教师职业的规范与评价中，是教师尊严的重要组成部分。例如，
当教师为学生的人生理想而努力工作时，其所获得的不仅是家
长的感激，还有同事和领导的肯定，这时教师尊严在社会认可
与尊重中得以彰显。因此，教师的尊严建构不仅是个体自我认
同的心理支撑，更是社会与道德价值观的交融，在学生、家长、
同事以及领导等多方面的认可与肯定中不断塑造。

　　第三，教师尊严是教师职业构建的社会和道德价值。教师
尊严是教师自身所练就的优良素质及其自身所感受到的内在生
命价值感和尊严感。首先，教师自身练就的优良素质是教师尊
严的基础。教师职业要求其从业人员必须具有一定的学识素养、
能力素养、人格风范等优良素质，这些优良素质主要包括"掌
握自身所讲授的具体学科的专业知识和理论，具有良好的教育
科学的知识、理论和能力方面的素质以及高尚的道德修养和品
质等"[3]。其次，教师内在的生命价值感和尊严感是教师尊严
发展的内在动力。因为它使教师能够独立地在自己的领域内进
行自由自在的创造，不受来自外界的压迫与束缚，在这一过程
中教师是自尊、自立、自强的。叶澜教授在论述当代教师角色
理想重建的新维度时，特别强调了教师的内在个人生命价值这
一重要维度。可见，内在的生命价值感与尊严感对于从事教师

---

[1]　徐立明、韩秀霞：《尊严：教师职业道德建构的原动力》，载《黑河学院
学报》2021年第9期，第76~78页。

[2]　季旭峰、胡锋吉：《师道尊严何在》，载《上海教育科研》2003年第1期，
第9~11页。

[3]　叶澜：《"新基础教育"论——关于当代中国学校变革的探究与认识》，教
育科学出版社2006年版，第248~249页。

职业的人而言是多么重要。换言之，教师只有感受到内在的生命价值感和尊严感，才能够获得自信、自尊，从而自立、自强达到教师尊严。

第四，教师尊严在社会认可和尊重中得以体现。教师作为教育事业的从业者，承担着培养人才、传递知识、塑造社会未来的重要使命。教师需要对自身的职业充满自信和自豪感，通过不断提升专业素养、坚守职业操守，树立正确的教育理念，为学生提供优质服务，从而形成积极向上的自我形象。同时社会也通过提供合理的薪酬、优越的工作条件、良好的社会地位，为教师的职业发展提供合理的条件、创造良好的环境。这种支持不仅体现在物质层面，更在于社会对教育事业价值的深刻认同，使教师成为社会进步的引领者。因此，教师尊严在社会认可和尊重中的体现不仅是对个体的肯定，更是对教育事业本身的推崇；社会的尊重既是对教师个体的鼓励，也是对教育理念和价值的集体呼应，二者共同构筑了一个稳固、充实的教育体系。

第五，教师尊严涵盖个体自我认同和自我价值感。教育者应当在职业中培养一种坚定的自信和自豪感，这并非仅仅对个体的赞美，更是对教育事业所具备的重要性的自觉认同。这种自信不仅源于对自己专业知识和教育能力的确信，更是对自身在学生成长过程中发挥重要作用的自豪感。在实践中，教师应该树立正确的教育理念，坚守教育的原则和道德准则，保持良好的职业操守和道德品质。同时，面对日新月异的技术革新，教师要主动适应新的教学方法和教育理念，不断提升自己的专业水平，从而更好地履行教育使命。对学生尊重和关爱，关注学生的学业和成长，以及为学生提供公正、平等和优质的教育服务。因此，教师的自我尊严不仅来源于对个人职业价值的深刻认同，更植根于对整个教育事业的热爱和奉献精神。这种热爱使得教育者能够超越个体利益，真正投身于培育下一代的伟大事业中，从而获得更高层次的尊严感。

4. 教师公正

公正是指在决策、行为和待遇方面遵循公平、客观原则的状态或行为。它强调对每个人的平等对待，不偏袒、不歧视，以确保公平性和合理性。教师公正的理论基础可以追溯到道德哲学和伦理学领域。从道德哲学的角度来看，教师公正是基于道德价值观念和道德原则的行为准则。伦理学提供了关于公正、平等和正义的理论基础，指导教师在教育实践中作出公正的决策和行动。教师公正是指在教育过程中，教师在决策和行动中遵循公平、公正和客观的原则，对待学生和教育事务不偏袒、不歧视，确保每个学生都有平等的机会接受教育和发展。教师公正的实践对于学生的成长和发展至关重要。它不仅能够促进学生的学业成就和个人发展，还能够培养学生的公正意识和价值观，为他们今后的社会参与和职业发展奠定良好的基础。同时，教师公正也是教师职业道德的重要体现，能够增强教师的职业形象和社会声誉，提升教育教学质量和公信力。具体而言，教师公正包含：

（1）平等对待。教师公正要求教师对待每个学生都应该公平无私，不偏袒任何一个学生。这意味着无论学生的背景、能力水平、性别、种族或宗教信仰如何，教师都应该给予他们平等的关注、尊重和机会。在教育环境中，每个学生都应该被视为独特而有价值的个体，他们享有平等的权益和机会。教师应该摒弃任何歧视或偏见，不因学生的个人特征或背景而对其产生偏见或给予不公平的待遇。尽管学生来自不同的家庭背景，有不同的学习能力，具有不同的性别、种族或宗教信仰，教师都应该以公正的态度对待他们，确保他们在教育过程中得到平等对待。

（2）客观评价。在教师评价和考核学生的过程中，客观公正是不可或缺的要素。教师应遵循明确的评价标准和评价体系，确保评价结果真实、准确，并能够公正反映学生的学习情况和能力水平。评价的客观性意味着教师应基于客观的证据和学术标准来评估学生的表现，而不受个人偏见或主观因素的干扰。教师需要对学生的成绩、作业、参与度等进行客观的记录和分析，以便准确评价学生的学习进展和取得的成就。此外，教师应当遵循公正的评价流程，确保评价过程的透明度和公开性，使学生和家长能够理解评价标准和方法，并参与评价结果的讨论和反馈。评价的公正性是教师公正的核心要求之一。教师应将个人情感和主观判断排除在评价过程之外，避免对学生有偏见或歧视，保持公正和中立的立场。每个学生都应该得到平等对待，不论其背景、能力水平、性别、种族或宗教信仰如何，教师都应给予他们公平的机会和待遇。

（3）合理分配。教师公正要求教师在资源的分配方面公正合理。资源的合理分配意味着教师应根据学生的个体差异和需求，将学习资源和支持服务分配到最需要的学生身上。教师需要了解每个学生的学习背景、能力水平、兴趣爱好和学习风格等方面的信息，以便制定个性化的学习计划和提供针对性的指导。教师应该注重公平和公正，不偏袒任何一个学生，确保每个学生都能够享受到公平的学习机会和资源。教师应该关注每个学生的个体差异和需求，根据学生的实际情况提供有针对性的支持和辅导，确保每个学生都能得到适当的关注和帮助。公正的资源分配能够反映学校和教师的教育公平性，保证每个学生都能够享受到公平的学习条件和机会。合理分配资源还有助于建立和谐的学习氛围与积极的学习文化，促进学生之间的平等交往和合作，减少不公平现象的发生。

（4）公开透明。教师公正要求教师在决策过程中保持公开透明。教师应该向学生和家长解释决策的理由和标准，确保决策过程公正可信，避免不公平的偏向或歧视。教师应该让学生和家长了解决策的背后原因和考虑因素，保持沟通和信息的畅通，以便他们能够理解和接受决策结果，并提供反馈和建议。公开透明的决策过程能够建立起信任和合作的关系。当教师能够向学生和家长解释决策的理由和标准时，学生和家长更能理解，能够更好地支持和配合决策的执行。此外，公开透明的决策过程也能够减少猜测和传言，避免不公平和偏见的产生，增加决策的合理性和可接受性。通过公开透明的决策过程，亦能帮助教师树立良好的榜样形象，培养学生的公正意识和参与意识。学生可以从教师身上学到决策的原则和价值观，了解决策的重要性和影响。教师还可以借此机会教育学生如何进行公正的决策，培养学生的批判思维和解决问题能力。

（5）环境公正。教师应该积极维护公正的教育环境，防止欺凌、歧视和不公平现象的发生，保护每个学生的权益和尊严。教师应该倡导和实施公正的规则和行为准则，建立一个安全、包容和平等的学习环境。促进学生之间的尊重和友善互助，鼓励他们珍视多样性和不同观点。教师应对欺凌、歧视和不公平现象保持敏感，并采取适当的措施予以防止和解决。教师应提供支持和指导，帮助学生发展积极的人际关系和解决问题的能力。教师在处理学生之间的关系时公正无私，不偏袒任何一方，确保每个学生都受到公正的对待。公正的教育环境对学生的发展和学习具有重要影响。在公正的环境中，学生能够感到安全和得到尊重，有利于他们积极参与学习和发展自己的潜力。公正的环境还能够培养学生的公正意识和公民责任感，为他们今后的社会参与和成长奠定基础。

5. 教师权威

教师权威是指教师在教育领域中所具备的权威性和专业性。教师权威既是维系教育秩序的必要机制和有机环节，也是人类诸多教育实践活动的内在要求。[1]教师权威是建立在教师专业知识、经验和教育能力基础上的，它使得教师能够在教学和教育管理中发挥重要的领导和影响力。教师权威不仅源于教师的知识水平和教学技能，还源于他们对学生的关怀和理解，以及对学习和教育过程的深刻洞察。有的学者从教师权威的类型研究出发把教师权威分为权力型教师权威、专业型教师权威、智慧型教师权威和人文型教师权威四种类型。亦有学者解析了当代教师权威存在将其等同于教师权力至上、看作是具有随意性质的个人权威、等同于知识权威和法理权威的三种主流现实误读，认为教师权威的"权"是一种规范性的力量，教师权威的"威"是一种精神性的本质，教师权威的"境"是一种自由性的境界，教师权威的最终目的也是其境界即学生的自由，教师自身合理的权威张力能够帮助学生最终达到自由之境。教师权威和学生自由正是在彼此互补、彼此牵制下完成各自的升华。[2]教师权威是师德的重要构建维度，对师德的形成与发展有着重要的影响：

首先，师德的具体内容是构成教师权威必备的条件。正如美国后现代主义教育的著名代表多尔所说，"教师不要求学生接受教师的权威，相反，教师要求学生延缓对那一权威的不信任，

---

〔1〕 戴妍、陈佳薇：《我国教师权威的历史演进与现实审视》，载《教师教育研究》2021 年第 3 期，第 24~30 页。

〔2〕 宋晔、牛宇帆：《教师权威：爱与惩罚的道德张力》，载《教育科学研究》2016 年第 7 期，第 19~25 页。

与教师共同参与探究，探究那些学生所正在体验的一切"。[1]教师作为教育领域的权威人士，必须具备一定的道德品质和行为准则，以赢得学生、家长和社会的信任和尊重。师德的具体内容包括但不限于：爱国守法、爱岗敬业、关爱学生、教书育人、为人师表、终身学习。这些道德要求是教师权威建立和巩固的基础，教师只有在道德层面上获得认同和支持，才能真正拥有教师权威。

其次，重塑教师权威有助于丰富教师师德的内涵。"教育要关注整个人生世界和意义世界，唤起和激发主体对新的生活方式和更高精神境界的渴望与追求。"[2]教师权威并非一成不变的，它需要与时俱进、与社会变革相适应。当社会对教育和教师角色的需求发生变化时，教师需要不断调整和重塑自身的权威形象。这种重塑过程是与师德的丰富内涵相互关联的。通过重塑教师权威，教师能够更好地承担起自身在教育领域中的角色和责任，以更高的道德标准要求自己，实现自我超越和成长。这些行为和态度的变化都是师德内涵的丰富和拓展，体现了教师对教育事业的热忱和追求，进一步提升了师德的质量和层次。因此，教师权威的核心是教师的专业素养和道德责任。教师应不断提升自己的专业知识和教学技能，保持与时俱进，以确保自身的权威性和教育影响力。

现代教师权威和师德是紧密联系、相辅相成的。师德的具体内容是构成教师权威必备的条件，而重塑教师权威亦有助于丰富教师师德的内涵。教师权威的建立和巩固需要教师具备良

---

[1]　陈振中：《重新审视师生冲突——一种社会学分析》，载《教育评论》2000年第2期，第40~42页。
[2]　赵丽萍：《论教师权威的现代重塑》，载《中国德育》2010年第3期，第21~24页。

好的师德品质和行为准则，而重塑教师权威则推动教师在道德层面上不断提升和创新，以更好地适应社会变革和教育需求。这种相互促进的关系有助于提高教师的职业水平和教育质量，促进学生的全面成长和社会进步。值得强调的是，教师权威应该是一种互动和合作的过程，并不意味着教师的绝对权力或绝对正确性。教师权威应与学生的主体性和参与性相结合，鼓励学生的思考和独立性，尊重他们的意见和观点。

综上所述，师德是教师职业的灵魂，也是教育事业的基石。在教育的舞台上，师德的重要性不可低估。师德不仅是教师个人的道德修养和职业规范，更是整个社会教育体系的价值支撑和道德底线。当代教育有效提升教育教学质量，用高质量的办学效果满足"教育强国"建设的需求以及人民满意的教育，离不开一支以高尚师德为基石的教师队伍。应加大师德师风建设和研究的力度，引导教师从业者始终秉持正确的价值观和职业操守。同时，社会应给予教师更多的尊重和支持，营造尊师重教的社会氛围，共同努力打造一个教育兴盛、师道光荣的新时代。

二、古代师德观的起源与演变

自从孔子时期开始，中华民族一直高度重视教育，并始终关注师德，将其视为国家的根基和未来的希望。在两千多年的历史长河中，无数先贤大儒都对师德发表了众多言论，这些言论流传至今，传承不息，产生了深远的影响。师德被视为一种"师者，所以传道受业解惑也"的职业操守，同时也是一种"以德为先"的道德准则，强调教育者应该具备高尚的道德品质和精湛的学术水平，用自己的言语和行动来影响和引导学生的成长。

（一）先秦儒家的师德观

具体而言，关于师德的论述最早可以追溯到春秋时期《论语》中孔子（公元前 551 年—公元前 479 年）对待学生的态度。《论语·雍也》有云："夫仁者，己欲立而立人，己欲达而达人。"孔子认为，教师的"仁德"就是"立人"和"达人"。[1]教师若欲成就功业，建树垂拱之功，自当助人达成理想；若欲学有所成，洞明事理，通晓世间变幻，亦需引路启蒙，助人达到同一高峰。"汝为君子儒，无为小人儒"，孔子认为德操的养成是教育的首要，而"忠"与"信"是成为"君子儒"的最基本的要求。"立人"和"达人"是一个全方位的、立体的工程。作为一名教师，孔子认为首先要具有"夫子之道，忠恕而已矣"（《论语·里仁》）的忠君爱国之情；需要具有"有教无类"（《论语·卫灵公》），"泛爱众，而亲仁"的博爱精神；需要具有"若圣与仁，则吾岂敢？抑为之不厌，诲人不倦，则可谓云尔已矣"（《论语·述而》），"学而时习之，不亦说乎？"（《论语·学而》）的乐教乐学之心；需要具有"由也果""赐也达""求也艺"（《论语·雍也》）的因材施教之技；需要具有"知之为知之，不知为不知，是知也"（《论语·为政》）的客观求是之意。教师需要从学生的学业发展、实践能力、道德情操以及心理健康全方位地关爱帮助学生，才可能真正做到"立人"和"达人"。

孟子（公元前 372 年—公元前 289 年），名轲，字子舆，战国时期著名的思想家、政治家、教育家，是孔子学派的继承者之一，被誉为"孔子之后"的圣人。《孟子·尽心上》说："君子有三乐……父母俱存，兄弟无故，一乐也。仰不愧于天，俯

---

[1]　赵常丽：《孔子师德观的现代意义》，载《青海民族学院学报（社会科学版）》2008 年第 2 期，第 129~131 页。

不作于人，二乐也。得天下英才而教育之，三乐也。"教师应以教为荣。《孟子·尽心上》亦云"君子之所以教者五：有如时雨化之者，有成德者，有达财者，有答问者，有私淑艾者"，认为君子之所以从事教育工作，有五种表现：一是像时雨一样滋润万物的化育之功；二是帮助学生成就品德和修养；三是帮助学生达到物质上的富裕；四是能够回答学生的问题，解决学生的疑惑；五是能够与学生建立私人关系，引导他们向善向美。孟子认为师德是教育中最为重要的一环，教师不仅仅是传授知识，更重要的是通过教育来培养学生的品德和修养，帮助他们成为有道德、有社会责任感的人。同时，教育者还应该具备解答问题、引导和关心学生等多方面的能力，以及与学生建立良好的关系，让学生在信任和尊重中成长。

荀子（公元前 313 年—公元前 238 年），名况，字卿，是我国先秦时期儒家学派最后一位伟大导师，备受赞誉的思想家兼教育家。在继承孔子思想的根基上，他进一步拓展了唯物主义的要素，并积极吸收了百家思想的精髓。荀子对教师的地位和作用极为重视。《荀子·大略》有云："国将兴，必贵师而重傅……国将衰，必贱师而轻傅。"《荀子·儒效》提出："故有师法者，人之大宝也；无师法者，人之大殃也。人无师法，则隆性矣；有师法，则隆积矣。"荀子把教师与天、地、君、亲相提并称，认为只有品德极高的儒者君子圣人，才能担任这一崇高而伟大的职业。对于何为教师？《荀子·致仕》提出："师术有四，而博习不与焉。尊严而惮，可以为师；耆艾而信，可以为师；诵说而不陵不犯，可以为师；知微而论，可以为师。故师术有四，而博习不与焉。水深而回，树落则粪本，弟子通利则思师。"荀子要求教师应具备四个条件：其一，教师要有师道尊严，认为"言而不称师，谓之畔；教而不称师，谓之倍。倍畔之人，明君不内朝，士大夫遇诸涂不与言"。其二，要有丰富的教育教学经验和求知好学的信念。其三，要掌握教学方法，能循序渐进，有条理，不凌不乱。其四，要善于登高望远，有广泛的知识面，掌握先进的知识、见微知著。

（二）汉代学者的师德观

汉代儒家思想家、政治家和教育家董仲舒（公元前179年—公元前104年），对于"道"与"教化"的论述，不仅体现了儒家对于社会治理和人性塑造的理想追求，也为我们理解师德对于教育、文化、政治的影响提供了启迪。首先，他提出要将"道义"视为教师德性的根本。在《举贤良对策》中有云："道者，所繇适于治之路也；仁、义、礼、乐，皆其具也。"在《春秋繁露·重政》中有云："能说鸟兽之类者，非圣人所欲说也；圣人所欲说，在于说仁义而理之。"董仲舒将"道"视为通往治理之路的根本，而仁、义、礼、乐则是实现这一道路的具体工具。他强调通过礼乐教化，可以塑造人民的道德观念，形成良好的社会风气，从而实现社会的长治久安。这种思想在汉代乃至整个中国历史上都具有深远的影响，体现了儒家对于"以德治国"的坚定信念。其次，教师要"美其道、慎其行"，承担起"化民成性"的重任。要注重"修身""谨慎"，故曰："于乎！为人师者，可无慎邪！夫义出于经，经，传大本也，弃营劳心也，苦志尽情，头白齿落，尚不合自录也哉！"其认为教师需要放弃安逸，劳心劳力，刻苦钻研，竭尽心力，即使付出巨大的努力，也仍然应不断努力提升自我，正身而教之。同时，要注重教育的方式方法，最终实现"圣化"的教育境界。董仲舒在《春秋繁露·玉杯》中有云："是故善为师者，既美其道，有慎其行。齐时蚤晚，任多少，适疾徐，造而勿趋，稽而勿苦，省其所为，而成其所湛，故力不劳，而身大成。此之谓圣化，吾取之。"〔1〕董仲舒认为善为师者,不仅要秉持高尚美好的教育理念,更要在实际教学过程中注意言行举止,为学生树立良好的榜样。要根据学生的实际情况,合理安排教学进度和内容,既不急于求成,也不让学生感到过度劳累。既注重培养学生的兴趣和自主学习能力,又能逐步引导,对每个学生进行有针对性的指导和帮助。因此,优秀的教师能够以较小的努力取得较大的教学成果,实现了教育的最高境界——"圣化"。

汉代文学家、哲学家和教育家杨雄(公元前 53 年—公元 18年),在《法言·师说》中强调教育工作者要做学生的楷模,他说:"师哉!师哉!桐子之命也。务学不如务求师。师者,人之模范也。模不模,范不范,为不少矣。一哄之市,不胜异意焉;一卷之书,不胜异说焉。一哄之市,必立之平;一卷之书,必立之师。"〔2〕杨雄认为,教育工作者的品德和行为应该是学生学习的榜样,只有教育工作者本身具备高尚的品质和行为标准,才能够真正地影响和感化学生。他还强教师的重要性,指出与其专注于学习,不如更重视寻找良师。教师不仅是知识的传授者,更是学生的榜样。然而,并非所有教师都能完美履行其职责。一名良师能够引导学生正确理解和应用知识。

(三)唐代学者的师德观

韩愈(768 年—824 年),字退之,河南河阳(今河南孟州南)人。唐代文学家、思想家和教育家。韩愈极为重视教育的社会作用。在《进学解》中提出"若夫商财贿之有亡,计班资之崇庫",〔3〕学习的意义不能用利禄的有无、官职的高低来衡

---

〔1〕(汉)董仲舒撰:《春秋繁露》,中州古籍出版社 2010 年版,第 28~30 页。
〔2〕孟宪承编:《中国古代教育文选》,人民教育出版社 1979 年版,第 169 页。
〔3〕李梦生等译注:《古文观止译注》(注音版)(修订本),上海古籍出版社2023 年版,第 311 页。

量；认为学校教育的目的在于培养德艺具备的君子；认为先生应"口不绝吟于六艺之文，手不停披于百家之编"，应勤勉好学、应吟诵儒家经典，翻阅诸子百家著作。其在《师说》开篇即强调："古之学者必有师。师者，所以传道、受业、解惑也。"教师要注重个人修养，对自己有严格全面的要求。良好的师德是教师"从业"不可或缺的基石，但倘若缺乏能力素质的提升、专业知识的积累以及自我学习的能力，而仅仅空谈"师德"，那么这样的师德就如同没有源头的水、没有根基的木，难以持久且缺乏实质支撑。教师若犯过错，要勇于改过，防止重犯。他的教师道德观念对宋代以后儒学教育的发展和我国儒家师道传统的形成有着深远的影响。

同样被誉为"唐宋八大家"之一的柳宗元（773 年—819年）在《师友箴》中痛心疾首地写道："今之世，为人师者众笑之，举世不师，故道益离；为人友者，不以道而以利，举世无友，故道益弃。呜呼！生于是病矣，歌以为箴。既以诫己，又以诫人。不师如之何？吾何以成！不友如之何？吾何以增！"这抨击了当时的社会风气，强调从师、尊师的重要性，应树立尊师的良好风尚。在柳宗元看来，教师的角色不仅仅是知识的传递者，更是道德的楷模、灵魂的工程师。他们以身作则，用自己的言行影响着学生，塑造着未来。因此，尊重教师，就是尊重知识，尊重教育，尊重民族的未来。

（四）宋元学者的师德观

宋代理学以"理"名学，"理"是理学的核心和最高范畴。程颢（1032 年—1085 年），字伯淳，号明道，河南洛阳人。程颐（1033 年—1007 年），字正叔。程颢、程颐二人是北宋杰出的哲学家、教育家，同胞兄弟，世称"二程"，并与朱熹并称"程朱"，被誉为"理学宗师"。二程创天理论哲学，把哲学本体论与儒家伦理学直接统一于天理，在宋明理学及中国哲学发展史上具有划时代的重要意义。程颢认为"心是理，理是心""心具天德""只心便是天，尽之便知性，知性便知天，当处便认取，更不可外求"〔1〕。人在道德实践过程中趋向"仁者以天地万物为一体"的阔大精神。二程最具影响力的德育思想是"人心私欲也，危而不安；道心天理也，微而难得。惟其如是，所以贵于精一也"。〔2〕他们认为教师要引导学生区分德性之知与闻见之知，努力达到更高程度的知行合一、天人合一境界，从而洞见天地之心、圣人之心与未发气象。〔3〕同时注重教师的德性修养，认为"不深思则不能造其学"〔4〕"进学不诚则学杂，处事不诚则事败，自谋不诚则欺心而弃己，与人不诚则丧德而增怨"〔5〕。

朱熹（1130年—1200年），字元晦，号晦庵，是中国宋代著名哲学家、教育家、文学家和理学宗师。他提倡"格物致知"，强调教师自身的能力建设，提出"诚信立身，止于至善"，被誉为"朱子学派"的创始人。他指出圣贤教导人们学习，并不是为了让人们追求华丽的言辞和修辞技巧，也不是为了追求科举考试中的名利，而是要通过研究事物的本质，获得真正的知识和智慧。同时，要诚实待人、正直心态、修身养性，然后将这些应用到家庭和国家的治理中，从而达到平治天下的目的，这才是真正的学问和学习的方向。朱熹在《论语集注》中提到，"言学能时习旧闻，而每有新得，则所学在我，而其应不穷，故

---

〔1〕（宋）程颢、程颐：《二程集》，王孝鱼点校，中华书局1981年版，第1260页。

〔2〕（宋）程颢、程颐：《二程集》，王孝鱼点校，中华书局1981年版，第1261页。

〔3〕贾志国：《中国传统课程思想的发展逻辑：合情化、合理化、合法化》，载《教师教育学报》2023年第2期，第28~42页。

〔4〕（宋）程颢、程颐：《二程集》，王孝鱼点校，中华书局2004年版，第1198页。

〔5〕（宋）程颢、程颐：《二程集》，王孝鱼点校，中华书局2004年版，第1183页。

可以为人师。若夫记问之学，则无得于心，而所知有限，故《学记》讥其'不足以为人师'，正与此意互相发也"，[1]要求教师修身养性，并且提出了教师要做到"博学之，审问之，慎思之，明辨之，笃行之"。朱熹言："大学者，大人之学也。"[2]此之"大人"是与"小人"相对而言，主要指在道德修养、政治格局、生命价值追求上的宏大与崇高。圣贤必是"道心常为一身之主"，[3]教师是人们学习的导师，他们应该成为学生的榜样和范本。学生获取知识必须要在教师的指导下进行，因此教师必须具备高于学生的素质和品德。

（五）明清学者的师德观

王守仁（1472 年—1529 年），字伯安，号阳明，是中国明代著名的思想家、哲学家、军事家和教育家。他是中国哲学史上儒家思想的重要代表之一，被誉为"心学宗师"。王阳明的主要思想是心学，"千圣皆过影，良知乃吾师"[4]，即"致良知"。他认为，人的本性本善，只有通过发挥自己的良知，才能真正实现自己的价值和理想。他主张"知行合一"，即通过不断的实践和行动来实现自己的理想和目标。阳明心学的论证范围主要限定在道德领域之内，"格物"主要是指"正其心"及"致其良知"[5]。针对师德，王阳明在《传习录》中专门提出："教化之功，由人为之。人无德而能教化者，未之有也。故师者，

〔1〕（宋）朱熹：《四书章句集注·论语集注》（卷 1），中华书局 1983 年版，第 57 页。

〔2〕（宋）朱熹：《四书章句集注·大学章句》，中华书局 1983 年版，第 3 页。

〔3〕（宋）朱熹：《四书章句集注·中庸章句序》，中华书局 1983 年版，第 14 页。

〔4〕（明）王守仁撰：《王阳明全集》（上），吴光等编校，上海古籍出版社 1992 年版，第 796 页。

〔5〕李西顺：《教师专业道德建构——以王阳明"致良知"学说为分析工具》，载《教育研究》2022 年第 1 期，第 72~80 页。

德之载体也。故欲教育其学生，必先修身以正心，然后能够感化人心，才能达到教化的目的。"教育的功效是靠人来实现的，没有高尚的品德和道德修养的人是不可能进行有效的教育的。"心之所向，言之所向，行之所向，皆成德也。"教育者应该注重自身的内心修养和外部行为表现，只有心、言、行三者的方向一致，才能够实现真正的德行。"教书育人，先做人，后做教师。"教师应该成为道德的榜样，具备高尚的品德和人格魅力，注重自我反省和自我约束，始终保持高尚的品德和行为，通过自己的言行和榜样来影响和感召学生，达到教化的目的。"教书必须以心传心，不以口传口。"教育者应该注重与学生的心灵沟通，通过真情实感的交流和互动来传递知识和道理。只有在心与心的沟通中，才能够实现真正的教育和启发，让学生在感性认识和理性认识之间达到平衡。"以诚相待，以德相亲，以恕相容，以智相助。"教育者应该以真诚、善良、宽容和智慧来对待学生，建立良好的师生关系和互动模式。只有在相互信任、尊重和支持的基础上，才能够实现有效的教育和学习。

王夫之（1619 年—1692 年）字而农，号姜斋，又号夕堂，湖广衡州府衡阳县（今湖南衡阳）人。他与顾炎武、黄宗羲并称明清之际三大思想家。他在《周易内传》中提出"君子诲人不倦，而师道必严"，一定程度上指出了潜心教书育人是教师的使命，教师要孜孜不倦地把知识传授给学生，弘扬师道。同时对教师的自身道德也十分重视。"小人之道，有必为，无必不为。君子之道，有必不为，无必为"，[1]强调教师不应只是追求自身利益和舒适，更应该关注社会和他人的需要，拥有高尚的品德和道德修养，有责任感和担当精神。同时，教师应当具备

---

[1]（清）王夫之：《宋论》，舒士彦点校，中华书局 1964 年版，第 116 页。

有所必为的精神，即在面对重大责任和义务时，即使面对困难和挑战，也要勇于承担，迎难而上。教师应当遵循道义和原则，在作出正确选择和决策的同时，也应具备谦虚、宽容和诚实等品质。

三、近代师德观的冲击与革新

在近代，由于西方列强的入侵和封建统治的腐败，我国社会陷入了动荡和落后。为了振兴中华民族，许多人开始关注教育事业的发展。在这个时期，出现了许多杰出的教育家，他们以不同的方式从不同的角度推动了中国教育的发展。如以康有为、梁启超为代表的资产阶级改良派，对封建社会的教育制度进行了大力抨击；蔡元培、陶行知等教育家致力于推动现代教育制度的建立和推广，为中国教育的现代化奠定了基础。他们是中国近代教育事业的奠基人和推动者，他们的师德观对今天中国师德的发展和研究仍然有着深远的影响。

康有为（1858年—1927年），字广厦，号长素，晚清时期重要的政治家、思想家、教育家，资产阶级改良主义的代表人物，对中国现代史和文化产生了深远的影响。"中国学风之坏，至本朝而极，而距今十年前，又末流也。学者一无所志，一无所知，惟利禄之是慕，惟帖括之是学，先生初接见一学者，必以严重迅厉之语，大捧大喝，打破其顽旧卑劣之根性，以故学者或不能受，一见便引退，其能受者，终身奉之，不变塞焉。先生之多得力弟子，盖在于是。"[1]"师道既尊学风自善"，其认为师道是根治学风不正的旨要，认为聘任教师的最基本条件是"管学总理之人皆由公推，需学行并高、经验甚深、慈爱普

〔1〕　璩鑫圭、童富勇编：《中国近代教育史资料汇编：教育思想》，上海教育出版社1997年版，第165页。

被者，方许充之。其分理、助教略同"[1]"大学之师，不论男女，择其专学精深奥妙实验有得者为之""不论男女皆得为师，惟才能是视，导之以正义，广之以通学，绳之以礼法，虽于慈惠之中而多严正之气"。[2]其认为学问是老师的基础，只有具备了扎实的学问才能够教育好学生；而高尚的品德和行为则是老师的灵魂，只有具备了高尚的品德和行为才能够成为学生的榜样和引路人。老师的经验是通过长期的教育实践和总结得来的，这些经验可以帮助老师更好地教育学生，让学生更快地成长和进步。同时，只有慈爱之心的老师才能够真正关注学生的成长和发展，帮助他们克服困难，开阔视野，培养自信心和勇气。同时，老师的爱心也能够感染学生，让他们在温馨、和谐的教育环境中茁壮成长。

梁启超（1873 年—1929 年）字卓如，一字任甫，号任公，清朝光绪年间举人，中国近代思想家、政治家、教育家、史学家、文学家。戊戌变法（百日维新）领袖之一、中国近代维新派、新法家代表人物。其认为教师对学生的发展有重要的作用，教师的选取和聘任要尤为慎重，认为"凡能著新书发明新理制新器者，皆谓之智人。仁人之种类颇繁，如任政府而尽瘁有大功者，为教师能感化多人者，医生之名家者，及捐私财以行公善者，皆称焉。又有普通之仁人，如育婴院之保母，小学校之教师，在职若干年者，院长考其劳绩，加微号焉。"[3]同时，梁启超指出，教师应"抱有一种热诚，皆视教育为应尽之义务"

---

[1] （清）康有为：《大同书》，姜义华、张荣华编校，中国人民大学出版社 2010 年版，第 182 页。

[2] （清）康有为：《大同书》，姜义华、张荣华编校，中国人民大学出版社 2010 年版，第 209 页。

[3] 夏晓虹编：《梁启超文选》（下），中国广播电视出版社 1992 年版，第 314 页。

"无论别的什么好处，到底不肯牺牲我现在做的事来和他换"。他强调教师对于教育事业的敬和乐，所谓"敬"是指教师必须拥有责任心，对于育人这一职业必须怀着内心的敬意。教师应该怀抱一种热诚，视育人为应尽之义务，全身心地投入这项事业，不分昼夜、心无旁骛。教育是教师生命的一部分，就算面临再多的诱惑，也不能放弃自己目前所从事的事业。教师必须对自己的职业保持绝对的忠诚。所谓"乐"则是指教师应该对教育抱有浓厚的兴趣和热爱，以此来激发学生的学习兴趣，让他们乐于学习。因此，教师不仅要具备专业知识和技能，更需要具备强烈的责任感和使命感，将教育事业视为自己的终身事业，不断追求教育事业的卓越。

蔡元培（1868 年—1940 年），字鹤卿，浙江绍兴山阴县（今浙江绍兴）人，民主进步人士，中国近代革命家、教育家、政治家，曾任中华民国首任教育总长。他推崇西方教育制度，倡导科学、民主和自由，提倡教育改革和现代化建设，为中国的教育事业作出了卓越的贡献。蔡元培认为教师作为纯粹的教育者和研究者，应该专注于学问和教育，指出"故此后教育家之任务，能使国民内包的个性发达，同时使外延的社会与国家之共同性发达而已矣。盖惟此二性具备者，方得谓此后国家所需要之完全国民也"〔1〕，认为"从前言人才教育者，尚有十年树木、百年树人之说，可见教育家必有百世不迁之主义，如公民道德是"〔2〕，指出德性对于一个人的品行至关重要。一个人即使智力和体魄非常强健，如果缺乏德性，仍有可能成为一个恶人。因此，教育者应该认识到德育在五育中的重要性，它是

---

〔1〕 高平叔编：《蔡元培教育论著选》，人民教育出版社 2011 年版，第 187 页。

〔2〕 中国蔡元培研究会编：《蔡元培全集》（第 2 卷），浙江教育出版社 1997 年版，第 179 页。

连接其他四育的纽带，也是健全人格教育的核心。只有通过德育的培养，才能让人们在道德上更加坚定，成为真正有益于社会和个人的人。同时其指出"要使学生养成健全的人格，教师必须具有谦虚、正直、爱国、爱生和知识渊博等品德，具有自由、平等、博爱之思想"。[1]

陶行知（1891 年—1946 年），安徽省歙县人，中国人民教育家、思想家，伟大的民主主义战士，爱国者，中国人民救国会和中国民主同盟的主要领导人之一。陶行知十分重视教师的作用，认为"国民不重师，则国必不能富强；人类不重师，则世界不得太平"。提出"生活即教育""社会即学校""教学做合一"三大思想，要求教师"共学、共事、共修养、共生活、共甘苦……把我们整个的心献给我们三万万四千万的农民……乡村教师必须有农夫的手、科学的头脑、改造社会的精神"[2]。其深化了我们对教师这一职业的认识，突出了主要包括献身教育、追求真理、创造革新、以身作则等内容的教师的职业道德体系。[3]陶行知认为教师首先要有献身教育的品德，这是教师职业道德的基础和前提。师德的首要就是"捧着一颗心来，不带半根草去"的奉献精神。在《儿童节对全国教师谈话》一文中，陶行知对教师提出要求：要求教师不断"追求真理"。在他看来，做教师的"必须好学"，必须"力求上进"，不断追求新知。[4]师德就是"千教万教教人求真，千学万学学做真人"的

---

〔1〕 崔福林、王国英、许春华主编：《教师职业道德修养》，河北大学出版社2005 年版，第 47 页。

〔2〕 孙培青主编：《中国教育管理史》，人民教育出版社 1996 年版，第 538 页。

〔3〕 遇桂敏、吴洪波：《陶行知师德学说浅论》，载《教育探索》1998 年第 2期，第 5~6 页。

〔4〕 成方露、孙彩霞：《陶行知思想对我国新时代教师师德建设的启示》，载《生活教育》2022 年第 31 期，第 4~11 页。

求真精神，认为教师只有"虚心，虚心，虚心，承认一无所知，一无所能；学习，学习，学习，学到人所不知，人所不能"才能虚怀若谷、追求真理、不断进步。陶行知认为"第一流的教育家"要"敢探未发明的真理""创造出值得自己崇拜的学生"，这乃是"先生之最大快乐"。教师要有"创造出值得自己崇拜之创造理论和创造技术"的创造精神。此外陶行知在《南京安徽公学办学旨趣》一文中指出教师要有以身作则的品质："要学生做的事，教职员躬亲共作；要学生学的知识，教职员躬亲共学；要学生守的规则，教职员躬亲共守。"同时，还指出教师要有"爱满天下，乐育英才"的大爱精神，"以教人者教己，在劳力上劳心"的育人精神。

综上所述，近代中国正面临内忧外患的困境，知识分子深感国家的危难和教育的重要性。他们提倡教育者应当具备爱国情怀，将培养国家栋梁之材作为使命，注重灌输爱国主义教育，培养学生的民族自尊心和责任感。教育界呼唤更加平等、开放的师生关系，倡导教师以身作则，关注学生的发展和个性，而不仅仅是传授知识。

四、现代师德观的重塑与发展

传统师德是指历史上教师群体所体现的作为教师的职业品质和职业道德，以及在他们身上凝结而成的相对稳定的人格精神。[1]新中国成立前，几千年间这种"师道尊严"成为规范教师职业行为和捍卫教师职业地位的重要支柱。新中国成立后，尤其是党的十一届三中全会以后，我国进入社会主义现代化建设的新时期。党和国家十分重视师德建设，努力造就高素

---

〔1〕　周艳：《论中华传统师德与当代师德教育》，广西师范大学 2006 年硕士学位论文。

质教师队伍，形成了一种与传统师德观相比更加崭新的现代师德观。

（一）完成社会主义革命和推进社会主义建设时期的师德建设

社会主义革命和建设时期，党面临的主要任务是，实现从新民主主义到社会主义的转变，进行社会主义革命，推进社会主义建设，为实现中华民族伟大复兴奠定根本政治前提和制度基础[1]。这一时期是新中国成立后的重要阶段，也是教育事业面临巨大挑战和机遇的时期。在这个阶段，我国高度重视师德建设，以培养具有社会主义觉悟的教师队伍为首要任务。1951年，全国教育工作者代表大会提出了"师德高尚、教书育人"的口号，标志着我国师德建设进入了一个新的阶段。1957年，中央人民政府成立了全国教育科学研究所，专门负责教育科学研究和师德建设工作。1958年，中共中央、国务院《关于教育工作的指示》（已失效）要求"学校党委应该在教师中经常注意进行思想改造的工作""在提拔师资的时候，要首先注意政治思想条件、学识水平和解决实际问题的能力"[2]。教师的"师德"与"师能"成为社会主义社会教师的核心素质。

1. 以政治伦理为核心的师德观塑造

在社会主义建设初期，我国重视师德建设，将以政治伦理为核心作为塑造师德观的重要方向。教师作为社会主义建设的重要力量，其政治品质和伦理道德水平直接关系教育事业的发展和社会进步。毛泽东同志在《关于正确处理人民内部矛盾的问题》中指出："广大的知识分子虽然已经有了进步，但是不应

---

〔1〕《中共中央关于党的百年奋斗重大成就和历史经验的决议》，载《人民日报》2021年11月17日。

〔2〕邹红军、柳海民：《新中国70年中小学师德政策建设回眸与前瞻》，载《中国教育科学（中英文）》2020年第1期，第38~44、106页。

当因此自满。为了充分适应新社会的需要，为了同工人农民团结一致，知识分子必须继续改造自己，逐步地抛弃资产阶级的世界观而树立无产阶级的、共产主义的世界观。世界观的转变是一个根本的转变，现在多数知识分子还不能说已经完成了这个转变。我们希望我国的知识分子继续前进，在自己的工作和学习的过程中，逐步地树立共产主义的世界观，逐步地学好马克思列宁主义，逐步地同工人农民打成一片，而不要中途停顿，更不要向后倒退，倒退是没有出路的。"[1]政治伦理成为师德观的核心，教师需要以马克思主义理论武装头脑，树立无产阶级的、共产主义的世界观。

徐特立认为"学生和先生的关系是同志的关系""教师和学生，一切都是相互平等关系，用中国的老话来说，叫作'教学半'或'教学相长'，在教和学当中，教师和学生都得到利益，都获得进步。这是新的师生关系的问题"。[2]教师要有创新精神，因材施教，担负起国家发展创新人才培养的重任，"应当培养敢于发挥其个性，动脑筋辨别是非，有主张、有试验、有创造、有行动的青年"[3]我国坚定的共产主义战士、杰出的青年运动领导人、马克思主义教育理论家杨贤江在《教育者之政治的使命》一文中谈及改变"教育独立政治莫问"的习气是教师从事教育事业、履行教育任务的第一步。教师具备双重身份，他们既是国民，又担当培养国民的职责和任务，因此，教师要勇担时代赋予的政治使命。教育部门通过制定相关政策和法规，明确提出教师应当具备良好的政治品质，并将政治伦理纳入师

---

〔1〕《毛泽东文集》（第7卷），人民出版社1996年版，第225~226页。

〔2〕湖南省长沙师范学校编：《徐特立文集》，湖南人民出版社1980年版，第495页。

〔3〕武衡、谈天民、戴永增主编：《徐特立文存》（第3卷），广东教育出版社1995年版，第279页。

德建设的重要内容。同时，学者们通过研究和讨论，探索了政治伦理对于教师职业道德的作用和影响。他们强调教师应当具备正确的政治立场，积极投身社会主义事业，坚持党的领导，为实现社会主义现代化贡献力量。

2. 以"理论学习+实践活动"为模式的师德培养方式

教师在政治思想上需要具备正确的政治立场和观点，要通过学习马克思主义理论，提高政治觉悟和实际工作能力。政治素质的培养需要注重思想教育、党性教育和实践锻炼相结合。陈鹤琴认为："新的时代对教师提出了新的要求。要把旧教育转变为新教育，教师首先要更新观念，从思想意识、教学态度、教学方法和技术上来一个转变，加紧学习，建立正确的观点，站在人民的立场上，改造旧的教学方法和态度。它要求教师不仅仅要有过硬的业务修养，更重要的是要学会马列主义的立场、观点和方法。"[1]他强调教师首先要更新自己的思想意识，紧跟时代的步伐，不断接纳新的教育理念和观念。同时，教师应建立正确的观点，站在人民的立场上，注重教育的公益性和社会责任，将教育工作与社会主义建设和人民群众的利益紧密结合。此外，教师还需要改造旧的教学方法和态度，关注学生的全面发展，培养学生的创新思维和实践能力，创造积极、开放、合作的学习氛围。教师还应积极应用现代教育技术，提升自己的教育教学水平。陈鹤琴的师德思想为教师在新时代的教育实践提供了重要的指导，强调了教师的思想更新、正确立场和方法，以及学生的全面发展和创新能力的培养，为推动教育事业的发展作出了积极贡献。

教师职业道德是教师的核心素养，关系教师的专业形象和

---

[1] 陈秀云、陈一飞编:《陈鹤琴全集》（第 2 卷），江苏教育出版社 2008 年版，第 435 页。

社会评价。社会主义建设初期，教育部门通过加强政治理论学习，组织教师参加党的培训和教育活动，提高他们的政治觉悟和理论水平。同时，他们鼓励教师积极参与社会主义建设实践，增强政治感情和社会责任感。培养教师的政治素质需要注重思想教育、党性教育和实践锻炼相结合。教师应当通过学习马克思主义理论，了解党的方针政策，增强对社会主义的认同和理解。同时，他们鼓励教师积极参与教育改革和社会实践活动，提高政治觉悟和实际工作能力。教育部门通过制定职业道德规范和行为准则，明确了教师应当具备的道德要求和职责义务。此外他们鼓励学校组织师德培训和研讨活动，引导教师深入思考职业道德问题，并通过实际工作践行职业道德。

（二）进行改革开放和社会主义现代化建设时期的师德建设

改革开放和社会主义现代化建设新时期，党面临的主要任务是继续探索中国建设社会主义的正确道路，解放和发展社会生产力，使人民摆脱贫困、尽快富裕起来，为实现中华民族伟大复兴提供充满新的活力的体制保证和快速发展的物质条件。[1]这一时期，在继承和弘扬毛泽东等老一辈无产阶级革命家的师德思想基础上，以邓小平同志、江泽民同志、胡锦涛同志为主要代表的中国共产党人提出"尊重知识，尊重人才""甘为人梯，率先垂范""八荣八耻"等师德建设思想，不断为我国的师德师风建设思想注入新的活力、激发新的生命力。

1. 以邓小平同志为主要代表的中国共产党人的师德建设思想

1978年，党的十一届三中全会的顺利召开标志着我国工作重

---

[1]《中共中央关于党的百年奋斗重大成就和历史经验的决议》，载《人民日报》2021年11月17日。

心逐步转到社会主义现代化的建设上来。[1]党的十一届三中全会以后，以邓小平同志为主要代表的中国共产党人，团结带领全党全国各族人民，深刻总结新中国成立以来正反两方面经验，围绕"什么是社会主义、怎样建设社会主义"这一根本问题，借鉴世界社会主义历史经验，创立了邓小平理论，"解放思想、实事求是"，作出把党和国家工作重心转移到经济建设上来、实行改革开放的历史性决策，深刻揭示了社会主义本质，确立了社会主义初级阶段基本路线，明确提出走自己的路，建设中国特色社会主义，科学回答了建设中国特色社会主义的一系列基本问题，制定了到21世纪中叶分三步走、基本实现社会主义现代化的发展战略，成功开创了中国特色社会主义。[2]在这一过程中，伴随着市场经济的引入和西方思潮的冲击，为适应改革开放的新形势以及经济复苏对人才的需求，进一步规范教师职业道德，防止师德建设出现滑坡，国家颁布了一系列师德建设政策。

第一，明确了师德建设的政治方向。为了适应新的社会要求，邓小平同志提出："教育要面向现代化、面向世界、面向未来。"教育应当适应社会主义现代化建设的需要，培养符合国家现代化发展要求的人才；教育要开放面向世界，吸收国外的先进文化和知识，提高自身的水平和竞争力；教育要面向未来，注重培养具有创新精神、适应未来社会发展需求的人才。因此，培养有社会主义觉悟的新一代人，实现教育的"三个面向"成为教育的紧迫任务。邓小平同志说："一个学校能否为社会主义

---

〔1〕 牛风蕊：《建国以来我国高校教师发展制度的变迁逻辑——基于历史制度主义的分析》，载《国内高等教育教学研究动态》2015年第21期，第11页。
〔2〕《中共中央关于党的百年奋斗重大成就和历史经验的决议》，载《人民日报》2021年11月17日。

建设培养合格的人才，培养德智体全面发展、有社会主义觉悟的有文化的劳动者，关键在教师。"教师成为实现教育"三个面向"的关键力量。邓小平在全国教育工作会议中，对教师德性上的要求明确为"具有高尚的道德品质和崇高的精神境界的人民教师"。各级党委和学校的党组织，应热情地关心和帮助教师在思想政治上进步，帮助他们认真学习马列主义、毛泽东思想，使更多的人牢固地树立起无产阶级的共产主义的世界观。[1]造就具有社会主义觉悟的一代新人，思想政治素养培育成为这一时期师德建设的首要标准。

第二，1984 年，教育部等部门颁布了首部教师职业道德的专项政策《中、小学教师职业道德要求（试行）》（以下简称《要求（试行）》）对教师的职业道德进行了规定。该要求提出："一、热爱祖国，热爱中国共产党，热爱社会主义，热爱人民教育事业。二、执行教育方针，遵循教育规律，面向全体学生，教书育人，培养学生德、智、体全面发展。三、认真学习马列主义、毛泽东思想，学习科学文化知识和教育理论，钻研业务，精益求精，勇于创新。四、热爱学生，了解学生，循循善诱，诲人不倦，不歧视、讽刺、体罚学生，建立民主、平等、亲密的师生关系。五、奉公守法，遵守纪律；热爱学校，关心集体；谦虚谨慎，团结协作；与家长、社会紧密配合，共同教育学生。六、衣着整洁，举止端庄，语言文明，礼貌待人，以身作则，为人师表。"[2]《要求（试行）》明晰了这一时期师德建设的基本要求，强调教师的重要性和责任，要求教师以高尚的

---

〔1〕　邹汉林：《以邓小平理论为指针加强师德建设》，载《学校党建与思想教育》1998 年第 5 期，第 30 页。

〔2〕　《教育部、全国教育工会颁发中小学教师职业道德要求（试行草案）》，载《江苏教育》1985 年第 13 期，第 8 页。

师德为学生树立榜样，不断提高个人素质，注重教育科研工作，为培养德、智、体全面发展的有社会主义觉悟的有文化劳动者而努力。

1986年《义务教育法》第14条第2款提出："教师应当热爱社会主义教育事业，努力提高自己的思想、文化、业务水平，爱护学生，忠于职责。"《义务教育法》首次面向义务教育阶段，将师德要求以法律文件的形式明确下来，拉开了师德底线法制化建设的序幕。1991年，国家在原有的基础上修订并颁布《中小学教师职业道德规范》（以下简称《规范》）时明确指出："加强教师的职业道德教育，提高教师的道德素质，是中小学教师队伍建设的一项基本任务，也是当前加强中小学教师思想政治工作的一项基本内容。教师队伍的思想、政治、道德素质如何，直接关系着我国能否培养一代社会主义事业建设者和接班人，各地必须予以高度重视。"1991年《规范》要求教师："一、热爱社会主义祖国，拥护中国共产党的领导，学习和宣传马列主义、毛泽东思想，热爱教育事业，发扬奉献精神。二、执行教育方针，遵循教育规律，尽职尽责，教书育人。三、不断提高科学文化和教育理论水平，钻研业务，精益求精，实事求是，勇于探索。四、面向全体学生，热爱、尊重、了解和严格要求学生，循循善诱，诲人不倦，保护学生身心健康。五、热爱学校，关心集体，谦虚谨慎，团结协作，遵纪守法，作风正派。六、衣着整洁、大方，举止端庄，语言文明，礼貌待人，以身作则，为人师表。"[1]相较于1984年《要求（试行）》扩大了具体细则的范围，更强调教师对教育事业的热爱，强调教师在教育工作中的"尽职尽责"。同时也在师生关系上，对

---

[1]《中小学教师职业道德规范》，载《人民教育》1991年第10期，第13页。

"热爱、尊重学生""保护学生身心健康"等条目作了进一步补充。

2. 以江泽民同志为主要代表的中国共产党人的师德建设思想

党的十三届四中全会以后，以江泽民同志为主要代表的中国共产党人，团结带领全党全国各族人民，坚持党的基本理论、基本路线，加深了对"什么是社会主义、怎样建设社会主义"和"建设什么样的党、怎样建设党"的认识，形成了"三个代表"重要思想。[1]"三个代表"重要思想强调中国共产党要始终代表中国先进生产力的发展要求，代表中国先进文化的前进方向，代表中国最广大人民的根本利益。"三个代表"重要思想是以江泽民同志为主要代表的中国共产党人站在世纪交替的历史高度，着眼我国改革开放和社会主义现代化建设全局，继承历史，立足现实，前瞻未来所作出的精辟论断，是对马克思主义建党学说的新发展，也是对各级党组织和广大党员的新要求。[2]这一时期，我国从政治、经济、文化及教育改革与发展的新情况出发，对师德建设的重要意义、内容及实施等方面进行了理性思考与战略调整。整体而言，这一时期的师德建设从最初的"政治思想"的"一枝独秀"逐步建构起包括"师德理想、师德规范和师德底线"三个层次的师德内涵体系。

第一，在师德理想方面。在庆祝北京师范大学建校一百周年大会上的讲话中，江泽民同志提出：人民教师要"志存高远，爱国敬业"。"人民教师的神圣职责，就是传授知识，传承民族

---

〔1〕《中共中央关于党的百年奋斗重大成就和历史经验的决议》，载《人民日报》2021年11月17日。

〔2〕贺林：《用"三个代表"思想指导师德建设》，载《金融理论与教学》2003年第2期，第71~72页。

精神，弘扬爱国主义，为祖国和人民培养合格人才。教师要忠诚于人民教育事业，以培养人才、繁荣学术、发展先进文化和推进社会进步为己任，积极引导和帮助青少年学生树立正确的世界观、人生观、价值观，教育他们立志成为中国特色社会主义建设的栋梁之材。"贯彻"三个代表"重要思想对师德的要求，就是要求人民教师首先应把人民利益放在第一位，进一步坚定正确的政治方向，在"什么是社会主义？怎样建设社会主义？"这个基本问题上下功夫。

第二，在师德规范方面。改革开放后，我国经济有了飞跃式的发展，道德建设与经济建设呈现出一定的不一致性，导致教育界出现了一些教师道德滑坡问题，党的十四届六中全会通过了《关于加强社会主义精神文明建设若干重要问题的决议》，提出要加强社会主义精神文明建设。在此背景下，我国再次修订《中小学教师职业道德规范》，于 1997 年正式颁发。该规范要求教师："一、依法执教。学习和宣传马列主义、毛泽东思想和邓小平同志建设有中国特色社会主义理论，拥护党的基本路线，全面贯彻国家教育方针，自觉遵守《教师法》等法律法规，在教育教学中与党和国家的方针政策保持一致，不得有违背党和国家方针、政策的言行。二、爱岗敬业。热爱教育、热爱学校、尽职尽责、教书育人，注意培养学生具有良好的思想品德。认真备课上课，认真批改作业，不敷衍塞责，不传播有害学生身心健康的思想。三、热爱学生。关心爱护全体学生，尊重学生的人格，平等、公正对待学生。对学生严格要求，耐心教导，不讽刺、挖苦、歧视学生，不体罚或变相体罚学生，保护学生合法权益，促进学生全面、主动、健康发展。四、严谨治学。树立优良学风，刻苦钻研业务，不断学习新知识，探索教育教学规律，改进教育教学方法，提高教育、教学和科研水平。五、团结协作。谦虚谨慎、尊重同志、相互学习、相互帮助，维护其他教师在学生中的威信。关心集体，维护学校荣誉，共创文明校风。六、尊重家长。主动与学生家长联系。认真听取意见和建议，取得支持与配合。积极宣传科学的教育思想和方法，不训斥、指责学生家长。七、廉洁从教。坚守高尚情操，发扬奉献精神，自觉抵制社会不良风气影响。不利用职责之便谋取私利。八、为人师表。模范遵守社会公德，衣着整洁得体，语言规范健康，举止文明礼貌，严于律己，作风正派，以身作则，注重身教。"可以看出，1997 年《规范》的各方面要求较先前的版本更为细致，第一次明确提出了"依法执教"的要求，"教师要根据法治原则严格依照法律规定开展教育教学活动"，并将《规范》的法制化进程推到高潮。同时，以"不能（禁止）"和"必须（应该）"的表述阐明了教师职业道德理想层次、规范层次和底线层次的内容，激励、引导和约束教师教学实践行为。

第三，在师德底线方面。1993 年 10 月 31 日，第八届全国人民代表大会常务委员会第四次会议通过了《教师法》，重新界定了教师的身份，划定了三条师德红线并给出了处理办法：对故意不完成教育教学工作并造成损失、体罚学生、侮辱学生且品行不良的教师坚决予以处分或解聘。1995 年 3 月 18 日，第八届全国人民代表大会第三次会议通过了《教育法》，对师德建设提出了更为详细的要求，将挪用教育经费、违规收费、办学、招生、扰乱学校秩序等行为列入违法行为。为了继续深化教育改革，在教育法治化的大环境下，1995 年 12 月 12 日，国务院发布《教师资格条例》并划定师德的底线要求，对于弄虚作假并骗取教师资格的人员将撤销教师资格，同时"品行不良、侮辱学生，影响恶劣的"同样不能重新获得教师资格。《教师法》

的颁布首次明确了教师的专业身份、权利义务和法律责任，为制定师德政策提供了法律依据。

3. 以胡锦涛同志为主要代表的中国共产党人的师德建设思想

党的十六大以后，以胡锦涛同志为主要代表的中国共产党人，团结带领全党全国各族人民，在全面建设小康社会进程中推进实践创新、理论创新、制度创新，深刻认识和回答了新形势下"实现什么样的发展、怎样发展"等重大问题，形成了科学发展观，抓住重要战略机遇期，聚精会神搞建设，一心一意谋发展，强调坚持以人为本、全面协调可持续发展，着力保障和改善民生，促进社会公平正义，推进党的执政能力建设和先进性建设，在新形势下成功坚持和发展了中国特色社会主义。[1]科学发展观是社会主义物质文明、政治文明、精神文明和生态文明建设根本性的指导方针，对我国教育事业改革、发展和创新亦具有根本性的指导作用。

第一，重视师德建设在社会主义建设中的重要作用。2005年，教育部《关于进一步加强和改进师德建设的意见》指出，在市场经济条件和开放环境下，我国师德建设工作面临许多新情况、新问题、新挑战。"要充分认识新时期加强和改进师德建设的重要性和紧迫性"，把德育作为中小学教师全员培训的"首要任务"和"重点内容"，同时，划出六条师德底线，明确提出要在新形势下从"内容、形式、方法、手段、机制"等方面大力改进我国师德建设，建立师德问题常态化报告、监督制度。该意见第一次明确指出要大力弘扬尊师重教的优良传统，为师德建设营造了良好的社会环境和舆论氛围。2011年，我国印发

---

[1]《中共中央关于党的百年奋斗重大成就和历史经验的决议》，载《人民日报》2021年11月17日。

《国家中长期教育改革和发展规划纲要（2010—2020 年）》，勾勒了我国教育发展的宏伟蓝图，其中着重提出加强师德建设需采取综合措施，要建立教师师德建设的长效机制。

第二，在中小学教师职业道德规范中增加了"保护学生安全"的规定。2008 年，再次修订的《中小学教师职业道德规范》指出："一、爱国守法。热爱祖国，热爱人民，拥护中国共产党领导，拥护社会主义。全面贯彻国家教育方针，自觉遵守教育法律法规，依法履行教师职责权利。不得有违背党和国家方针政策的言行。二、爱岗敬业。忠诚于人民教育事业，志存高远，勤恳敬业，甘为人梯，乐于奉献。对工作高度负责，认真备课上课，认真批改作业，认真辅导学生，不得敷衍塞责。三、关爱学生。关心爱护全体学生，尊重学生人格，平等公正对待学生。对学生严慈相济，做学生良师益友。保护学生安全，关心学生健康，维护学生权益。不讽刺、挖苦、歧视学生，不体罚或变相体罚学生。四、教书育人。遵循教育规律，实施素质教育。循循善诱，诲人不倦，因材施教。培养学生良好品行，激发学生创新精神，促进学生全面发展。不以分数作为评价学生的唯一标准。五、为人师表。坚守高尚情操，知荣明耻，严于律己，以身作则。衣着得体，语言规范，举止文明。关心集体，团结协作，尊重同事，尊重家长。作风正派，廉洁奉公。自觉抵制有偿家教，不利用职务之便谋取私利。六、终身学习。崇尚科学精神，树立终身学习理念，拓宽知识视野，更新知识结构。潜心钻研业务，勇于探索创新，不断提高专业素养和教育教学水平。"2008 年《规范》是我国现行的规范。它由 1997 年《规范》的 572 词字数转为 490 词，作了一定的删减。将1997 年《规范》第 1 条"依法执教"修改为"爱国守法"；将第 3 条"热爱学生"修改为"关爱学生"；将第 4 条"严谨治学"修改为"教书育人";将第 5 条"团结协作"、第 6 条"尊重家长"、第 7 条"廉洁从教"内容整合到第 5 条"为人师表"中;同时,在"关爱学生"的基础上提出了教师应"保护学生安全"的规定,特别强调在学生生命安全受到威胁时,教师必须守住职业道德的底线。

第三,师德建设逐渐向教师专业化的诠释方向行进。从 2005 年到 2009 年,我国四次修订相关法律法规,致力于改进教师师德建设中存在的违法乱纪问题,并且在总体规划和具体措施方面提出了实际要求。2012 年,教育部发布《小学教师专业标准(试行)》和《中学教师专业标准(试行)》,明确规定了教师专业标准的内容,进一步推行规范的专业化进程。同时国务院于 2012 年发布《关于加强教师队伍建设的意见》,该意见明确要求教师队伍在总体目标和专业化水平等方面实现专业化发展。在建设师德的长效机制方面,建议建立完整的教育、宣传、考核、监督、奖惩相结合的师德建设工作机制。同时鼓励学生、家长和社会参与师德监督,实行一票否决制,对于有严重违背师德的教师可以撤销其教师资格。这一举措使教师更加注重个人修养,并重视培养良好的道德品质。通过这些措施,教师队伍的专业化水平和师德素质得到进一步提高,为教育事业的发展提供了坚实支撑。

(三)中国特色社会主义新时代的师德建设

党的十八大以来,中国特色社会主义进入新时代。党面临的主要任务是,实现第一个百年奋斗目标,开启实现第二个百年奋斗目标新征程,朝着实现中华民族伟大复兴的宏伟目标继续前进。以习近平同志为核心的党中央统筹把握中华民族伟大复兴战略全局和世界百年未有之大变局,强调中国特色社会主义新时代是承前启后、继往开来、在新的历史条件下继续夺取中国特色社会主义伟大胜利的时代。中国特色社会主义新时代是我国发展新的历史方位[1]，在以习近平同志为核心的党中央的领导下，我国教育事业的发展被提升到了新的高度。习近平同志关于"四有"好老师、"四个引路人"、"四个相统一"等系列论述为我国新时代师德师风建设指明了前进的方向，开启了新的征程。教师是"强教兴国"的重要保障。

习近平总书记强调："国家繁荣、民族振兴、教育发展，需要我们大力培养造就一支师德高尚、业务精湛、结构合理、充满活力的高素质专业化教师队伍，需要涌现一大批好老师。"[2]广大教师承担着时代重任，必须努力培养一代又一代在社会主义现代化建设中可堪大用、能担重任的栋梁之材，确保党的事业和社会主义现代化强国建设后继有人。自从党的十八大以来，以习近平同志为核心的党中央高度重视教师工作，明确了教师队伍的战略地位、使命责任和素质要求，为推进新时代教师队伍建设指明了方向。习近平总书记在关于教育问题的重要讲话和论述中多次表达了对教师职业的尊重，多次谈到教师队伍建设、师德师风建设的重要性，实现中华民族伟大复兴中国梦需要我们大力培养一支适应新时代发展要求的高素质、专业化教师队伍，生动地阐释了"教育强则国家强"的重要思想。教师是教育事业的中坚力量，是社会主义教育事业发展的引领者和推动者。教师们肩负着培养祖国未来栋梁之材的崇高使命。在课堂上，他们不仅传授知识，更为学生们树立正确的价值观和人生观，培养积极向上的人格品质。教师是学生成长道路上的

---

〔1〕《中共中央关于党的百年奋斗重大成就和历史经验的决议》，载《人民日报》2021 年 11 月 17 日。

〔2〕《习近平号召全国广大教师做党和人民满意的好老师》，载 https://news.12371.cn/2014/09/09/ARTI1410261628992666.shtml，访问日期：2024 年 7 月 31 日。

指引者,他们付出辛勤努力,用心去启迪每个学生的智慧,让每个学生都能在温暖的教育阳光下茁壮成长。我国相继涌现出的黄大年、钟扬、卢永根等一大批优秀教师代表,让我们看到了人民教师"捧着一颗心来,不带半根草去""燃烧自己,照亮别人"的奉献精神,他们默默耕耘在教育的战线上,用实际行动践行了人民教师的初心与使命。

1. 以"四有""四个引路人""四个相统一"为指引的新时代好教师核心标准

2014年9月9日,在第三十个教师节来临之际,习近平总书记在与北京师范大学师生座谈时指出,"好老师要有理想信念、有道德情操、有扎实学识、有仁爱之心的'四有'标准"。[1]好老师应该取法乎上、见贤思齐,不断提高道德修养,提升人格品质,并把正确的道德观传授给学生。"四个引路人"是习近平总书记2016年在北京市八一学校考察时发表重要讲话所提出的"新时期做一名合格教师的基本条件":"广大教师要做学生锤炼品格的引路人,做学生学习知识的引路人,做学生创新思维的引路人,做学生奉献祖国的引路人。"[2]要求教师实现教育理念和教育能力的全面转变,成为学生人生道路上的合格导师,成为教育创新的先锋。

对于师德师风建设,2016年,习近平总书记在全国高校思想政治工作会议上提出"四个相统一"的师德师风建设工作要求。一是要坚持教书和育人相统一:教师的使命在于教书育人,

---

〔1〕《努力造就一支党和人民满意的教师队伍——深入学习贯彻习近平总书记同北京师范大学师生座谈时的重要讲话精神》,载 https://news. 12371. cn/2014/09/19/ARTI1411081929341397. shtml,访问日期:2024 年 7 月 31 日。

〔2〕《习近平在北京市八一学校考察时强调　全面贯彻落实党的教育方针　努力把我国基础教育越办越好》,载 https://news. 12371. cn/2016/09/09/ARTI1473418211935920. shtml,访问日期:2024 年 7 月 31 日。

培养社会主义建设者和接班人，二者不可分割，统一于学生培养的实践过程中。二是要坚持言传和身教相统一：教师要以身作则，言传身教，把积极乐观、健康向上的人生态度渗透到言行中，以身示范，对学生起到榜样作用。三是要坚持潜心问道和关注社会相统一：教师应当潜心学习马克思主义科学理论，关注社会发展规律，勇于探索、善于回答时代命题，彰显学问价值。四是要坚持学术自由和学术规范相统一：学术自由为学者提供追求科学真理的条件，但要在学术规范的框架内实现，强调学术自由与学术规范的辩证统一。

"四个引路人""四个相统一"进一步强调了在"四有"基础上的道德修养和品质提升。习近平总书记的指导思想为新时代好教师树立了明确的目标和标准。这些标准要求教师不断自我超越和提高，始终以学生为中心，发挥引领作用，为培养德智体美劳全面发展的社会主义建设者和接班人作出积极贡献。

2. 以"立德树人"为根本任务的新时代教师道德使命

党的十八大明确提出"把立德树人作为教育的根本任务"。2014 年，教育部颁发的《关于全面深化课程改革落实立德树人根本任务的意见》明确指出："立德树人是发展中国特色社会主义教育事业的核心所在，是培养德智体美全面发展的社会主义建设者和接班人的本质要求。"党的二十大报告提出："培养什么人、怎样培养人、为谁培养人是教育的根本问题。育人的根本在于立德。全面贯彻党的教育方针，落实立德树人根本任务，培养德智体美劳全面发展的社会主义建设者和接班人。"培养德智体美劳全面发展的社会主义建设者和接班人是教育的根本任务，而教师的使命就是通过立德树人，培养学生的品德和能力，努力培养具有民族情怀、国家意识和社会责任感的新一代。

"立德树人"作为教育的根本任务，为我国的教育改革与发展指明了方向。培养青少年的良好道德品质，不能没有道德高尚的教师作为榜样和引领者。教师高尚师德的持续提升，是成就卓越教师"四有"好老师的必由路径。引导广大教师坚定理想信念、陶冶道德情操、涵养扎实学识、勤修仁爱之心，坚守三尺讲台，潜心教书育人，大力培养造就一支师德高尚、业务精湛、结构合理、充满活力的高素质专业化教师队伍，是"立德树人"的重要保障。新时代背景下，好老师应当具备对党和人民的坚定信仰，担负起育人责任，引领学生成为有理想信念、有道德情操、有扎实学识、有仁爱之心的人。

"立德树人"是新时代教师的道德使命，是社会发展的需要。新时代的社会变革和全球化的影响给人才培养提出了更高的要求。仅仅注重学生的知识技能培养是不够的，教师需要通过立德树人来培养学生积极向上的价值观、良好的道德品质和社会责任感，使其成为有德有才的综合型人才，适应社会的发展需求。"立德树人"是新时代教师的道德使命，是教育的本质要求。教育的本质是人的全面发展，而不仅仅是知识的传授。教师作为教育过程中的主体，承担着引导、启发和培养学生的责任。通过立德树人，教师能够更好地培养学生的道德情感、社会责任感和自律能力，使他们成为有理想、有道德、有才能的社会主义建设者和接班人。"立德树人"更是教师的专业使命。教师是社会的工程师，他们不仅仅是知识的传授者，更是学生的引路人和指导者。立德树人是新时代教师的道德使命，要求教师在教育实践中注重培养学生的品德和道德素养，通过言传身教、以身作则的方式影响学生的思想和行为，为社会培养出更多德才兼备的人才。

3. 加强师德师风建设是建设教育强国的必由之路

党的二十大报告提出，"加强师德师风建设，培养高素质教师队伍，弘扬尊师重教社会风尚"。加强师德师风建设，培养高素质教师队伍，是落实党的教育方针、推进教育现代化、提高教育质量的关键所在。坚持抓师德师风建设一直是我国教师队伍建设的首要工作。党的十八大以来，大力度抓落实，相继针对师德建设颁布了一系列重要文件（详见下表），提出了一系列师德治理措施和规范以管理教师的师德行为，强化了教育行业的职业道德和职业精神，推动了教育事业的健康发展。

表1-1　十八大以来我国的师德师风建设政策

序号	讲话/文件	日期
1	青年要自觉践行社会主义核心价值观——在北京大学师生座谈会上的讲话	2014 年 5 月
2	习近平：做党和人民满意的好老师——同北京师范大学师生代表座谈时的讲话	2014 年 9 月
3	教育部《关于建立健全高校师德建设长效机制的意见》	2014 年 9 月
4	《高等学校预防与处理学术不端行为办法》	2016 年 6 月
5	教育部《关于深化高校教师考核评价制度改革的指导意见》	2016 年 8 月
6	中共中央、国务院《关于加强和改进新形势下高校思想政治工作的意见》	2017 年 2 月
7	《高校思想政治工作质量提升工程实施纲要》	2017 年 12 月
8	中共中央、国务院《关于全面深化新时代教师队伍建设改革的意见》	2018 年 1 月
9	教育部《关于全面落实研究生导师立德树人职责的意见》	2018 年 1 月

续表

序号	讲话/文件	日期
10	教育部办公厅《关于开展"三全育人"综合改革试点工作的通知》	2018 年 5 月
11	中共中央办公厅、国务院办公厅《关于进一步加强科研诚信建设的若干意见》	2018 年 5 月
12	习近平总书记在全国教育大会上的重要讲话	2018 年 9 月
13	教育部《关于加快建设高水平本科教育全面提高人才培养能力的意见》	2018 年 9 月
14	《新时代高校教师职业行为十项准则》《新时代中小学教师职业行为十项准则》《新时代幼儿园教师职业行为十项准则》	2018 年 11 月
15	教育部《关于高校教师师德失范行为处理的指导意见》	2018 年 11 月
16	习近平总书记在学校思想政治理论课教师座谈会上的重要讲话	2019 年 3 月
17	中共中央办公厅、国务院办公厅《加快推进教育现代化实施方案（2018-2022 年）》	2019 年 2 月
18	《哲学社会科学科研诚信建设实施办法》	2019 年 5 月
19	《科研诚信案件调查处理规则（试行）》（已失效）	2019 年 9 月
20	教育部等七部门《关于加强和改进新时代师德师风建设的意见》	2019 年 11 月
21	教育部等八部门《关于加快构建高校思想政治工作体系的意见》	2020 年 4 月
22	《高等学校课程思政建设指导纲要》	2020 年 5 月
23	科技部、自然科学基金委《关于进一步压实国家科技计划（专项、基金等）任务承担单位科研作风学风和科研诚信主体责任的通知》	2020 年 7 月
24	教育部《关于加强博士生导师岗位管理的若干意见》	2020 年 9 月

续表

序号	讲话/文件	日期
25	《深化新时代教育评价改革总体方案》	2020 年 10 月
26	《研究生导师指导行为准则》	2020 年 10 月
27	《中小学教育惩戒规则（试行）》	2020 年 12 月
28	教育部等六部门《关于加强新时代高校教师队伍建设改革的指导意见》	2020 年 12 月
29	《防范中小学生欺凌专项治理行动工作方案》	2021 年 1 月
30	习近平总书记在清华大学考察时的重要讲话	2021 年 4 月
31	教育部办公厅《关于开展中小学有偿补课和教师违规收受礼品礼金问题专项整治工作的通知》	2021 年 7 月
32	师德专题教育总结交流暨师德师风建设重点工作落实推进会	2021 年 11 月
33	《新时代基础教育强师计划》	2022 年 4 月

师德建设政策作为涵盖国家、社会、学校、师生等不同政策参与主体的综合体系，在历史制度主义分析范式中，其结构性变迁强调"国家宏大制度背景与具体政策安排之间的结构关系""政府职能划分与政策安排之间的结构关系"，以及"制度与利益、观念"之间的结构性联系，[1]它们揭示了政策变迁与制度背景、权力结构以及社群心理的互动与联系。[2]下面笔者选取几个关键节点的政策予以分析：

2012 年 8 月 20 日，国务院发布《关于加强教师队伍建设的意见》，该意见分为六个部分，具体提出要建成一支师德高尚、

---

〔1〕　吕普生：《中国行政审批制度的结构与历史变迁——基于历史制度主义的分析范式》，载《公共管理学报》2007 年第 1 期。

〔2〕　李洪修、陈栎旭：《改革开放以来中国师德政策的变迁历程、内在逻辑与未来展望》，载《社会科学战线》2022 年第 11 期，第 224~232 页。

普遍具有良好的职业道德素养的高素质专业化教师队伍。该意见强调要确保教师学习和践行社会主义核心价值体系，坚持正确的政治方向。同时要完善师德考评机制，实行师德表现一票否决制。把师德建设情况作为考核学校工作以及评估学校办学质量的重要指标。

2013年9月2日，教育部发布的《关于建立健全中小学师德建设长效机制的意见》，从创新师德教育、加强师德宣传、严格师德考核、突出师德激励、强化师德监督、规范师德惩处、注重师德保障七大方面促使教师以身作则、言传身教，树立良好的道德形象和行为榜样。

2014年，习近平总书记在《做党和人民满意的好老师》中提出"从战略高度来认识教师工作的极端重要性，把加强教师队伍建设作为基础工作来抓"[1]。教育部于同年相继颁布《关于建立健全高校师德建设长效机制的意见》《中小学教师违反职业道德行为处理办法》（已失效），采用列举的形式明确师德失范行为类型及处理方式，为我国中小学师德失范行为的处理提供了依据。

2018年，中共中央、国务院印发了《关于全面深化新时代教师队伍建设改革的意见》，这是新中国成立以来第一份以党中央名义印发的教师队伍建设文件。文件的出台标志着我国在教师队伍建设方面进入了一个新的发展阶段，对于推动教育现代化、提高教育质量和水平具有重要意义。文件强调"突出师德。把提高教师思想政治素质和职业道德水平摆在首要位置……突出全员全方位全过程师德养成"。同年，教育部印发了《新时代高校教师职业行为十项准则》《新时代中小学教师职业行为十项

---

[1] 习近平:《做党和人民满意的好老师》，载《人民日报》2014年9月10日。

准则》《新时代幼儿园教师职业行为十项准则》及《中小学教师违反职业道德行为处理办法（2018年修订）》。

2019年，教育部等七部门发布的《关于加强和改进新时代师德师风建设的意见》提出："经过5年左右努力，基本建立起完备的师德师风建设制度体系和有效的师德师风建设长效机制。教师思想政治素质和职业道德水平全面提升，教师敬业立学、崇德尚美呈现新风貌。"

2020年，中共中央、国务院印发的《深化新时代教育评价改革总体方案》将"坚持把师德师风作为第一标准"作为改革教师评价的首要任务。

2022年，《新时代基础教育强师计划》着重指出："坚持师德为先。把教师思想政治和师德师风建设放在首要位置，围绕落实立德树人根本任务，全面加强中小学教师思想政治建设，提高教师的政治意识、政治能力，严格落实师德师风第一标准，突出全方位全过程师德养成，推动教师以德施教、以德立身。"这强调了教师作为教育事业中的重要力量，其"以德施教""以德立身"的重要性和必要性。只有树立正确的职业价值观和职业道德观，才能提高教师的职业素养和职业操守水平，为学生成长成才创造良好的教育环境。

至此，我国大中小幼各级各类学校教育、宣传、考核、监督、奖惩相结合的师德建设长效机制基本完善，覆盖大中小幼各级各类学校相对完整的师德建设制度体系基本建立。教师是教育高质量发展的第一资源，师德师风建设事关高素质教师队伍的培养，是建设教育强国最重要的基础工作。师德师风建设相关文件的颁布和实施，为教师队伍建设提供了具体的指导和保障，为实现教育现代化和建设人才强国提供了有力支撑，标志着对我国教师品格的要求逐渐系统化、制度化、科学化。实施科教兴国战略，强化现代化建设人才支撑，需要教师具备专业素养和创新意识，积极探索教育教学的新模式和新方法，以更好地满足学生的需求。新形势下，全面加强师德师风建设是一项久久为功的系统工程，引领带动广大教师"以德施教、以德立身"是实现"教育强国之梦"的必由之路。

第二章

师德治理的基本理念

教师重要，就在于教师的工作是塑造灵魂、塑造生命、塑造人的工作。一个人遇到好老师是人生的幸运，一个学校拥有好老师是学校的光荣，一个民族源源不断涌现出一批又一批好老师则是民族的希望。国家繁荣、民族振兴、教育发展，需要我们大力培养造就一支师德高尚、业务精湛、结构合理、充满活力的高素质专业化教师队伍，需要涌现一大批好老师。[1]

——习近平

教师作为教育事业发展的关键力量，承担着培养社会主义建设者和接班人的光荣使命，在新时代被赋予了新的要求，承载着新的重任。党的十八大以来，我国加强师德师风建设，习近平总书记高度重视教师队伍的建设，多次强调教师是立教之本、兴教之源，是教育工作的中坚力量，是国家富强、民族振兴、人民幸福的重要基石；谆谆嘱咐广大教师要教书育人，育人重于教书，要成为"大先生"，做学生为学、为事、为人的示

---

〔1〕《习近平号召全国广大教师做党和人民满意的好老师》，载 https://news. 12371. cn/2014/09/09/ARTI1410261628992666. shtml，访问日期：2024 年 7 月 31 日。

范。"大先生"的使命，要求广大教师要坚持修"大先生"之学、行"大先生"之事、扬"大先生"之德。其中，师德的提升离不开师德教育体系的支持，也离不开师德治理体系的保障。为此，深刻认识目前师德建设所面临的现实困境，明确师德治理的核心理念，以协同推进师德建设政策的有序落实，探求师德建设的合理路径，是走向师德治理的迫切需求。

一、师德治理的概念内涵

(一) 治理

"治理"一词源于政治学与管理学中研究范式的发展，解决的是仅靠单一的政府权力体系无法有效解决公共事务的难题，是指对一定范围内的事务、组织或社会进行管理和指导的过程。从词源上看，"治理"一词源自希腊语中的动词"kubernan"，其本意是指"驾驭一条船"(steer a ship)。拉丁文动词"gubernare"由此衍生，并派生出英语单词"government"和"governance"。[1]1989年，世界银行发布了《南撒哈拉非洲：从危机走向可持续增长》的报告，提出了治理方面的观点，非形容词形式的"治理"(governance)登上了世界历史舞台。[2]公共治理理论也应运而生，是"西方政治学家在社会资源的配置中既看到了市场的失效又看到了国家的失效"[3]的产物。公共治理理论强调政府、市场和社会组织之间的合作和协调，通过多元主体的参与实现公共事务的有效解决和社会的和谐稳定。此后，政治学、公共管理学、行政学、经济学的学者与实务界纷纷对

〔1〕 韩露：《孟子为政思想及其对现代教育治理的启示》，曲阜师范大学2022年硕士学位论文。

〔2〕 周娟：《我国高等教育治理法治化研究》，南昌大学2017年博士学位论文。

〔3〕 俞可平：《治理和善治引论》，载《马克思主义与现实》1999年第5期。

"治理"的概念进行界定，对"治理"理论进行不断丰富。

在政治学领域，治理被视为一种超越传统政府行为的方式。政治学家们认识到政府独自行使权力无法解决现代社会复杂的公共问题，因此提出了多元主体参与、协商合作和民主决策的治理模式。这种治理理论的兴起突出了公共参与和民主决策的重要性，强调政府、市场和社会组织之间的协调合作，以实现公共事务的有效解决和社会的和谐稳定。在公共管理学和行政学领域，治理理论强调管理的范围不仅限于政府机构，还包括各种非政府组织和社会组织。治理理论提倡公共管理的多层次、多主体和多模式，强调以问题为导向的管理方式，注重合作与协调、创新和学习。这一理论的发展促进了公共管理实践的创新，推动了政府与社会各界的合作与互动。在经济学领域，治理理论突出了制度的重要性。经济学家们认识到经济行为不仅受市场机制的调节，还受到制度环境的影响。治理理论强调制度对经济效率和发展的影响，强调建立良好的制度框架和规则。这种理论的兴起促进了对经济制度的深入研究和经济改革的实践。

治理理论的不断丰富为实践提供了新的思路和方法，推动了社会管理与发展的创新和进步。随着社会的不断演变和新挑战的出现，治理理论也将继续发展，为解决现实问题和实现社会进步提供理论支持和指导。因此，我们认为在治理话语体系下，"治理"旨在提倡政府在处理公共事务时赋予多元主体协商权与参与权，积极发挥其力量，体现公共事务管理中科学性、民主性、专业性的统一，形成"善治"的局面。它包括制定规则、实施政策、监督执行和解决问题等方面的活动，旨在维护秩序、促进发展和提高效能。当前，治理一词，已经广泛出现在我国教育行政管理领域的文件与实践中，将推动着我国教育领域的变革。

（二）教育治理

学界初次使用"教育治理"（educational governance）的概念，源于托马斯·J. 萨乔万尼的《教育的治理与管理》（Educational Governance and Administration）："学校是一种政治组织，受到联邦政府、州教育厅和地方学区的共同影响，教育治理理念深入融合其中。"关于教育治理的比较权威定义是："国家机关、社会组织、利益群体和公民个体，通过一定的制度安排进行合作互动，共同管理教育公共事务的过程。"[1]教育治理的核心是实现教育目标的落地和教育质量的提升。它强调科学决策和数据驱动，注重教育评估和监测体系的建立，以便及时发现问题并采取相应措施。

党的十八届三中全会通过的中共中央《关于全面深化改革若干重大问题的决定》明确提出"全面深化改革的总目标是完善和发展中国特色社会主义制度，推进国家治理体系和治理能力现代化。必须更加注重改革的系统性、整体性、协同性，加快发展社会主义市场经济、民主政治、先进文化、和谐社会、生态文明，让一切劳动、知识、技术、管理、资本的活力竞相迸发，让一切创造社会财富的源泉充分涌流，让发展成果更多更公平惠及全体人民"。2014 年的全国教育工作会议首次明确"深化教育领域综合改革，加快推进教育治理体系和治理能力现代化"的目标。"教育治理体系和治理能力是国家治理体系和能力在教育领域的集中体现，一般是指国家机关、社会组织、利益群体和公民个体，通过一定的制度安排进行合作互动，共同

---

〔1〕 褚宏启：《教育治理：以共治求善治》，载《教育研究》2014 年第 10 期，第 4~11 页。

管理教育公共事务的过程。"〔1〕自此，传统的"教育管理"模式逐渐演变为以"教育治理"为导向的模式，旨在以多元主体参与、公平公正、科学决策和绩效导向，不断推动教育体系的发展和教育强国的建设。

《中国教育现代化2035》明确将推进教育治理体系与治理能力现代化列为教育现代化的十大战略任务之一。〔2〕教育治理体系与治理能力的现代化强调教育的公平与包容，通过制定公正的政策和资源配置机制，确保每个学生都能享受到优质的教育资源。在此过程中，政府在制定教育政策、资源分配和监督等方面发挥着重要作用。良好的教育治理政策的制定与实施确保了"教育治理"的路径与效能。教育治理体系现代化的终极目标是实现法治化、合作共治、善治取向的现代治理形态，〔3〕从教育治理的视角来看，治理应该是多元主体参与的民主化管理过程。〔4〕因此，除政府之外，教育治理的实现需要包括学校、教育管理机构、教师、学生、家长、社会组织等各利益相关者的积极参与。多元主体的协同合作和参与，可以形成教育治理的良好格局，实现教育的公平、效能和可持续发展。教育治理包含"放、管、服"三步，亦即简政放权、放管结合和优化服务。其中，政府放权的核心在于减少教育行政审批、推动管办评分离、破除对学校发展的不当束缚等，但放权后必须强化事

〔1〕　陈牛则、邱露：《推进教育治理体系与治理能力的现代化——"全国教育管理学科学术委员会第13届学术年会"综述》，载《中小学管理》2015年第2期，第36~38页。

〔2〕　李鹏：《普及化阶段中国高等教育治理体系与治理能力现代化的制度逻辑》，载《湖北社会科学》2022年第9期，第140~147页。

〔3〕　于水、查荣林、帖明：《元治理视域下政府治道逻辑与治理能力提升》，载《江苏社会科学》2014年第4期，第139~145页。

〔4〕　吕洪刚：《教育治理视角的师德建构理论与实践》，载《现代教育科学》2017年第12期，第12~15页。

中事后监管，使教育公共事务"治而不乱"，同时需要优化政府的教育服务环境，三者结合共同形成齐抓共管的良好局面。[1]同时，教育治理的发展需要不断创新和改革。在数字化时代，教育信息化、智慧教育等新技术的应用为教育治理提供了新的可能性。此外，教育治理还需要关注社会文化变迁、教育价值观的塑造等方面的挑战，不断适应和引领教育发展的需要。

（三）师德失范行为

1. 失范

"失范"一词来源于希腊文，最初运用于神学领域。在 16世纪，失范主要指亵渎神灵、不遵守法纪的行为。从涂尔干开始，"失范"的概念逐渐流行于社会学领域，认为失范是不符合道德规范的社会现象。在他看来，道德规范是维持人与人及社会团结的基础，可是随着社会的变革，尤其是法国正处于从传统农业社会向工业社会的大转变时期，约束人们行为的道德规范逐渐变得松弛，最后个人之间的道德制约沦丧了，造成了失范现象。[2]"失范"之后演变成社会学和犯罪学中的一个概念，用来描述与社会规范和价值观不符的行为或状态。当一个人或群体的行为、态度或价值观违背了社会期望的准则或标准时，就可以被称为失范行为。"失范"作为本书的核心概念，意为：社会个体或群体在社会活动中偏离或违反社会规范的行为。

2. 师德失范行为

失范行为是一种与道德规范相违背的社会现象。[3]"失范"

---

〔1〕 靳澜涛：《从教育治理到教育治理现代化的内在逻辑及其价值理性》，载《中国电化教育》2021 年第 10 期，第 51～56 页。

〔2〕 马和民主编：《新编教育社会学》（第 2 版），华东师范大学出版社 2009年版，第 108 页。

〔3〕 阿不都松·艾木拉江：《中小学教师职业倦怠对师德失范行为的影响研究》，华中师范大学 2022 年硕士学位论文。

与"规范"相对，国内学者朱力在对失范范畴理论进行全面梳理的基础上，指出"失范"在宏观层面上是指社会规范系统的瓦解状态，微观层面上是指社会成员违背主导的社会规范的行为，包括道德的败坏、越轨、犯罪等。[1]师德失范行为，是针对中小学教师这个特定职业群体而言，主要是指微观层面的失范，意指教师在职业道德规范范畴内存在的"非正常行为"，是教师个体或群体的职业行为不符合教师职业道德规范的要求或者违反教师职业道德。教师作为社会的重要角色之一，肩负着培养学生、传授知识和塑造人格的责任。综合对"师德"和"失范"的理解，本书将师德失范行为界定为：教师在进行教育教学工作中处理各种关系及问题时偏离或违反教师职业道德规范的行为。师德失范行为不仅会损害教师与学生之间的信任关系，还可能对学生的学习动机、学业成绩和心理健康产生负面影响。

关于师德失范行为，我国学者开展了广泛的研究。马和民教授将教师失范行为分为四种，即教师人际的非正常行为、教师的失职行为、教师的挫折行为、教师的焦虑行为，并将其界定为教师职业活动中的非正常行为，其中未包括教师的违法、犯罪行为。[2]檀传宝教授基于罪恶论的视角将教师职业道德问题归纳为物欲型罪恶、权欲型罪恶、名欲型罪恶、情欲型罪恶四种类型，并分别说明了每种类型的具体行为表现。[3]杜时忠教授将教师不道德行为的突出表现概括为以下几个方面：以职

---

〔1〕　朱力：《失范范畴的理论演化》，载《南京大学学报（哲学·人文科学·社会科学）》2007年第4期，第131~144页。

〔2〕　马和民主编：《新编教育社会学》（第2版），华东师范大学出版社2009年版，第120~121页。

〔3〕　檀传宝：《教师伦理学专题——教育伦理范畴研究》，北京师范大学出版社2010年版，第10~12页。

谋私、有失公正、体罚学生、厌岗怠业、违法乱纪。[1]学者王中男列举了当前中小学常见的师德失范行为，包括职业倦怠、消极应付、玩忽职守、课后收费补课、收受家长贿赂、课外教材收回扣、性侵等。[2]学者王小梅指出，教师的职业道德失范表现主要有：价值观和道德观认识存在偏差；教育教学中只教书不育人、重智育轻德育现象严重；搞"有偿补课"和"校外兼职"，放松正常的校内教学工作；体罚、谩骂学生；违反学术道德规范、谋取私利等。[3]学者齐军认为一些教师在不同的场合具有不同的行为表现，具有两面性，在公开场合按照教师职业道德规范的要求，认真备课教书、批改作业、不体罚学生等，而在私底下，他们为了满足个人的欲望，偷开辅导班、收受家长礼金等。[4]

师德失范行为对学生的身心健康和全面发展造成了直接伤害，同时也破坏了教育系统的公信力和社会的公平正义。新时期，社会经济的发展、数字技术的不断普及，也给教师职业道德的培养造成了一定的复杂性。教师师德失范行为逐渐呈现出隐匿、多样、复杂的特征。开展师德失范行为治理非常重要和必要。治理师德失范行为需要建立健全的监督机制和法律法规，加强教师职业道德教育和培训，提高教师的职业认同感和责任感。同时，也需要倡导全社会对教育的重视，加强家庭、学校和社会的合作，共同营造尊重师德、弘扬正能量的教育氛围。

〔1〕 杜时忠：《教师道德从何而来》，载《高等教育研究》2002年第5期，第80页。

〔2〕 王中男：《教师伦理道德：失范与复归——基于"个体·社会"框架的一种分析》，载《教育理论与实践》2015年第12期，第34~38页。

〔3〕 王小梅：《以人为本　推进新时期师德建设——学习〈教育部关于进一步加强和改进师德建设的意见〉的认识与思考》，载《中国高教研究》2005年第1期。

〔4〕 齐军：《从失范到规范：教师教学生活的社会学审视》，载《教育理论与实践》2012年第11期，第37~40页。

二、师德治理的现实必要

"教师是立教之本、兴教之源"，[1]教师"是教育发展的第一资源，是国家富强、民族振兴、人民幸福的重要基石"，[2]是教育的基础性、战略性力量，肩负时代重任。[3]高质量的教师队伍是实现教育高质量发展的重要保障。只有具备高度的师德素养和教育专业能力的教师，才能真正满足学生和社会对教育的需求，为学生的全面发展提供优质的教育服务。因此，新时代教育高质量发展迫切需要高质量的教师队伍建设，以师德教育为基石，以师德治理为保障，助力教育事业蓬勃发展。

（一）新时代教育高质量发展呼唤高质量教师队伍建设

"兴国必先强师。"党和国家历来重视师德的发展和培养工作，将教师队伍建设摆在教育工作中的突出位置。党的二十大报告明确指出，要办好人民满意的教育。坚持以人民为中心发展教育，加快建设高质量教育体系，发展素质教育，促进教育公平。新时期的教育工作要以《中国教育现代化2035》为依据，坚持目标导向、问题导向和效果导向相结合，深入实施《"十四五"教育发展规划》，着力建设制度更加完备、结构更加优化、保障更加全面、服务更加高效的高质量教育体系。因此，随着新时期社会主义现代化的建设与发展，我国教育的需求已从量的扩张转向质的飞跃。"办好人民满意的教育，建设高质量教育体系"的教育目标，为全国构建均衡、发展、可持续的教育之

---

〔1〕《正在乌兹别克斯坦访问的习近平向全国教师致慰问信》，载 https://www.gov.cn/ldhd/2013-09/09/content_2484494.htm，访问日期：2024 年 7 月 31 日。

〔2〕中共中央、国务院《关于全面深化新时代教师队伍建设改革的意见》。

〔3〕刘洋溪、任钰欣、舒菁怡：《整体性治理视域下教师队伍建设的现实困境与优化路径》，载《教育研究与实验》2023 年第 3 期，第 85～90 页。

路指明了前进的方向。其中的落脚点就在学校，关键队伍就是教师。教师作为学校教育中的关键角色和教育实践的重要组成部分，其先进的教育理念、判断能力、教学能力往往决定着我国教育的发展水平。

所以，"高质量的发展"需要专业化的教师队伍，需要一支理想信念坚定、具有高尚的道德情操、扎实的知识技能、满怀仁爱之心的教师队伍。高质量的教师队伍建设需要以师德建设为核心，明确教师的职业道德要求和行为准则。2018年，中共中央、国务院印发了《关于全面深化新时代教师队伍建设改革的意见》，这是新中国成立以来第一份以党中央名义印发的教师队伍建设文件。该意见强调"突出师德。把提高教师思想政治素质和职业道德水平摆在首要位置……突出全员全方位全过程师德养成"。随后，教育部等五部门出台的《教师教育振兴行动计划（2018—2022年）》，再次重申师德的重要性，提出"落实师德教育新要求，增强师德教育实效性"的首要目标。为落实中央关于师德建设的要求，建立良好的师德环境，不仅要加强学校组织管理，使教师教育活动结构化、行为规范化，还要加强教育控制，对师德失范行为科学治理。2014年颁布的《中小学教师违反职业道德行为处理办法》使得中小学师德失范行为的处理有法可依，2018年，该办法进行了修订，使其内容更加具体明确，并且处理结果在原先警告、记过、撤职等处分的基础上加上批评教育、诫勉谈话、责令检查等其他较轻的处理决定。

这些政策的颁布，从制度上保障了我国师德建设的体制机制。教师应以德为先，始终坚守教育初心，恪守教育职业的伦理和道德底线。进入中国特色社会主义新时代，教师队伍建设被赋予更高的要求和期待，教师要承担起课程开发、教育教学和生涯发展规划等许多全新的角色，亟须从单一型向复合型转变，从能力型向素质型转变，从经验型向专业化转变，以高尚师德为核心，坚守"立德树人"使命，引领学生健康成长，最终实现高质量教育发展的促进与提升。因此，加强高质量的教师队伍师德建设是新时期的时代之需、国家之需、教育之需、地方之需以及师生之需。

（二）教师队伍师德建设现状呼唤高质量师德治理体系

教师是教育的根本，师德是教师的灵魂。长期以来，全国广大中小学教师教书育人，敬业奉献，为我国教育事业改革和发展作出了重要贡献，赢得了全社会的广泛赞誉和普遍尊重。我国历来重视师德师风建设工作，在师德教育上下大力气，在师德治理上多方协作。但是，近年来极少数教师严重违反师德的现象时有发生，引起社会广泛关注，损害了教师队伍的整体形象。中小学师德失范行为仍然屡见不鲜，师德状况不容乐观依然是一个不争的事实。例如：依然存在许多中小学教师对处理结果不满以至于影响工作积极性的案例，甚至使得其他教师小心谨慎，无法正常行使教育教学权。2018 年 10 月，湖南株洲某教师罚站学生几分钟反遭拘留 7 小时的新闻传遍全国，引起了人们对教师行使教育惩戒权的争议。同时，制度的不完善，使得师德问题的处理比较随意，管理者为了尽快平息纠纷，尽量减少负面影响，更愿意牺牲教师的个人利益，选择倾向学生，例如：在师生冲突的案件中，学生总是纠正，而教师必须受到惩罚，这显然限制了教师教育学生的权利。这些问题，制约和影响着我国中小学教育高质量发展的进程。师德治理体系的专业化建设迫在眉睫，需要教育研究者重点关注。

2019 年 11 月，全国首家师德专业网——"师道网"正式开通，该网以服务新时代师德建设为宗旨，以习近平总书记师德师风建设重要论述为指导，突出介绍全国优秀教师先进感人事迹，及时报道已发生的师德反面案例以作警示，同时有"校长关注""教师声音""学生发言""家长视角""专家评论"等栏目，体现了我国师德建设越来越关注多方的声音。2019年11月，教育部等七部门印发了《关于加强和改进新时代师德师风建设的意见》，提出经过五年左右努力，基本建立起完备的师德师风建设制度体系和有效的师德师风建设长效机制。该意见第一次对全社会尊师重教提出要求，从提高教师地位、保护教师权利、加强尊师教育、鼓励社会参与等方面提出系统举措，为教师营造安心从教、热心从教、舒心从教、静心从教的良好环境。随着该意见的印发，从国家层面构建起了规范教师职业行为与指导师德师风建设整体工作相结合的新时代师德师风建设制度体系。良好的制度保障有助于提高中小学师德素养水平。敢于承认中小学教师职业道德失范问题的存在，对其失范问题进行深入探讨，并让同行教师作为主体参与师德治理，赋予教师的充分的话语权，既能够保障教学自主权，提升中小学教师职业情感；又能够提升教师职业道德行为自省、自律意识。加强师德建设，促进教师发展，势在必行！

（三）高质量的师德治理体系呼唤规范的师德治理依据

教师对于职业道德的认知能够形成其关于道德的观念和原则，并逐步发展为道德的规范和准则，这些道德的规范和准则最初是非正式规范，其中的部分内容经过立法机关的确认和重述，转化为国家确认或制定的正式规范，将道德义务转化为法律义务，将道德责任转化为法律责任。这些关于教师职业道德的正式规范和非正式规范共同构成了师德治理的规范依据，确立了师德的底线和高线。因此，高质量的师德治理体系是建立在规范的师德治理依据之上的。这些依据包括法律法规和职业道德准则，它们共同确保教师的行为符合规范，维护教育系统的正常秩序和健康发展。

　　首先，法律法规是师德治理的基础。教育部门和相关法律法规对教师的职责、权益和行为规范进行了明确的规定。教师作为教育系统的重要组成部分，必须遵守相关法律法规，执行教育政策，履行教育工作职责。法律法规不仅对教师的行为进行了规范，还对违规行为提供了相应的制度和程序，确保了师德治理的公正性和可操作性。例如，《教师法》作为我国教师的基本法，明确了教师的义务，将"遵守宪法、法律和职业道德"放在首要位置，体现了为师德治理提供法律保障的制度意义。教师应该通过持续学习和了解法律法规的更新，不断提高自己的法律意识和遵纪守法的能力。其次，职业道德准则是规范师德行为的重要依据。职业道德准则体现了教师作为专业人士应具备的道德品质和行为规范。这些准则包括尊重学生的人格尊严、关爱学生的全面发展、秉持公正和客观的评价、保护学生的隐私权和个人信息安全等。教师应当自觉遵守职业道德准则，以身作则，成为学生的榜样和引路人。教育部门和学校可以通过制定明确的职业道德准则，加强对教师的道德教育和引导，提升教师的道德素养和职业操守。高质量的师德治理体系不仅需要依据法律法规和职业道德准则，还需要建立健全的监督机制和惩戒机制。监督机制应当包括内部监督和外部监督，既要发挥学校和教育部门的监督职责，也要引入第三方监督机构的评估和监督。惩戒机制应当明确违规行为的处理措施和程序，对于违反师德规范的教师，依法依规给予相应的纪律处分，确保师德治理的严肃性和权威性。此外，建立高质量的师德治理体系还需要加强教师培训和发展。教师培训应当注重师德教育，培养教师的职业道德和职业素养。教育部门和学校可以组织师德教育活动、举办师德讲座和研讨会、提供师德案例和经验分享，帮助教师不断提升自身的师德水平。

教师队伍建设是一项艰巨繁重的系统工程，涉及广泛的治理范围、复杂的治理对象以及多元的治理主体，触及的利益关系越来越深，矛盾和阻力也越来越大。[1]良善的师德治理，需要在师德治理过程中强调多元主体的参与，保障利益相关者充分且平等地自由表达诉求的权利，寻求建立平等对话的矛盾解决机制，同时赋予教育管理者一个兼听则明的机会，是有效克服官僚思想突出、工具理性思维严重等问题的良方。因此，法律法规和职业道德准则为教师的行为提供了明确的规范，监督机制和惩戒机制确保了师德治理的有效性和权威性。高质量的师德治理体系需要规范的师德治理依据。

三、师德治理的价值取向

伦理学中，有两种伦理价值形态，即规范伦理和美德伦理。"规范伦理强调的是通过具体、普遍性的基本道德要求，达到对社会伦理价值的遵守和认同。美德伦理则强调通过主体的内在自觉达到对更高伦理价值的追求和完善，前者表现为伦理价值的正当义务等底线能力的形式，后者表现为善良、德性等自觉的更高要求的伦理价值形式。"[2]上述两种伦理形式影响着我国师德治理的价值取向。

（一）师德治理中的美德伦理

1. 何谓美德伦理

美德能够反映一个人的价值，是一种能成就美好生活的优良品质。古希腊古典哲学认为，美德是一种至善、最高的幸福，是一种内在利益，是生命的最完满的显现。简言之，美德伦理

---

〔1〕 刘洋溪、任钰欣、舒菁怡：《整体性治理视域下教师队伍建设的现实困境与优化路径》，载《教育研究与实验》2023年第3期，第85~90页。

〔2〕 倪愫襄编著：《伦理学导论》，武汉大学出版社2002年版，第95页。

学注重个体卓越成就与优异品质的养成，并确信美德能够成就共同体生活的稳定与繁荣。常见的美德有良知、关怀、仁慈、友善、怜悯、勇敢、慷慨、奉献、节制等。赫斯特豪斯将美德伦理学与规则伦理学进行了对比，他认为美德伦理更注重的是行为者本身，而不是行为本身；它更关注的是人是什么样的，而不是人做了什么；它更关注我应该成为一个怎样的人，而不是我应该采取什么样的行动；它更偏重具体的美德观念，而不是应该有的概念。赫斯特豪斯反对将伦理学简化为提供特定行为指导的规则或原则。[1]何怀宏也对美德伦理与规范伦理进行了对比，其指出，美德伦理学是伦理学中的传统派，以人格、德性、至善为中心，而规范伦理学是现代伦理学派，以规则、正义为中心。"传统伦理学比现代伦理学包括的范围广泛，它会考虑人的全部理想，最高可能成为什么样的人，还考虑上面所说的生命意义和终极光环，而现代伦理学则主要是考虑人的行为和行为准则，考虑与社会、与他人有关的那部分能力。"[2]

综上，美德伦理指向的是人的优良品质的价值评价，它是对个体应该成为什么样的人、应该过什么样生活的价值指引，关注对个体生命终极价值以及人生意义的探讨。

2. 美德伦理与教师道德崇高论

美德伦理导向个体优良品质的生成，在教师道德建设之中，我国历来有师道尊严的传统，对于教师的人格、道义都有比较严格的规定。在集体意识较强的传统社会之中，教师的人格魅力，教师的道德风险，对于社会的生存与发展有着重要的价值。社会也赋予了教师很高的人格形象，如春蚕、蜡炬、辛勤的园丁、学生成长的阶梯，教师职业也被看作太阳底下最光辉的事

---

〔1〕　李义天：《美德伦理学与道德多样性》，中央编译出版社 2012 年版，第 16 页。

〔2〕　何怀宏：《伦理学是什么》，北京大学出版社 2015 年版，第 47 页。

业。在集体意识主宰和权利意识尚未觉醒的时代，教师道德建设倾向于美德的一面，注重对教师整个人格的道德宣扬和人格的发展指向。教师道德建设慢慢演变为道德崇高论。道德崇高论是对教师道德的一种高标准、高要求：

第一，教师应追求有德性的、至善的生活，甘于奉献、甘于清贫。追求有德性的生活意味着教师要不断提升自己的道德素养，注重修身养性，以言传身教的方式影响和引导学生的成长。甘于奉献意味着教师能够放下个人私利，把学生的利益置于首位，以服务他人为己任。《感动中国的山村教师——走近大别山师魂汪金权》[1]一书中有几个标题格外醒目：陋室空空，家徒四壁；只吃青菜豆腐，脚穿解放鞋，朴素如蕲北老农；老家几间土屋，母老妻病儿残。这几个标题体现了汪金权老师甘于清贫，默默奉献的高尚人格和品质。在大山集体这个大我与家庭这个小我之间，汪金权老师毅然坚守大山，甘愿清贫，为大别山教育奉献自己的一生。教师作为社会的栋梁和未来的引导者，应当追求有德性的、至善的生活。

第二，教师的职业道德在深度和广度上应高于一般的职业者。教师的道德不仅体现在教师的职业生活中，还体现在教师的私域与公共生活中。除希望教师在教育领域展现出高尚的道德修养外，人们还期待教师在个人生活和公共领域也能成为道德的榜样。[2]有学者详细记录了人们对于教师在各领域的道德期待。表2-1和表2-2介绍了职域之外，公众在私域与公域对教师的道德期待。

---

〔1〕 陈杏兰等：《感动中国的山村教师——走近"大别山师魂"汪金权》，华中师范大学出版社 2010 年版，第 7 页。

〔2〕 何云峰：《教师道德：期待与角色定位》，载《伦理学研究》2015 年第 4 期，第 88~93、109 页。

表2-1 公众在"私域"对教师的道德期待

道德领域	期待类别	所期待的具体内容	期待水平
私域	个人修养	遵守礼仪规范	好
		能够礼貌待人	好
		始终言语得体	好
		善于情绪自控	好
		坚持明辨是非	好
	个人生活	家庭和睦	模范
		匡正家风家教	良好
		富有理想和积极向上的进取精神	突出
		保持乐观豁达和良好的心态	良好
		注重生活品位	高度注重
		有正确的消费观,不奢侈,不浪费	正确

表2-2 公众在"公域"对教师的道德期待

道德领域	期待类别	所期待的具体内容	期待水平
公域	公正义平	公平对待每个学生及其家长	高
		在需要的时候敢于和善于主持公道	好
		在需要的时候能够代言公共利益	高
		公正不阿,不畏权势,坚持原则	高
		契约精神	突出
	遵信守法	规则意识	强烈
		违法乱纪行为	零容忍
		遵守承诺	严格
		公共场所自我约束	严格
		注重公众形象	良好

第三,教师应成为社会道德的标杆。无论是工作中的行为

规范还是个人品德修养，教师的道德规范一直被视为社会的最高标准。他们代表着社会道德修养的最高水平，是其他社会成员行为的楷模，即教师是世人的道德引领者和道德楷模。人们持崇高师德论，主要源于：教师职业具有道德示范的作用；教育的职业性质需要教师的奉献精神；道德教育需要教师以身作则、榜样示范。

3. 师德治理中教师道德崇高论的实践与反思

（1）教师道德崇高论的意义。道德崇高论是一种重要的伦理学传统，其价值在于强调个体应该追求道德崇高，并通过这种追求来提升自己的道德素质。道德崇高是指一种超越日常实践的道德境界，在此境界下，人们不再以个人利益为中心，而是顾全大局，体现出高尚的道德情感和行为，这些行为的目的是优化自己的道德素质和世界的道德秩序。道德崇高的价值在于它能够激发个体对于道德的彻底关注，使得其把道德标准提高至极限。这种极端的道德要求不仅仅在于行为的伦理合法性，更在于行为背后所体现的道德品质和情感。因此，道德崇高的根本价值在于它所提倡的不仅仅是正确的行为习惯，更是一种道德品质和情感的集合。同时，道德崇高论也对教育学的发展和实践作出了贡献。在教育学领域，道德崇高论强调了道德教育的重要性。如果说，当代教育已经成了一个多样化和复杂化的领域，那么道德教育则可以被认为是教育的灵魂。在这个时代，人们需要的不是简单贡献实用技能或是知识，而是拥有高尚的情感和人文素质。道德崇高论的主张合理强调了人类追寻自身受欢迎的道德目标，强调了教育应该是全方位的，不仅限于表面的外在行为，同时必须关注个体的内心情感和理性选择。因此，道德崇高论对于教育学的贡献在于奠定了人类高尚灵魂的基础，推进了道德教育的发展，提倡了以高尚的道德情感和行为习惯为导向的道德教育理念，这样的教育理念可以让人类的理性和情感能够得到更好的发展，达到更为完善的毕生发展目标。

（2）时代的价值精神与教师道德崇高论的冲突。然而，道德是有限度的。道德的价值在于维护个人自由与合法权益，促进个体行为的公正。现代社会价值观的核心之一是个人幸福。崇高性教师道德论将教育职业的特殊性凌驾于社会职业的普遍性之上，忽略了人性的本质特征。扈中平教授指出，现代社会道德的核心是公平，而不是以往道德实践中的"奉献""利他""自我牺牲"。那种"有病不看型""不回家过节型""不顾家人型"的高尚型师德观，从根本上来说，是不符合人性的。把利他和自我牺牲标榜为道德的实质并不妥当。承认利己的必然性和合理性，是师德治理中必然要考量的重要因素。[1]甘剑梅教授指出，已有的师德建设不正确地将对教师个体的高标准道德要求误置为教师群体的普遍的道德要求，使广大教师长期陷于道德的重负之中。人只能在大地上仰望星空，教师也只能在平凡中追求神圣！[2]杜时忠教授指出，无私奉献的教师道德观，只讲奉献不求索取，只讲义务不讲权利，违背了现代社会的法治精神，不尊重教师个体的利益与需求，不利于教师幸福的获得，这种师德本身就是不道德的。[3]教师应该被视为具有主体性和专业性的个体，而不是被期望完美无瑕或承担超出其能力范围的责任，不应该被定义为至高无上的圣人，而是被赋予主体性、专业性和适应性的特征。教师应该在尊重学生个体差异

---

〔1〕扈中平、刘朝晖：《对道德的核心和道德教育的重新思考》，载《华东师范大学学报（教育科学版）》2001年第2期，第46~53页。

〔2〕甘剑梅：《教师应该是道德家吗——关于教师道德的哲学反思》，载《教育研究与实验》2003年第3期，第25~30页。

〔3〕杜时忠：《教师道德越高越好吗》，载《中国德育》2010年第2期，第74页。

的前提下，发挥自己的专业知识和判断力，以促进学生的全面发展和成长。

（二）师德治理中的规范伦理

1. 何谓规范伦理

就规范伦理学而言，在西方伦理思想史中，被视为规范型的伦理学思想，"一直存在两个传统：一个是权利论规范伦理，另一个是义务论规范伦理"[1]，前者的代表人物有古代的柏拉图，近代有洛克、卢梭，以及后来的罗尔斯等。此种观点强调个人权利的重要性，认为规范建立在保护和尊重个人权利的基础上，每个人都有追求幸福和满足的权利，同时也有责任尊重他人的权利，倡导社会中的正义和平等。后者的代表人物有休谟、密尔、康德，近代的则是宗教伦理学和新功利主义伦理学等。这种观点强调个人的义务和责任，认为行为的道德价值不仅取决于其结果，还取决于行为本身是否符合道德准则和原则。个人有义务遵守道德规则和道德义务，不仅是出于对他人的尊重和关爱，也是出于道德的责任感。这种伦理观注重个人的道德行为、责任和良心。现代伦理规范伦理学以规则为伦理学的核心概念，如义务论和功效主义，都是聚焦于行为规则正当与否的价值评价。规则伦理学关注的是行为的正当与正义。通过研究行为规则和原则来指导人们的行为决策。无论是权利论还是义务论，都试图解决道德行为应当如何判断和评价的问题。

规范伦理学在长期的历史发展中，流派纷呈，但以下认识可视为规范伦理学的共同点：①规范伦理学把道德作为规范的体系、概念和范畴的总和加以研究；②规范伦理学依据道德客

---

〔1〕魏则胜：《在德性与规范之间》，载《哲学研究》2011年第1期，第107～111页。

观情况和资料，研究对道德行为的一般选择，向个人提出某些行为规范、价值目标和某种建议，从而帮助人们在道德探索、道德决策中确定行为准则和道德目标；③规范伦理学帮助人们进行道德决策时一般考虑以下三方面的问题，即什么是正确的和错误的，什么是应该谴责或赞扬的，什么是值得向往和花时间的；④规范伦理学研究道德的基础、本质及伦理发展规律，试图从哲学上论证和形成道德的基本原则和规范，以约束和指导人们的道德实践；⑤规范伦理学一般以人的行为为立足点而不是以人的美德为立足点，尽管一些规范伦理学学者将美德划入规范伦理，但美德伦理的诸如勇敢、诚实、宽容等美德是出自个人对道德的向往和追求，它与规范伦理来自外界对个人行为的道德约束不同。[1]在规范伦理学中，权利论和义务论不仅是互补的观点，还可以相互融合。权利论关注个人的自由和权利，而义务论关注个人的道德责任和义务。权利和义务的平衡是构建一个道德秩序的关键。个人在追求幸福和满足的同时，应该尊重他人的权利并承担相应的道德责任。因此，规范伦理学提供了伦理规范和行为决策的指导。它强调行为规则的正当性与正义性，并试图通过权利论和义务论来解决道德行为的评价问题。在实践中，权利和义务应相互协调，以构建一个公正、平等、和谐的社会。

2. 规范伦理与常人师德论

规范伦理中，有一个代表性的观点就是，规则注重对于社会基本伦理规范的筑底和保障，防止理想泛滥与规则的贫瘠。何怀宏在 20 世纪市场经济开始发展之时，就提出了底线伦理的概念。底线伦理是伦理关系中最基本、最重要、最普遍的要素，

---

[1]　杜治政：《规范与美德的并存与互补：历史视角》，载《医学与哲学》2023年第 3 期，第 1~7 页。

是构建个人道德秩序、社会秩序的基石。[1]底线伦理的提出是基于客观社会背景和时代需求的。在社会主义市场经济条件下，底线伦理是必需的，也是亟须建构的伦理秩序的基础性工作。同时，底线伦理也为审视和研究新的社会生活条件下的道德伦理问题提供了新的视角和路径。底线伦理代表了社会基本伦理规范的筑底和保障，防止道德的理想泛滥和规则的贫瘠。底线伦理被认为是构建个人道德秩序和社会秩序的基石。在教师道德建设中，底线伦理的引入可以提供重要的思维倾向，帮助消解教师的重压，解放教师的个性，使其回归正常的生活。常人师德论强调教师个体在维护个人权利的基础上，对于一些基本规则的遵守。教师道德水平的普遍提升最重要的是承认和保障教师的基本权利，并在此基础上制定合理的教师行为规则。常人师德论认为：我们不否认先进教师在社会师德建设中所带来的道德示范意义，但是对于教师道德水平的普遍提升，认为最重要的是对教师基本权利的承认与保障，以及在此基础上形成的对教师行为规则的合理制定。在师德治理中，底线伦理和常人师德论的结合可以为教师行为提供指导和规范。底线伦理提供了伦理规范的基础和保障，帮助确保教师的行为符合社会基本伦理规范。常人师德论则强调教师个体的权利和合理性，为教师的行为规则制定提供依据。

3. 师德治理中规范伦理的实践与反思

（1）规范伦理对师德治理的价值。道德是不允许侵犯人权的，侵犯人权的行为本身就是不道德的。道德并非义务，而是一种良知。没有人有权利要求别人为了成全自己而牺牲他人。胡适先生曾经说过："一个肮脏的社会，如果人人讲规则，而不

[1] 何怀宏：《底线伦理的概念、含义与方法》，载《道德与文明》2010年第1期，第17~21页。

是谈道德，最终会变成一个有人味的正常社会，道德也会自然回归。一个干净的社会，如果人人都不讲规则却大谈道德、谈高尚，天天没事就谈道德规范、人人大公无私，那么这个社会最终会坠落成一个伪君子遍地的肮脏社会。"人首先应该遵守规则制度，然后再谈论道德。没有遵守规则制度的道德是毫无意义的，只谈论道德而不遵守规则的社会是虚伪的。因此，规范伦理为教师提供明确的道德准则和行为规范，它确保了人们在行为中尊重他人的权利，并强调道德不应侵犯人的权利。道德与权利之间应当保持相互尊重和平衡，没有人有权要求牺牲他人成全自己。这种理念强调了个体的自主和尊严，反对道德对权利的侵犯。在师德治理中，规范伦理为教师提供了明确的道德准则和行为规范，确保他们在教育环境中明晰自己的角色与责任。教师作为社会的一员，应当遵守社会规则和制度，并在此基础上展现良好的师德。规范伦理要求教师履行自己的职责，尊重学生的权利，并提供公正、平等的教育环境。然而，规范伦理并不是与规则制度相对立的概念，而是与之相辅相成。规则制度为社会提供了一套行为准则和规范，而规范伦理为教师提供了更高层次的道德指引。教师在遵守规则制度的基础上，通过规范伦理的引导，能够展现出更高的道德水准和责任感。只有在遵守规则制度的前提下，教师的道德行为才具有真正的意义和价值。

因此，规范伦理不仅为教师提供了明确的道德准则和行为规范，帮助他们在教育环境中明晰自己的角色与责任，同时，规范伦理也强调了道德与权利的平衡，倡导个体的自主和尊严。通过遵守规则制度和践行规范伦理，教师能够展现出高尚的师德，创造积极的教育环境，促进学生的全面发展。规范伦理视域下，底线师德观认为师德治理的制度化建设至关重要。制度化建设明确了师德的标准和规范，会确保公正和一致性的评估与处理，建立有效的监督和惩戒机制，促进师德意识的提升。这种建设可以帮助教师树立正确的职业价值观和道德观念，指导他们的行为和决策。通过制度化建设，教育界能够加强对师德的规范和管理，提升整体师德水平，为教育事业的发展和学生的成长提供可靠保障。制度化建设是在规范伦理指导下，加强师德治理的关键举措，旨在确保教师行为的公正性、一致性和道德意识的不断提升。

（2）规范伦理的反思。需要认识到伦理规则只是外在的，缺乏内在约束力。伦理规则单纯地以外在利益来权衡个人的得失，缺乏内在利益及其价值的认可，造成了西方世界道德相对主义、个人主义、快乐主义等道德困境。因此底线师德要接纳崇高伦理的精神指引。如果没有美德来支撑，道德规范的作用将会大大减弱，底线伦理将不断面临挑战，并变得难以坚守。将其归结为神圣，会过分强调教师的奉献与牺牲，容易导致过分崇拜和过高要求，从而动摇在现实中坚实扎根的基础。当被归结为平凡之时，有些人可能会认为教师只是一份用来谋生的职业，会放松追求个人的成长，最终在懈怠中迷失方向。师德建设之中，要打通底线与崇高之间的联结通道。对底线伦理的退步所产生的严重不良社会后果而言，它在很大程度上也默默无视和否定了在现实生活中弘扬传统美德和高尚道德的重要意义。这种退步实际上是一种悲观的道德主义社会认知观。[1]在一般意义上（从两者区分的角度看），道德本身是高于法律的，法律针对的是社会秩序中最重要、最底线的规范的制定。师德底线不能退化为不犯法即可。教师道德有其本身固有的职业特

---

[1] 郭良婧：《论底线伦理的"后退"与信念伦理的"缺乏"》，载《伦理学研究》2017年第6期，第27~30页。

性，教师职业是为了促进学生的发展而存在的，教师道德本身存在着一种积极性意向，这种积极性意向意味着教师必须展开合理的行动，促进学生的发展，也就是说教师道德不应只是消极性的"禁止、不"这一维度。

因此，美德伦理和规范伦理，可以帮助教师在道德追求和行为规范之间找到平衡点。美德伦理注重培养教师内在的道德品质和追求高尚的道德目标，强调个体的道德意识和责任感。规范伦理则提供了明确的道德准则和行为规范，保障教师的行为符合社会基本伦理规范。美德伦理激励教师追求高尚的道德目标，发展内在的美德品质；规范伦理为教师提供明确的道德准则和行为规范，指导教师在实际行动中保持道德合规性。只有综合运用美德伦理和规范伦理，才能实现教师道德的全面发展和师德治理的有效实施。

四、师德治理的主要内容

师德规范着教师的教育教学和师生交往，是教育教学和师生交往的构成性要素，一般来说，我们是在促进学生、教育活动等外在的工具性意义上来认识师德的，但师德除工具性功能之外，还具有目的性功能，也即师德对于教师的幸福提升的内在价值。教师是教育教学活动的主体之一，教育教学活动是教师共同成长与共同获得幸福、尊严的过程。叶澜教授的新基础教育改革批评了以往教育改革之中无视教师成长和幸福的错误认识，其指出，我们在认同课堂教学的社会价值、促进学生发展价值的同时，也应意识到它对教师的生命价值与意义。[1]因此，师德治理涵盖了广泛而深刻的教育领域，旨在确保教育者

---

〔1〕 叶澜：《"新基础教育"论——关于当代中国学校变革的探究与认识》，教育科学出版社 2006 年版，第 248~249 页。

的职业道德和行为规范，从而提升整个教育体系的质量。下面我们将着重厘清师德治理的主要内容，明晰师德治理的应然目的。

(一) 师德师风认知

师德师风认知是师德治理的核心内容之一。教育者作为学生发展的引导者，其教师职业道德直接关系学生全人生发展乃至整个社会良好道德风气的形成。因此，教师需要认识到自己在教育活动中的重要作用，理解教师职业伦理对于维护社会稳定和推动文明进程的意义。这种认知不仅仅停留在理论层面，更需在实际工作中得以贯彻，使其成为自身行为准则的一部分。

首先，教师的认知水平直接影响其在教育教学过程中的行为和决策。对道德伦理的深刻认知使教师更能正确理解职业伦理的重要性，把握教育活动中的伦理准则，确保自身行为与社会期望一致。这种认知是师德治理体系中的前提条件，也是推动教育者职业素养提升的关键因素。其次，师德师风认知往往超越了理论层面，成为实际教育实践的指导原则。教师在深刻认知师德师风的基础上，能够在实际工作中贯彻这一认知，通过言传身教、榜样示范等方式，引导学生形成正确的价值观和道德观念。这种实际应用将理论认知与实践操作相结合，为学生提供了更为全面的教育服务，同时为整个师德治理体系的有效运行提供了可操作性。最后，师德师风认知对于教育体系的可持续发展至关重要。通过深入研究教育伦理、培养解决伦理问题的能力，教师不仅能够适应不断变化的社会环境和教育形势，还能够为培养学生更好地适应社会、拥有良好道德品质作出更为积极的贡献。这种可持续发展的师德师风认知有助于建设积极向上的教育文化，推动整个教育体系向更高层次迈进。因此，深刻认知和实际应用师德师风认知将促使教师更好地履行职业责任，为学生成长提供更优质的教育服务，最终推动整个教育体系向着更为健康、可持续的方向发展。

因此，随着社会的不断发展和教育改革的深入推进，中小学教师师德师风认知成了一个备受关注的议题。对中小学教师师德师风认知进行深入调查与分析具有重要的研究价值。

（二）师德评价体系构建

师德评价体系的建立与完善是师德治理的重要组成部分。通过科学、全面的评价，可以客观地了解教育者的职业行为和道德水平，从而采取有针对性的措施，促使教育者不断提升职业素养，确保教育体系的良好运转。师德评价体系不仅是对教育者进行全面评估的工具，更是促使师德提升、规范教育行为、保障教育质量的有力手段。

首先，师德评价体系的建立需要科学的指标和标准。这些指标和标准应该综合考虑教育者的专业知识水平、教学能力、职业道德、师生关系、团队协作等方面的因素。具体来说，可以制定定量指标，如学科知识的更新速度、教学效果的评估结果，以及定性指标，如教师的师德表现、与学生的互动情况等。通过明确的指标和标准，可以建立起科学、客观的评价体系，使评价结果更具说服力。其次，师德评价体系需要充分考虑多方利益。在建立评价体系的过程中，应该征求教育者、学生、家长、社会等多方面的意见和建议。这样可以确保评价体系不仅仅是内部自我评价，更能反映出社会对于教育者师德的期望和需求。同时，多方参与也有助于减少评价体系的主观性，使其更加公正、客观。再次，师德评价体系的结果应该具有约束力。评价结果不仅仅是一种表扬或批评，更应该与教育者的职业发展和薪酬晋升等方面挂钩。这样可以激发教育者的积极性，使其更加认真负责地履行职业责任，不断提升自身素养。与具体的激励机制结合，也能够形成更加有效的师德治理体系。最后，师德评价体系需要不断调整和完善。教育领域处于不断变化和发展之中，评价体系也需要及时调整，以适应新的教育形势和社会需求。通过定期的评估和改进，可以使师德评价体系保持活力，更好地发挥其在师德治理中的作用。

科学、全面、约束性的师德评价体系是师德治理的关键环节。通过建立合理的评价指标和标准，征求多方面的意见，使评价结果具有约束力，并保持不断调整和完善的动态过程，可以有效地推动教育者的职业发展，提升整个教育体系的质量。

（三）师德失范行为治理

格里·斯托克曾言："治理的本质在于，它所偏重的统治机制并不依靠政府的权威和制裁。"新时代，我们应该重视加强和改进师德建设，建立长效教师道德体制机制，这关系教育培养什么人、如何培养人和为谁培养人的本质问题。在过去，师德治理的唯一模式可能体现在通过师德教育来预防和控制教师的失范行为。[1]然而随着时代的发展，师德失范行为防治不仅需要师德教育的引导，也需要师德治理体系的构建和保障。师德失范行为治理是指对于教师违反教育伦理或职业道德的行为进行管理和矫正的过程。这种治理通常包括了识别、预防、解决和惩罚师德失范行为的一整套机制。这个时代正迫切需要应对和解决一些教师师德失范的问题。

师德失范行为治理的目的是保障教育公平、保护学生权益，并维护教育行业的形象和声誉。这种治理通常需要各方面的共同参与，包括学校管理者、政府教育部门、教师工会、家长和社区等。同时，提高教师的师德认识，通过教育和培训，使其

---

[1] 杨炎轩、叶婵嫒：《师德教育视域下我国中小学教师师德失范行为的归因与治理》，载《现代教育管理》2023年第5期，第72~81页。

理解和遵守职业道德的重要性，也是师德失范行为治理的一部分。近年来，中小学教师师德失范行为频发，引发了社会大众的广泛关注。为继续整治中小学师德师风问题，国家逐步加大中小学师德治理力度，教育部 2014 年颁布《中小学教师违反职业道德行为处理办法》，并于 2018 年修订，采用列举的形式明确该办法适用的师德失范行为类型，为我国中小学师德失范行为的处理提供了依据。该办法目的在于解决社会上突出的、反响强烈的师德问题，具有时效性，但严谨性和全面性不足，并且政策的一刀切现象、长官意志突出等现实弊端致使师德失范行为治理低效。

师德失范行为治理是提高教师师德水平、培养造就高素质专业化教师队伍的内在要求，也是推进教育治理体系和治理能力现代化的重要内容。建构体现民主性、专业性的师德治理模式，建设相关的专业组织参与到师德建设之中，是教育领域推动教育教学质量提高、促进教师职业道德提升的重要途径。

同时也需要认识到，师德治理作为教育领域中至关重要的一环，不仅仅涉及教育者的职业行为和道德水平，更是关系整个教育体系的质量和社会风气的形成。在当前的时代背景下，除师德师风认知、师德评价体系构建和师德失范行为治理这三大主要内容外，还包括其他一系列综合性的方面。例如：师德师风治理应关注道德榜样示范。教育者作为学生的榜样，其行为和言传身教会对学生成长产生深远影响。因此，师德治理需要通过明确的榜样示范机制，推崇和宣传优秀教育者的典型事迹，激发广大教育从业者的责任感和使命感。这种榜样示范不仅仅是对个体教育者的肯定，更是对整个教育体系价值观的引领，有助于形成积极向上的教育文化。师德师风培训也是师德治理的重要组成部分。通过系统的培训，教育者可以不断提升自身的教育理念、教育技能和道德修养。培训内容应包括教育法律法规、伦理道德规范、心理健康知识等方面，以全面提高教育者的专业素养。培训可以采取多样化的形式，如研讨会、讲座、在线课程等，以适应不同教育者的需求和学习方式。通过不断的师德师风培训，教育者可以更好地适应教育领域的发展变化，不断提升自身的综合素质。因此，师德治理需要从多个维度全面考虑，不仅要关注教育者在教学中的道德行为和职业素养，还需要关心他们在心理健康、文化包容、技术应用等方面的全面发展。这样的师德治理体系才能更好地适应当代教育的需求，促使教育体系更好地服务学生和社会。

第二部分
师德治理主要内容调查与分析

    马克思指出："全部社会生活在本质上是实践的。"[1]在理论研究的基础上，进一步走进教育实践深处，观照教师幸福指向的师德治理研究才是现实的、科学的师德治理研究。上一章节，笔者论述过师德治理是一个综合性、多维度的系统工程，以师德师风认知、师德评价体系构建和师德失范行为治理为重点，同时包含道德榜样示范、师德师风培训等多方面的内容。本章节笔者将以师德师风认知、师德评价体系构建和师德失范行为治理这三方面为主要视角，走进教育实践的深处，探求不同学校、地区、教师群体师德治理的多元实际情况，理解不同背景下的师德问题、违规行为和职业困境，厘清不同学校师德治理指标构建的顶层思维、维度权重和现实局限，以期深入地认识师德治理中的挑战和难点，发现其中的共性和个性特点，为制定更科学合理的师德治理措施提供依据。

---

[1] 《马克思恩格斯选集》（第1卷），人民出版社1995年版，第56页。

第三章

中小学教师师德师风认知情况调查与分析

不管教育者或教师如何把他的最深刻的道德信念隐藏得怎样深，而只要这些信念在他的内心存在着，那么，这些信念也可能表现在加在儿童身上的那些影响上……并且这些信念越是隐藏，则它们的影响作用越是有力。

——［俄］乌申斯基

教师作为重要的社会角色，其师德师风的表现直接关系学生的全面发展以及社会的文明进程。师德师风认知是教师对职业伦理、教育伦理等关键概念的理解和内化，是构建教育合理秩序和塑造教育者形象的重要因素。本章主要从教师对道德规范、职业道德、教育伦理等方面的师德师风认知和理解入手，通过实地调研了解当前中小学老师对师德师风的内在认知，并进一步探讨如何加强教师师德师风认知的培养与提升。

一、基本情况

（一）研究对象

采用随机抽样法，于 2022 年 9 月对海南 10 所中小学的

465 名教师进行问卷调查。共回收问卷 387 份。回收后剔除包含缺失值和规律作答的问卷后，得到有效问卷 327 份，有效率为 84.5%。其中初中 6 所，小学 4 所。具体人口统计情况如下：

1. 年龄分布

如图 3-1 所示，首先，调研对象年龄分布主要集中在 30 岁至 40 岁，人数为 188，占比最高，约为 57.5%，可能是该群体的中坚力量。其次，20 岁至 30 岁的人数为 81 人，占总人数的约 24.8%，40 岁至 50 岁的人群人数为 47 人，占比约 14.3%，这些教师可能拥有丰富的教学经验。最后，50 岁以上的只有 11 人，占比约为 3.4%。

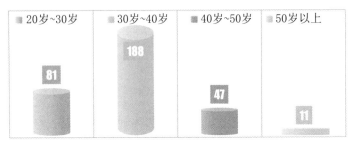

图 3-1　调研对象年龄分布图

2. 性别分布

如图 3-2 所示，女性教师的人数为 225 人，占总人数的约 68.8%；而男性教师的人数为 102 人，占总人数的约 31.2%。女性教师的数量明显多于男性，占比超过 1/2。

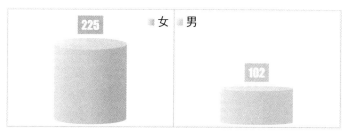

图 3-2　调研对象性别分布图

3. 婚否

如图 3-3 所示，已婚的人数为 206 人，占比约 63%；未婚的人数为 121 人，占比约 37%。

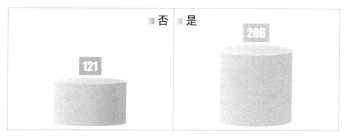

图 3-3　调研对象婚否分布图

4. 受教育程度

如图 3-4 所示，研究生及以上学历的人数为 93 人，占总人数的约 28.4%；本科学历的人数为 155 人，占总人数的约 47.4%；大专学历的人数为 79 人，占总人数的约 24.2%。

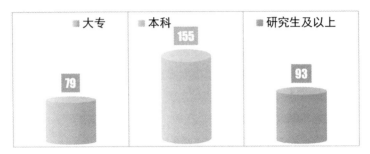

图 3-4　调研对象受教育程度分布图

5. 学段分布

如图 3-5 所示，小学阶段的教师人数为 97 人，占总人数的约 29.7%；初中阶段的教师人数为 124 人，占总人数的约 37.9%；高中阶段的教师人数为 106 人，占总人数的约 32.4%。

图 3-5　调研对象学段分布图

（二）研究工具

研究采取自编《中小学教师师德师风认知调查问卷》，问卷编制以及维度设计参考《中小学教师职业道德规范》（2008 年）、《中小学教师违反职业道德行为处理办法》（2014 年）、《新时代中小学教师职业行为十项准则》（2018 年）等文件，并结合时下中小学教师主要师德师风失范行为类别，以中小学教师对道德规范、职业道德、教育伦理三方面的认知和理解为主要维度。克隆巴赫α系数为 0.8473，经检验具有较高的效标效度和构想效度。

二、中小学教师师德师风认知现状与分析

（一）中小学教师关于师德师风建设重要性的认知及分析

中小学教师对师德师风建设的评价体现着对教师师德师风工作的认同以及内化程度，对自身师德师风的提高以及师德师风建设具有重要的推动作用。调查结果显示中小学教师对师德师风建设的认知存在一定的掩饰性特征。62.38%的教师认为师德师风建设极其重要；29.14%的教师认为师德师风建设重要；4.99%的教师认为师德师风建设比较重要；3.49%的教师认为师德师风建设不重要。访谈中，Z 中学的王老师表示："我非常赞同我们对师德师风建设的重视。教师作为社会的引导者，我们的一言一行都可能影响学生的人生观和价值观。我们应该以良好的师德师风为学生树立榜样，帮助他们建立正确的人生观。"然而，Q 小学的刘老师则提出不同的观点："师德师风建设是重要的，但有时候过于强调这一点可能会给我们带来额外的压力。我们已经在努力做好教育教学工作了，但还要时刻提醒自己要有良好的师德师风，这可能会让我们感到压力。"

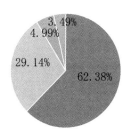

■极其重要　■重要　■比较重要　■不重要

图 3-6　教师对师德师风建设重要性的认知情况

同时，在师德一票否决制的认知上，认为一票否决制非常好的占调查总数的43.48%；认为一票否决制比较好的占调查总数的45.65%；认为一票否决制一般的占调查总数的8.7%；认为一票否决制不好的占调查总数的2.17%。例如，在接受访谈时，Z中学的一位老师说道："我认为一票否决制是很好的制度。它要求我们教师在日常教学活动中，无论是对学生还是对教育活动，都要始终坚守师德师风，不能有任何违反师德的行为。这是对我们的一种警醒，也是对我们的一种鼓励。"

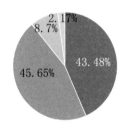

■非常好 ■比较好 ■一般 ■不好

图3-7 对"师德师风一票否决制"的认知情况

关于"您认为自己在工作中是否始终坚守教师的职业道德"的问题，51.72%的教师选择了"总是"，表示他们始终坚守教师的职业道德。38.45%的教师选择了"大部分时间"，他们认为自己在工作中大部分时间都能坚守教师的职业道德。7.33%的教师选择了"一半时间"，他们认为自己坚守职业道德的时间只有一半左右。另外，有2.5%的教师选择了"很少"，这部分教师对自己在坚守职业道德方面的评估相对较低。在实际访谈中，来自Y中学的一位老师表示："我始终坚持着教师的职业道德，这是我作为一名教师的基本要求。我相信，我们的每一个行为、每一个选择都会影响我们的学生，所以我始终保持着对自己的严格要求。"这位老师的坚持和热爱在一定程度上反映了那

51.72%坚守职业道德的教师们的心声。来自 Q 小学的李老师选择了"大部分时间",她说:"我会坚守教师的职业道德,但有时候,在一些具体的情况下,我会有所犹豫和挣扎。但这并不意味着我会放弃我的道德底线,我仍然会以学生的利益为重。"这样的选择和解释,也让我们看到了那38.45%选择"大部分时间"的教师们的实际困扰和挣扎。

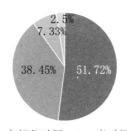

图3-8 对"在工作中是否始终坚守教师的职业道德制"的认知情况

在"当社会利益与个人利益相冲突时,教师需先维护社会利益?"问题中,结果表明45.6%的教师选择了"非常同意",他们非常坚定地认为在面临社会利益与个人利益的冲突时,应该优先考虑社会利益。34.25%的教师选择了"同意",他们也认为应该优先维护社会利益,但可能并不像"非常同意"的教师那样强烈。选择"比较同意"的教师占了15.2%,这部分教师可能在面临这种冲突时会有一些犹豫。而只有4.95%的教师选择了"不同意",他们在面临这种冲突时,可能会优先考虑个人利益。来自 Z 中学的陈老师在访谈中说:"作为一名教师,我认为我们的行为必须以社会的需求和利益为优先。毕竟,我们的工作就是服务于社会,培养出有社会责任感的公民。"来自 S 小学的一位老师说:"我认为,在大部分情况下,我们应该首先考虑社会的利益。但也有一些特殊情况,可能需要我们同时考虑个人的利益。"这部分教师可能在冲突的选择中有一定的灵活性。总的来说，大部分中小学教师在社会利益与个人利益相冲突时，倾向于优先维护社会利益，这反映了他们对教育职业道德的高度认同。然而，也有部分教师在面临这种冲突时会有所犹豫或者选择个人利益，这说明在实际工作中，他们可能面临更复杂的问题和挑战，这让我们在教师培训和管理中应该更多考虑这些实际问题，以提供更有效的支持。

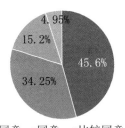

图3-9 对"当社会利益与个人利益相冲突时，
教师需先维护社会利益"的认知情况

（二）中小学教师眼中最常见的师德失范行为及归因分析

在社会转型发展时期，中小学教师职业道德规范也处于转型变化过程中，对于各种师德问题总是众说纷纭，尚不能达成共识，尤其是针对师德突出的问题，还需要听取多方面的声音，慎重处理。本次调查在问卷中设计了让调查对象选出目前最常见的两种师德失范行为表现的问题，调查结果如图3-10所示。在中小学教师看来，"体罚学生或变相体罚学生"是目前最为突出的师德失范行为，其次是"有偿补课"；并且通过表3-1可以发现，无论是小学还是初中，该结果都是一致的。

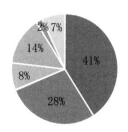

■ 体罚学　　■ 有偿　　　因家长　　　谩骂、侮　　　索要、　　　当学生受
生或变　　　补课　　　职务、经　　辱学生　　　收受学　　　到伤害时
相体罚　　　　　　　　济状况区　　　　　　　生及家　　　不管不顾
学生　　　　　　　　　别对待学生　　　　　　长财务

图 3-10　教师眼中最常见的两种师德失范行为

表 3-1　小学和初中教师眼中的最常见的两种师德失范行为

	体罚学生或变相体罚学生	有偿补课	因家长职务、经济状况区别对待学生	谩骂、侮辱学生	索要、收受学生及家长财物	当学生受到伤害时不管不顾	小计
小学	91	57	20	40	3	11	222
初中	98	74	17	26	5	22	242

　　"体罚学生或变相体罚学生"问题是最常见的师德失范行为，也是师德问题治理过程中争议较多、难度较大的行为类型，只通过加强教师职业道德教育来解决该问题是远远不够的，还需要完善相关制度。一直以来，惩罚和体罚的概念给许多中小学教师造成了困扰，即使是对扰乱教学秩序的学生，教师也不敢轻易惩罚，因为一旦被认为是"体罚或变相体罚"，可能会引来家长的"校闹"，导致家校对立，同时也担心引起师生冲突，不利于学生的成长，教师因此被置于不利的立场。

　　然而，随着城市化进程的加快和信息网络的普及，社会犯罪行为越来越复杂多样，而学校是社会的缩影，当前的中小学生表现出的违规违纪行为逐渐增多，并且不仅限于上学期间迟到早退、影响课堂纪律等常见的违反纪律问题，而是故意对抗教师、破坏公共环境乃至校园欺凌等更恶劣的行为。教师面对的是权利意识高涨、管教难度大的学生，并且在中小学阶段，需要一定的课堂秩序来保障系统知识的正常教授，加上此阶段的学生也具备了一定的身心承受力，适当的惩戒是有助于教学管理的，甚至很多人呼吁把教鞭重新授予教师。教育界也逐渐对此问题作出回应，比如 2019 年 11 月，教育部发布《中小学教师实施教育惩戒规则（征求意见稿）》，界定了教育惩戒的概念，教育惩戒是指教师和学校在教育教学过程和管理中基于教育目的与需要，对违规违纪、言行失范的学生进行制止、管束或者以特定方式予以纠正，使学生引以为戒，认识和改正错误的职务行为。明确教育惩戒是教师履行教育教学职责的必要手段和法定职权，教师可根据学生违规违纪情况，对学生进行点名批评、限制外出集体活动、不超过一周的停学或停课等。根据学生违规违纪情况，将教育惩戒权分为了一般惩戒、较重惩戒、严重惩戒三类及各类惩戒对应的学生违规违纪行为。教师在教育教学管理、实施教育惩戒过程中不得有侮辱人格、"连坐"惩戒等六种行为。该规则相对以往的制度更加具体可行、更加完善，明确了教师合理实施惩戒权的范围和形式，划定了适度惩戒与体罚之间的区别，并且也明确提出了禁止教师使用的惩戒行为，反对教师滥用惩罚。但是，制度是需要不断完善的，在规范教师使用惩戒权的同时，为了保障教育惩戒在教育教学过程中有效发挥作用，应该对教师在使用惩戒权过程中出现的部分失当行为进行豁免；另外，应建立与教师申诉制度相匹配的学生权利保护机制，以平衡师生利益。

此外，调查结果显示，"有偿补课"问题的出现频率仅排在

"体罚学生或变相体罚学生"之后，是当前比较敏感的师德热点问题。很多受访者认为目前中小学教师的收入虽然有所提高，但是与其他职业收入相比依然有落差，并且每个人都有追求更好经济条件的主观需求，为什么教师就不能利用自身的优势取得其他收入？这反映了教师职业待遇现状与个人主观需求之间的矛盾，解决这一问题需要重新构建教师权利与义务的观念。《中小学教师违反职业道德行为处理办法》禁止中小学教师组织有偿补课，对此许多中小学教师并不认同，认为这是教师利用课余时间付出劳动取得的合法收入，并且许多家长也明确表示希望教师开展课外有偿补习活动，甚至主动向教师表明意愿。对于此问题，不能以强硬的态度去对抗教师，而需要通过舆论宣传来引导，了解教师作为普通个体的主观需求，以讨论对话的方式在教师群体中达成共识之后再去实施。还要建立师德失范曝光平台，健全师德违规通报制度，对于故意不完成教学任务、有意保留上课内容并组织学生课外收费辅导的教师进行严肃处理，及时通报，这将起到警示震慑作用，让教师将师德规范内化于心、外化于行。

三、家校合作中师德师风认知现状与分析

（一）家校合作中师德认知的现状

在现代社会中，德育、智育和体育的扩展使得教育的范围不再仅限于学校和课堂，而是广泛地持续地融入社会和家庭中。家庭同样扮演着一个重要的教育场所，家长是孩子的启蒙老师。因此，建立起学校、教师、家长和孩子之间畅通、互动的沟通渠道，形成学校、社会和家庭之间全方位的网络系统教育，具有非常重要的意义。家校合作经历了从起源、发展、深化的不同阶段，家长从受教育者、助手的被动角色，逐渐变成了教师

的合作者、监督者，这使得家校合作的价值得到了实质性的提升。

家校合作质量的有效提升，与教师在面对家长时的理念与行为态度息息相关。本书通过一些实际案例的收集、整理与分析，从教师面对家长时的行为中探析教师在家校合作方面的师德认知情况。

案例一：

在我的经历中，家长会＝听训会。每次到了学校，坐在孩子的小课桌上，先是通过广播听校长讲话，成就一大堆，要求一大堆，又空洞又冗长，你只有老老实实地听，想对学校的教育教学提点意见，门儿也没有。然后是班主任讲话，基本也是单向的，既没有沟通，也没有交流。留面子的，是告诉你回去怎么"抓紧"；不留面子的，就干脆是指责、批评，乃至训斥。坐在小课桌前，你已然变成了学生。

——柳拉：《各有难念的经：被呼来喝去的家长》，载
《中国青年报》2002 年 9 月 25 日

案例二：

一位教育学教授、博导家长的无奈

一天晚上 8 点，收到儿子所在班级班主任的短信。

"××家长，您好！您家孩子今天在学校玩手机，按照学校相关规定，我把手机没收了，望加强对××同学的监督和管教。"

我答复："谢谢李老师，我一定会加强引导，给您添麻烦了，实在不好意思。"

我将孩子喊过来，了解了一下基本的情况，也进行了批评教育。其间，我发现，他们班玩手机现象较普遍，大家都偷偷

摸摸地私下玩手机，因而，我又给班主任发了一条短信。

"李老师好，刚才我对儿子进行了批评与教育。我发现，咱们班上学生私下玩手机的现象比较普遍，表明同学们没有养成正确合理使用手机的意识和习惯，我建议，在班上开展一次主题班会，培养学生正确使用手机的意识与习惯。"

一会，手机信号响了，收到答复：

"班上的事情就不劳烦您操心了，您还是先把您家孩子管教好吧。"

我感觉无趣，想说点什么，却欲言又止。

案例三：

家长会上的几条规定

1. 我不与爷爷、奶奶、外公、外婆交流。

2. 不要跟我提任何照顾孩子的要求，身体上有问题的孩子，需要老师注意的，请出示医生证明。

3. 有事需要给我打电话尽量安排在工作时间，最好留言。

4. 班级群里只能是爸爸妈妈，传播正能量，任何怨言不准在群里发，可以私聊。

5. 当家长想法与老师想法发生冲突时，以老师的想法为准。

案例四：

四（2）班小明最近在校表现不好，学习成绩直线下滑。为了解小明在家中的情况。班主任顾老师到小明家家访。在同小明父亲交流情况时，顾老师引用了一句古语"养不教，父之过"。

小明的父亲听后很不高兴地说："顾老师，您这话欠妥。这孩子是我生养的，我不送他到学校接受教育，剥夺他受教育的权利，那是我的过错，现在，我把他送到学校接受教育，你们教不好，这应是老师的过错，怎么能说是我们做家长的过错呢?"结果，双方未能在教育小明的问题上达成共识。

案例五：

教师的公开训导

片段一：孩子作业没有批改的家长，你们以为这是老师的工作? 老师能改的尽量改，但是为什么让你们批改作业：孩子做了，批改了才有效果，批改了检查时我们才知道孩子哪里没有掌握，这样才能更好地教学、学习。请注意，你们配合我们的工作，自然我们也会更加在意你家孩子。

片段二：××家长，你看看你家孩子的作业，标点符号都打错了，你当家长的对孩子不负责，不认真检查作业，想全部指望老师吗?

从以上案例可以看出，教师在面对家长时，缺乏平等沟通的意识，面对家长时，教师将家长工具化、客体化，要求家长无条件地遵从，这破坏了家校合作的初衷。教师面对家长时，在角色认知、关系认知、伦理认知上出现了误区。具体如下：

教师面对家长时的角色与职责认识出现了偏差。一些教师对自己的职责定位得过于狭窄，只关注孩子在学校的表现，对于家长的期望和需求视而不见。这导致教师在与家长沟通时往往将家长视为"被动接受者"，忽略了家长也是孩子的启蒙老师，与学校一样承担着对孩子进行教育的重要任务。教育者的职责和使命是促进每一位孩子的发展。教师面对家长时，作为一名教育者，应履行教育者的职责，教师的教育责任不应被孩子的家长状况或父母状况干扰，否则便体现了教师的角色淡化。

在关系认知上，教师的主宰意识破坏了平等沟通。在一些案例中，教师往往表现出一种主宰意识，将自己置于家长之上。家长与教师之间是两个成年公民的平等关系，家长不是受教育者，教师将教育者的身份进行了不恰当的辐射，使得平等沟通的关系变成了领导与被领导的关系。对于家长的建议和反馈，教师常常表现出不耐烦或者直接回绝，这破坏了家校合作的平等基础。与家长保持良好的关系，对孩子的教育和成长是非常有益的。家校合作应该是一种互助、互补、互惠的关系。

在伦理认知上，教师正当意识缺乏。在一些情况下，教师出于对孩子的关爱和教育目的，对家长进行批评、训斥甚至公开训导。这种行为虽然可能是出于好意，但在方式上存在问题。伦理学指出，目的不能为手段辩护。具体表现为教师以"目的善"来压制"手段方式的合理正当"，教师依仗教育孩子的良苦用心，来对家长进行训骂，不顾及家长的人格尊严和隐私。

（二）家校合作中师德认知现状问题归因

由上分析，我们可以看到教师们对师德师风的重视程度和对自身职业道德的坚持，但亦可以看到教师师德建设认知上的掩饰性特征以及在践行师德时的实际困境与心理挣扎。分析其缘由，我们认为是权利本位式教师专业主义使教师的专业权利异化为抛弃自身义务的"非我"存在，造成了对专业主义自身的破坏。

1. 对教师专业权利的理解存在偏差

从理论逻辑上讲，法律政策对教师专业权利的解读是绝对性的，即教师专业权利的享有具有非情境性、客观性；但从实践逻辑上看，教师专业权利运行的背景是复杂的，专业权利的运行需要根据权利面临的境遇随时变换，这意味着，教育实践中教师专业权利的运行不是绝对的，是有条件的。在教育实践中，教师专业权利的运行需要接受专业义务的制约。例如，拥有专业权利的教师在面对家长的质疑与利益诉求时，其专业权利需与专业规范达成平衡，要在尊重家长利益的基础上以平等对话等"柔性"方式行使权利。但权利本位式教师专业主义的教师则以权利的绝对性来压制家长的民主参与权和合法权益，对权利进行绝对化解读。

权利的绝对化解读表现为教师过度追求教育权威，封闭自我，拒绝对话，对专业权利作出凝固静止的理解，使权利在运行时因其绝对化特征而丧失合法性。关于权利的绝对化解读，有研究者指出："有时候人们非常偏爱大力宣扬绝对权利，几乎忽略了责任，过分忠诚于个人独立与自我满足，这就导致许多人的视野过于狭隘，只关心个人权利，而漠视了他人的权益和生存环境。在强调自身权利的同时，却把他人的权利拒之门外。如果我们不顾上下文地按照字面解释权利，就很难在那些利益冲突、意见不同的个人和群体之间建立联盟、达成妥协。如果没有一定程度的相互克制、相互理解以及促进和平共处、加强交流，社会就不可能实现和谐。"[1]教师对专业权利的过度迷恋与自信催生了权利的绝对化解读，教师忘却了权利是在一定的现实情境和义务之中运行的。"任何人如果想确保享有自由（权利），那么对公共服务即公民美德的普遍信奉就是必不可少的，仅仅依赖一个抽象的权利框架或他人的努力是不够的。"[2]教师专业权利的绝对性解读运用到实践中，必然会导致权利实践的困境。

2. 教师专业意识形态发生一定畸变

意识形态是一种观念的集合，它是对某一事物的观念、观

---

〔1〕 陈金钊：《过度解释与权利的绝对化》，载《法律科学（西北政法大学学报）》2010 年第 2 期，第 29~36 页。

〔2〕 万绍红：《美国宪法中的共和主义》，人民出版社 2009 年版，第 391 页。

点、概念、思想、价值观等要素的总和，专业的意识形态指的是人们对于专业在专业理念、专业价值及专业运行方式等方面的总体判断与认识。教师专业主义作为一种合理的意识形态，能够促进教师的专业身份认同，规范教师的专业观念与专业行为，利于专业群体内部的交流，实现专业水平以及社会服务能力的同步提升。但权利本位式教师专业主义是专业意识形态的畸变，其体现着"现实生活中的种种统治关系与权力关系"[1]。

专业意识形态畸变的一个典型特征是排他性。教师群体以专业符号来进行自我确认，强化对教育话语权的垄断，取消了他者介入的资格。有研究者指出："专业意识形态用排他性以捍卫专业内部的纯洁性和控制性，导致专业与社会其他阶层的区隔，以维护专业的威严。人为地拉大社会距离，使专业的需求者无法知悉专业提供者的知识与技能，使专业运行具有神秘色彩，并以此获得工作事务的决定权，同时提高服务的报酬。"[2]教师群体面对家长的合理质疑与批评时，往往站在维护群体利益的角度上，不是去反思，而是与外界言论进行对立，站在对立的角度作出有利于教师群体的合理性论证。

专业意识形态发生畸变的另一个典型特征是摒弃服务意识。"权利驱逐义务"，拒绝义务就是不承认甚至割断自己与他人的共在关系。权利本位式的教师往往表现为极强的自我中心主义，专业成为脱离社会服务而纯粹为了自身攫取利益的武器，在过度追求利益的过程中教师逐渐丧失了开放性的视野与社会情怀。如同研究者指出，专业人士在知识活动中画地为牢、自我孤立、

---

〔1〕　贺来：《"主体性"的当代哲学视域》，北京师范大学出版社 2013 年版，第 10 页。

〔2〕　刘云杉：《从启蒙者到专业人——中国现代化历程中教师角色演变》，北京师范大学出版社 2006 年版，第 194 页。

逃避社会责任、丧失对现实的批判意愿与能力。[1]在专业活动中，教师失去了对他者的关注与关怀，教育成为失去美好公共价值追求的"空中楼阁式"实践。

3. 对教师权利义务的边界意识模糊

权利并不是僵化不变的教条，它所表达的是一种灵活的社会关系。[2]权利实践具有情境性与审慎性，不同的社会关系之中，权利与义务的呈现形式是不一样的。不同的交往对象构成教师专业权利与专业义务的实践边界，面对不同的交往对象权利，教师履行不同的义务，其专业权利的表现形式也是不一样的。在面对教育行政部门时，教师需严格执行教育管理部门制定的课程标准，同时教师拥有的是自主选择教学内容与教学方式的权利；在面对学生时，教师践行的是"教育爱"的义务和规范，最大限度促进学生的发展，但同时教师也拥有在教育教学及管理过程中"行为自决"的权利；在面对家长的利益诉求时，教师有义务主动与之就其需求或者双方分歧点进行沟通、协商、解释，但同时，教师拥有在面对家长不符合教育原则的私利性诉求时行使自身"专业判断"的权利。但是，在权利本位式教师专业主义下，权利的任性致使权利与义务错置，权利与义务在实践中呈现混乱状态。

具体而言，教师在面对家长的质疑与批评时，将教师在教学中面对学生的专业权利形态运用到面对家长参与的情景之中，以"教育爱"的名义确证其专业权利的正当表达。从权利的边界性角度来看，教师在面对家长主体时，其专业权利形态应是不同于面对学生时的权利形态的，师生之间是教育关系。教师

---

〔1〕 徐贲：《告别专业主义》，载《上海采风》2013 年第 10 期，第 92~95 页。

〔2〕 冯婉桢：《教师专业伦理的边界——以权利为基础》，教育科学出版社 2012 年版，第 107 页。

与家长的互动是成年公民之间依据相关规范而建立起来的政治平等关系，此时教师的专业权利应是建立在主动沟通、解释与协商的专业义务之上的，其专业权利体现的是教师的专业判断，而不是依靠简单、强硬的教育权威。教师将其面对学生的权利与义务加之于家长，以"为了学生利益最大化"的口号来行使"行为自决"，是典型的权利边界意识模糊的表现，是权利与义务的错位表达。这无疑会损害教师的职业形象，同时加大教师与家长之间冲突的可能。

可见，权利本位式教师专业主义造成与家长民主参与权之间的强烈冲突，损害了教师的专业知识分子形象，使得学校变革往往由于缺乏家长的支持而失败。面对权利本位式教师专业主义的消极影响，应该对教师专业主义的文化内涵进行改造，从而将教师专业主义建立在公共沟通基础上，彰显其专业权利与专业义务的统一。

第四章
中小学师德评价指标体系
实施现状与分析

有两种东西，我对它们的思考越是深沉和持久，它们在我心灵中唤起的赞叹和敬畏就会越来越历久弥新，一是我们头顶浩瀚灿烂的星空，一是我们心中崇高的道德法则。他们向我印证，上帝在我头顶，亦在我心中。

———［德］康德

教师是教育事业的第一资源，教师队伍建设的质量关乎教育事业的高质量发展。[1]而师德是评价教师队伍素质的第一标准。[2]构建具备系统性、激励性和可操作性等特点的教师师德评价指标体系是解决当前教师师德问题的首要任务和必然选择。[3]随着社会的发展和教育理念的不断演进，中小学师德评价指标

---

〔1〕 柏路、包崇庆：《习近平关于师德师风重要论述的生成逻辑、内容结构及理论品格》，载《思想教育研究》2021年第9期，第12页。

〔2〕 刘志林、陈博旺、曾捷：《高校教师师德评价制度的文本检视、困境反思及改进路径》，载《黑龙江高教研究》2023年第4期，第83~89页。

〔3〕 张文才：《高等体育院校师德师风评价指标体系构建研究》，载《现代教育科学》2023年第1期，第61~67页。

体系也在不断完善和发展。通常来讲，一般的评价指标体系是由评价对象的各个方面特点和这些特点之间的关系所构成的一个具有关联性的内在有机整体。[1]中小学师德评价指标体系旨在为教师提供明确的评价标准，激励教育者不断进取，不断提高自身的师德水平，以更好地履行肩负的教育使命。本章将聚焦对地方中小学教师道德评估的实践，并分析存在于教师道德评估指标体系中的现实问题。

一、基本情况

（一）研究对象

从师德评价指标体系的内涵出发，笔者对河北、陕西、贵州、海南五所中学、五所小学的师德师风建设方案、师德问题治理方案、师德师风主题教育实施方案等进行文本分析，分别从指标结构、评分方式等方面进行具体分析，总结出当前中小学师德评价指标体系构建存在的特点和不足之处。

（二）研究工具

笔者采用质性研究方法对十所中小学的师德政策文本进行分析，借助NVivo12.0质性分析软件对政策文本进行发掘、编码、分析、归类，通过对政策文本中特定词频及其语义环境、语用特征所隐含的信息来深度分析我国中小学师德评价体系的指标构建、价值路径、有效方式，并给出中小学师德评价指标合理性构建的有效建议。

（三）文本分析

1. 构建分析编码表

根据前面章节对师德的概念、师德行为准则、师德政策价

---

〔1〕 郭玉华、李铭：《高校师德评价指标体系构建研究》，载《传承》2016年第1期，第55~57页。

值分析的基本框架，通过对分析维度概念和意义的理解，根据政策实施、指标认同、指标决策、指标量化、评价主体等几方面分析类目反复研读文本，发掘、解析这些政策文本中能反映和体现分析维度的字、词、句、段，并对这些文字语义内容进行三级编码（见表4-1）。

表4-1　师德师风评价指标文本分析编码表

类目	内容解释与文本定位
政策实施	内容分析：分析中小学师德评价指标在实际实施过程中采取的具体措施、方法和策略，以及政策实施的成效和效果。 文本定位：寻找政策文本中描述实施过程、措施和目标达成情况的相关段落，关注关键词如"贯彻落实""推进实施""措施""效果"等。
指标认同	内容分析：分析中小学师德评价指标在教育界、师生、家长等各方是否得到认可和接受，以及是否与普遍的价值观和规则相符合。 文本定位：查找政策文本中涉及各方认同或者认可指标的相关表述，关注关键词如"认同""接受""价值观"等。
指标决策	内容分析：分析中小学师德评价指标制定的决策过程，涉及的价值选择、影响因素、决策者的立场和考虑等。 文本定位：找到政策文本中描述指标决策的部分，关注关键词如"决策""价值选择""影响因素"等。
指标量化	内容分析：分析中小学师德评价指标是否可以量化，以及指标量化的方法、标准和依据。 文本定位：寻找政策文本中描述指标量化的相关内容，关注关键词如"量化""标准""依据"等。
评价主体	内容分析：分析中小学师德评价指标的评价主体是谁，例如学校、教育主管部门、学生、家长等，以及评价主体的责任和作用。 文本定位：查找政策文本中涉及评价主体的相关描述，关注关键词如"学校""部门""学生评价""家长评价"等。

2. 关键词词频分析

笔者通过 NVivo 12.0 质性统计软件对六份师德师风评价实施方案文本内容进行高频关键词分析，剔除了一些无关词汇以及 "中小学、教师、建设" 等主题词，得出师德师风评价高频关键词词频分析图（见图 4-1），其中字体越大越突出意味着该词汇在政策报告中出现的频率越高。根据关键词及词频统计，我国目前中小学师德师风评价关注重点排名前十的是师德、教育、学习、思想、行为、开展、学校、评价、责任、考核。关键词及词频体现了中小学师德评价指标在政策内容方面的倾向与重点，在一定程度上体现了师德建设政策的指向与目标评价上的内在联系。

图 4-1　关键词词频分析图

二、中小学师德评价指标体系实施存在的问题

《关于加强和改进新时代师德师风建设的意见》明确指出："严格考核评价，落实师德第一标准。将师德考核摆在教师考核的首要位置，坚持多主体多元评价，以事实为依据，定性与定量相结合，提高评价的科学性和实效性，全面客观评价教师的师德表现。发挥师德考核对教师行为的约束和提醒作用，及时将考核发现的问题向教师反馈，并采取针对性举措帮助教师提

高认识、加强整改。强化师德考核结果的运用,师德考核不合格者年度考核应评定为不合格,并取消在教师职称评聘、推优评先、表彰奖励、科研和人才项目申请等方面的资格。"所以,"将师德考核摆在教师考核的首要位置""多主体多元评价""以事实为依据""定性与定量相结合""反馈机制"和"运用考核结果"是构建师德师风评价指标体系的主要方面。

(一)将师德考核摆在教师考核的首要位置方面

各省教育厅纷纷出台了相应的师德考核政策文件,明确要求各级学校将师德考核纳入教师评价体系的首位,确保教师师德建设的重要地位。2022年,H省发布的《在全省教育系统开展师德师风专项整治行动的通知》明确指出:"坚持师德师风第一标准,进一步规范教师职业道德行为,提升广大教师职业道德水平,深化巩固师德专题教育成果……各地各校严格落实新时代教师职业行为十项准则等文件规范,制定具体细化的教师职业行为负面清单,健全教师入职查询制度和有关违法犯罪人员从教限制制度,对违反师德的教师采取一票否决制。把群众反映强烈、社会影响恶劣的突出问题作为重点从严查处,针对教师性骚扰性侵学生、侵害学生利益、学术不端以及中小学教师违规有偿补课、违规办班、收受学生和家长礼品礼金等开展集中整治。一经查实,要依规依纪给予组织处理或处分,严重的依法撤销教师资格、清除出教师队伍。"2021年,G省出台的《师德师风建设专项行动实施方案》明确指出:"将师德要求作为重要内容,纳入教师聘用合同依法管理,加强试用期考察,全面评价聘用人员的思想政治和师德表现,对不合格人员取消聘用,及时解除聘用合同。组织教师开展师德失范行为自查自纠,填报个人师德情况报告、签订师德承诺书,连同师德师风考评情况纳入教师师德诚信档案,一旦发现有未填报的师德问题，一经查实，从严从重处理。"

各省都非常重视师德第一标准，通过制定政策文件、整治师德失范问题、强化考核评价、建立诚信档案等一系列措施，将师德考核置于教师评价体系的首位，以确保教师师德建设在教育系统中的重要地位。在各省行政部门的指引下，不少学校都出台了学校的师德师风考核实施办法，贯彻"师德师风作为评价教师队伍素质的第一标准"思想。表4-2为两所学校在落实师德师风"第一考核"标准方面的具体要求。

表4-2 两所学校在落实师德师风"第一考核"标准方面定位及举措

学校	定位及举措
G省Z小学	加强教师职业道德建设，是建设高素质教师队伍的客观要求，师德师风考核是教师考核的重要组成部分。凡有下列情况之一者，不管得分多少，实行一票否决，考核等级定为不合格，并视其情节予以处理。 1. 触犯法律受到刑事处罚的，受到党纪、政纪处分的。 2. 体罚、变相体罚学生造成学生伤害，影响恶劣的。 3. 因工作失职，导致恶性事件的。 4. 对学生实施性骚扰或与学生发生不正当关系的。 5. 其他违反师德师风后果严重，在师生中乃至社会上造成恶劣影响的。
H省H中学	深入贯彻习近平新时代中国特色社会主义思想和党的二十大精神，坚持社会主义办学方向，贯彻落实党的教育方针，弘扬社会主义核心价值观，将立德树人的成效作为评估学校一切工作的根本标准，把教师的品德和风范作为评价教师队伍素质的首要标准。把思想政治表现和育人功能发挥作为教师考核的首要标准，在教育教学全过程和各环节中强化思想价值引领、强化教学纪律约束完善教师职业行为的激励机制和约束机制，落实新时代"四有"好老师要求，努力打造支撑基础教育高质量发展高素质专业化创新型教师队伍。

同时，部分学校还在师德师风"一票否决"上出台了详细的实施细则。例如：H省专门出台"师德师风负面清单"，规定有下列情形之一的，直接确定为师德"不合格"。

（1）公开损害党中央权威、诋毁党和国家的路线方针政策的；

（2）损害国家利益、社会公共利益，或违背社会公序良俗的；

（3）通过课堂、论坛、讲座、信息网络及其他渠道发表、转发错误观点，或编造散布虚假信息、不良信息的；

（4）擅自组织学生参加校外集会或从事商业性活动的；

（5）以非法方式表达诉求，不完成教育教学任务、干扰正常教育教学秩序，损害学生利益的；

（6）违反教学纪律，敷衍教学，擅自从事影响教育教学本职工作的兼职兼薪行为的；

（7）组织、推荐、暗示、诱导学生参加有偿补课或为校外培训机构及他人介绍生源、提供相关信息、场所的；

（8）参与有偿补课的；

（9）无正当理由，拒不承担班主任工作的；

（10）在招生、考试、推优、保送及绩效考核、岗位聘用、职称评聘、教育科研、评优评奖等工作中徇私舞弊、弄虚作假的；

（11）体罚或变相体罚学生，歧视、侮辱学生，虐待、伤害学生的；

（12）向学生推销或代购图书报刊、教辅资料和其他商品或利用家长资源谋取私利的；

（13）索要、收受学生及家长财物或参加由学生及家长付费的宴请、旅游、娱乐休闲等活动的；

（14）擅自停课、调课、请人代课或有酒后上课、课堂上吸烟、接打电话等行为影响教育教学秩序的；

（15）工作时间用手机和电脑从事炒股、网购、玩电子游戏、微商等与教育教学工作无关活动的；

（16）工作敷衍塞责，教育教学成绩低下的；

（17）在教育教学活动中遇突发事件、面临危险时，不顾学生安危，擅离职守，自行逃离的；

（18）与学生发生不正当关系，有任何形式的猥亵、性骚扰行为的；

（19）因违法违纪行为受到纪律处分或出现严重责任事故的；

（20）其他严重违反师德规范，造成不良影响和后果的。

部分中小学十分重视"师德承诺制度"，将师德要求作为重要内容，纳入教师聘用合同依法管理，加强试用期考察，全面评价聘用人员的思想政治和师德表现，对不合格人员取消聘用，及时解除聘用合同。组织教师开展师德失范行为自查自纠，填报个人师德情况报告、签订师德承诺书，连同师德师风考评情况纳入教师师德诚信档案，一旦发现有未填报的师德问题，一经查实，从严从重处理。

但依然存在很多中小学的师德师风评价指标，在关于将师德考核摆在教师考核的首要位置方面，表述得过于笼统、宏观，不够明确。将师德考核置于首要位置，向全体教师明确学校和社会对于师德的重视和期望，向全体教师明确师德师风的"红线""硬标"，是保障师德师风建设的重要举措。这有助于引导教师树立正确的教育理念，坚守职业道德底线，注重职业操守。通过明确价值导向、树立标杆示范、促进师德日常化等方式，教师的师德师风水平将得到有效提升，有助于构建更高质量的教育体系。

（二）师德评价主体的多元构成方面

师德评价坚持实施"多元主体评价"有助于减少主观偏见，是综合、全面地了解教师师德表现的有效保障。在教育系统中，学生、家长、教师、同事、学校管理者和教育行政部门等各方参与者，因立场不同而带来了多样化的评价方式、评价指标和思维方式。通过多主体评价的综合分析，评价结果更加客观公正。这种公正性有助于建立教师间的良性竞争氛围，激励教师不断提高教学水平和职业道德。通过分析笔者发现，"多元主体评价"思路正在逐步践行，且各校可以根据学校自身实际情况进行灵活调整，如表4-3是四所学校的多元主体师德评价权重分配情况。

表4-3　四所学校多元主体师德评价权重分配情况

学校	权重分配细则	权重分配示意图
G省Z小学	考核实行百分制，师德考核得分等于平时考核得分的50%+民主评议得分的50%（教师自评得分的10%+学生评价得分的10%+家长评价得分的10%+教师评价得分的10%+学校考核小组评价得分的10%）。 （1）学生或家长评议：参加评议学生为所任教班级全体学生；参加评议家长为所任教班级学生家长，人数不少于所教班级学生数的1/3。 （2）教师互评，以校为单位组织教职工进行师德师风自查和报告，每位教师要报告本人该学期遵守师德规范、职业道德的情况。	平时考核50%　民主评议50% 教师自评得分的10% 学生评价得分的10% 家长评价得分的10% 教师评价得分的10% 学校考核小组评价得分的10% ■平时考核　■民主评议

学校	权重分配细则	权重分配示意图
	（3）平时考核，严格依据平时考核的成绩。	
H省H中学	教师考核成绩由个人自评、教师互评、学生和家长评议、学校考核组综合评议、加分项和减分项五部分构成。个人自评占考核总成绩的20%，教师互评占考核总成绩的20%，学生和家长评议占考核总成绩的20%，学校考核组综合评议占考核总成绩的40%；加分项作为附加分最多不超过10分，减分项不设限，师德师风建设工作组对加分项和减分项予以审核认定。 专职管理、教辅、工勤人员考核成绩由个人自评、组内互评和学校考核组综合评议、加分项和减分项四部分构成，个人自评组内互评、学校考核组综合评议内容和流程与教师一致，但个人自评和组内互评各占考核成绩的20%，学校考核组综合评议占考核总成绩的60%；加分项和减分项内容和流程及成绩占比与教师一致。	

学校	权重分配细则	权重分配示意图
H省C中学	由党支部牵头,成立师德师风考核小组(由正主任以上领导干部、年级长、教研组长组成),建立师德师风百分制评价体系,其中个人自评占20%、中小学教师互评占35%、考核小组考评占25%、学生评议占20%。	学校考核组 25% 个人自评 20% 教师互评 35% 学生20% ■个人自评 ■教师互评 ■学生 ■学校考核组
S省Y小学	学校考核小组在组织教职工认真学习的基础上按照《××大学附属小学教师师德考核标准》统一组织评议。评议分教师评议、学生评议、家长评议、学校评议和主管领导评议五种形式进行,其中教师评议占20%、学生评议占20%、家长评议占20%、学校评议占20%、主管领导评议占20%。	主管领导 20% 教师评议 20% 学校评议 20% 学生评议 20% 家长评议 20% ■教师评议 ■学生评议 ■家长评议 ■学校评议 ■主管领导

由上表可以看出,部分学校的权重配置理念具有一定的先进性。例如:G省Z小学在注重多元主体评价的同时,按照平时考核,每年考核两次,取均值。将师德师风的考核工作穿插到日常工作中,并制定了详细的平时考核实施细则,一定程度上提升了评价的科学性。同时不可忽视的是虽然多元主体评价

意识在师德评价中得以体现，但是不同学校在师德评价中给予各个评价主体的权重分配不一致，对于评价的维度以及权重方面、倾向方面尚存在一些问题：一是评价维度设置倾向方面，在教师互评上 H 省 C 中学占总体的 35%，S 省 Y 小学、H 省 H 中学占 20%，G 省 Z 小学则为 10%。二是行政干预较强，有些学校（如 C 学校）的师德评价中，权重较大的部分由学校的行政机构组成的考核小组进行评议。虽然考核小组的成员包含教师和年级长等，但行政领导在其中占有较大比例。S 省 Y 小学校评议占 20%、主管领导评议占 20%，体现了较大的行政干预性。当前亟须解决的问题是，如何使中小学的师德师风评价指标体系具备科学性，包括各维度的设计以及权重的设置方式。为实现"多主体多元评价"，需要建立科学的评价体系和评价机制，确保各个评价主体的参与和意见充分被重视。同时，要保护评价主体的评价权利，避免评价结果被滥用或歧视。通过综合利用多种评价来源的信息，可以更客观、全面地了解教师的师德表现，为教师师德建设提供更有针对性和有效性的指导。

1. 师德评价指标"定性与定量相结合"方面

考核指标的合理确定、定性和定量有效结合，才不失为一个科学合理的绩效考核体系，才能达到一个好的考核效果。[1]因此，师德评价指标之所以采用"定性与定量相结合"的综合评价方法，就是考虑了主观评价和客观数据，以更全面、客观的方式评估教师的师德品质和教学水平。教师职业道德、责任心、人际关系等因素难以用具体数据量化，但却是教师核心素养的重要体现。综合定性与定量指标的师德评价，可以减少评价过

---

[1] 张素娟：《定性与定量相结合的图书馆绩效考核体系设计与实现》，载《农业网络信息》2013 年第 7 期，第 74~76 页。

程中的主观偏见，也为教师提供了全面的自我反思和进步的方向。教师可以通过评价结果了解自己的优势和不足，并有针对性地改进教学方法，提升教育教学水平，进而促进教育质量的提升。

评价内容是师德评价的重要组成部分，关联师德评价结果后续运用的有效性[1]。由表4-4可以看出，《新时代中小学教师职业行为十项准则》《中小学教师违反职业道德行为处理办法》等文件为中小学师德评价的具体实施内容提供了制定的依据。其中，在梳理各中小学师德评价相关制度的基础上，可以发现各中小学的师德评价内容存在明显的共性。不同学校根据本校师德评价的不同考核类型划分了不同的内容标准和评价侧重点，体现了各自的特性。

表4-4　两所学校的多元主体师德评价权重分配情况

学校	项目	分数	内容细则
H省H中学	坚定政治方向	10	坚持以习近平新时代中国特色社会主义思想为指导，拥护中国共产党的领导，贯彻党的教育方针。
	自觉爱国守法	10	忠于祖国，忠于人民，恪守宪法原则，遵守法律法规，依法履行教师职责。
	传播优秀文化	10	带头践行社会主义核心价值观，弘扬真善美，传递正能量。
	潜心教书育人	10	落实立德树人根本任务，遵循教育规律和学生成长规律，因材施教，教学相长。

〔1〕　刘志林、陈博旺、曾捷：《高校教师师德评价制度的文本检视、困境反思及改进路径》，载《黑龙江高教研究》2023年第4期，第83~89页。

学校	项目	分数	内容细则
	关心爱护学生	10	严慈相济，诲人不倦，真心关爱学生，严格要求学生，做学生良师益友。
	加强安全防范	10	增强安全意识，加强安全教育，保护学生安全，防范事故风险。
	坚守言行雅正	10	为人师表，以身作则，举止文明，作风正派，自重自爱。
	秉持公平诚信	10	坚持原则，处事公道，光明磊落，为人正直。
	规范从教行为	10	严于律己，清廉从教，勤勉敬业，乐于奉献，自觉抵制不良风气。
	坚持终身学习	10	主动学习，刻苦钻研，自我更新，学以致用，不断优化知识结构。
H省C中学	依法执教	10	全面贯彻党的教育方针，自觉遵守国家的法律法规、社会公德和学校的规章制度，不得有违背党和国家方针、政策的言行。不群体越级上访，不在工作日饮酒，其他时间不酗酒、不赌博。不在网络上娱乐、聊天、炒股，不影响和妨碍他人工作。
	爱岗敬业	10	热爱学校，关心集体。严格遵守学校规章制度，自觉维护学校教育教学秩序。上课做到不迟上、不早下、不拖堂，不私自调课，不在工作时间串岗闲聊，服从学校管理。
	严谨治学	10	严格执行国家课程计划和课程标准，不随意增减课时。积极参加教科研活动。树立终身学习思想，积极参加教师继续教育，熟练掌握现代教育技术手段。严格遵循教学规律和特点，切实做好备课、上课、批改作业、命题、阅卷等教学环节。不敷衍塞责，严谨治学，精益求精，杜绝教学事故。

续表

学校	项目	分数	内容细则
	热爱学生	10	关心爱护全体学生，尊重学生的人格，平等、公平对待学生。对学生严格要求，耐心教导，不讽刺、挖苦、歧视学生，不体罚或变相体罚学生，保护学生合法权益，促进学生全面、主动、健康发展。
	团结协作	10	谦虚谨慎，尊重同志，相互学习，相互帮助，维护其他教师在学生中的威信，同事之间有意见不吵不骂，不背后议论，不搬弄是非。关心集体，维护学校荣誉，共创文明校风。
	尊重家长	10	主动与学生家长联系，认真听取意见和建议，取得支持与配合，积极宣传科学的教育思想和方法，不训斥、指责学生家长。
	为人师表	10	模范遵守社会公德，自觉维护教师的良好形象。衣着端庄大方，语言文明规范，待人礼貌热情，办公环境整洁。不化浓妆，不染怪发，不在教室、会场和学生面前吸烟，不在校园内骑车、乱停车，不乱扔纸屑，不在课堂上开启和使用通信工具。
	道德素养	10	培养良好的道德素养和行为习惯。为人谦逊，尊重同志，乐于助人，敢于批评和自我批评。诚实守信，言行一致。不恣意妄为、无理取闹、恶语中伤、惹是生非。不计较个人名利。热心公益事业，乐于扶危济困，见义勇为。
	廉洁从教	10	严以律己，作风朴实。不乱收费，不向学生和家长推销课外书刊、教辅材料、学习用品，不组织参加有偿家教或辅导，不向家长索要或变相索要财物。
	工作实效	10	课堂教学效果好，学生乐学。各项工作成绩突出。

表 4-5　三所学校师德评价等级设置情况

学校	评价等级设置
G省Z小学	考核结果分为优秀、合格、基本合格、不合格四个等级。 其中90分以上为优秀，80分至89分为良好，60分至79分为合格，60（不含）分以下为不合格。 年度考核得分等于6月与12月两次综合得分的平均值，90分以上为优秀，80分至89分为良好，60分至79分为合格，60（不含）分以下为不合格。 在6月与12月两次综合考核中，有一次考核不合格，则该教师师德年度考核等次直接定位不合格。
H省H中学	考核结果分为优秀、合格、基本合格和不合格四个等级。 1. 优秀结合上述要求，模范遵守教师职业道德规范，有突出表现和先进事迹，在校内发挥模范和表率作用，产生了良好影响。优秀等次的比例在教职工总数的30%以内。 2. 合格结合上述要求，师德表现良好，具有良好的职业道德与行为规范，在校内起到了引导带动作用。 3. 基本合格结合上述要求，师德表现一般，能够基本遵守教师职业道德规范，无明显道德不端或不良品行。 4. 不合格结合上述要求，师德表现较差，不能遵守教师职业道德规范，有严重错误或事故，教职工师德师风考核成绩在60分以下。
H省C中学	依据考评分建立四个等级制，90分以上为优秀，80分至89分为良好，60分至79分为合格，60分以下为不合格。每学期末组织考核一次，把师德师风考评结果与评优评先、教师绩效、年度考核和职称评聘等挂钩。

　　同时，通过分析这几所学校的师德师风评价指标内容，以及评价等级设置情况（表4-5），笔者发现部分地方中小学对师德评价指标体系的设计过度侧重定量评价，轻视定性评价，师德考核结果具有单一化的倾向。

　　第一，在评价过程中，存在过于倾向"量化"的现象。在部分地区，中小学对师德评价指标体系的设计过度注重定量评价，忽视了定性评价，这主要体现在评价过程上。方法上经常采用最常见的绩效评估方法中的量表评价法：在评价过程中，给评价者一张表格打分，相关评价主体根据分数划分等级，从而完成师德评价。然而，对于难以量化的师德行为，比如教师的教育教学态度和师生关系等，可能没有明确的定性指标可供参考。在评价过程中，存在过度依赖数字数据，而忽视教师师德行为的具体细节和实际表现。因此，除定量评价外，应该引入更多的定性评价方式。例如，可以通过定性调查、教师自我陈述、同行评议等方式来了解教师的师德表现。定性评价能够更细致地了解教师的师德行为，并帮助评价者对教师的师德表现有更深入的理解。

第二，在考核结果上，存在"单一化"倾向。评价结果中只简单地使用"优秀""合格"等等级来概括教师师德师风表现，而缺乏对具体行为的详细描述和说明。这种简单分类可能无法准确地表达教师在师德方面的优势和改进空间，使评价结果显得模糊和不具备操作性。缺乏对师德表现的深入理解。评价结果主要以合格与否为主要标准，缺乏对师德评价结果的多角度分析和综合判断，可能导致评价结果的单一化和简化。师德师风是一个多维度的概念，不同的师德表现需要从多个角度来进行评估，包括教学中的师生关系、教师与同行的合作、对社会的影响等。如果评价结果只关注"合格"与否，就难以捕捉到这些细微但重要的差异。

2. 在评价过程的实施流程方面

在评价过程的实施流程方面，不少学校已经制定了详细的实施流程图（如图4-2）。一方面，有助于确保评价的规范性和透明性。透明的流程能够让教师明确知道哪些方面会被评价，如何被评价，并能预先了解自己的师德表现。另一方面，明确划分了各个部门和评价者在评价过程中的具体职责和任务。这有助于确保每个环节都得到专业人员的负责和参与，避免评价过程中的混乱和冲突。各部门在评价过程中各司其职，相互协作，使评价过程更加高效和有序。同时，流程图的细化还有助于优化资源的配置。通过明确各个环节的时间、人力和物力需求，学校可以合理分配资源，确保评价过程的顺利进行。同时，对评价过程中可能出现的问题和难点也有早期规划，从而避免资源浪费和延误。学校应该将师德评价流程和标准公开，让所有教师都能清楚了解评价的标准和程序。

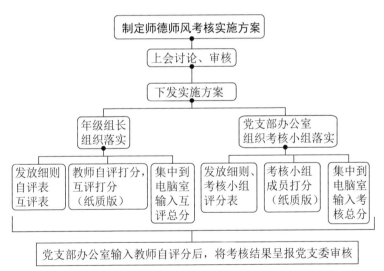

图4-2　H省C中学师德师风考核实施流程图

三、中小学师德评价指标体系实施问题归因分析

建立健全中小学师德评价指标体系需要构建完善的制度基础。从搜集到的中小学教师师德评价指标来看，师德评价指标

构建在以往的基础上，正在不断完善。多所学校在"将师德考核摆在教师考核的首要位置""师德评价主体多元化""定性与定量相结合"方面做了很多有益的探索。然而，综观当前中小学师德评价指标构建现状，依然存在制度落实不严、政策实施僵硬、重定量轻定性、评价主体模糊、内容边界不清等问题，究其原因可能有三：

（一）师德评价指标体系缺乏明确的、标准的、细化的评估指标

明确的评估指标有助于规范评价过程，使其更加系统化和科学化。细化的评估维度可以确保评价结果更全面准确地反映教师的师德水平和能力。通过明确、标准、细化的评估指标，评价结果能够更加细致地反馈教师的优势和改进方向，促进师德建设和提升。但实际调研中，我们却发现中小学在师德评价指标体系构建时缺乏一些明确化、规范化的构建思路。

1. 缺乏明确的评估指标

当前的师德评价指标体系往往过于笼统，没有明确规定具体的评估指标。这导致教师和评价人员难以准确理解何为优秀的师德表现，以及哪些行为被视为失范或不符合标准。调研中，Y市一位物理教师对师德评价指标体系提出自己的疑虑："我觉得现行的师德评价体系过于宽泛了。在学校里，我们接触到的具体评估指标和标准都比较单一，而且这些标准似乎也没有明确的分级，不知道哪些是最重要的，哪些是次要的。有时候，学校会简单地说'要求教师遵纪守法，保持良好的师生关系'，但对于如何落实这些要求，缺乏具体的操作细则。这样的情况下，每个人对于师德的理解和评价都可能不同，评价结果可能出现主观性和不一致性。"缺乏明确的指标会导致评价结果主观性和不一致性，影响师德评价的公正性和可信度。

2. 缺乏标准化的评估标准

当前的师德评价指标体系也面临缺乏标准化评估标准的问题，这会给师德评价带来一定的主观性和不确定性。在 C 市的一所学校，师德评价体系并未明确规定教师的师德表现具体应该达到怎样的标准，而只是以一些抽象的词语描述，例如"师德高尚""学生喜爱"等，缺乏明确的细化指标。在这种情况下，一位体育教师在师德评价中遇到了困惑。他表示："在体育教学中，我的风格是比较严格的，因为我认为学生在锻炼中需要有纪律和秩序。但有时，学生可能会因为觉得要求严格而不喜欢我的教学方式，这可能会影响我的'学生喜爱'指标评价。然而，另一位同事对学生要求较为宽松，因此受到了学生的欢迎，师德评价上得分较高。我觉得我们的师德评价应该有一套公正的标准，而不仅仅基于学生的主观感受。"由于缺乏标准化的评估标准，师德评价过于依赖学生的主观感受，而忽略了教师在教学中坚持纪律和秩序的重要性。这样的情况可能导致评价结果的不公平，使得一些教师因为教学风格较严格而在"学生喜爱"指标上得分较低，进而影响整体的师德评价结果。因此，引入标准化的评估标准，明确细化师德表现的具体标准，有助于评价过程更加客观公正，并使教师在师德评价中有明确的指引和参考，促进教师全面提升师德素养。

3. 缺乏细化的评估维度

在 C 市的一所学校，师德评价指标体系缺乏细化的评估维度，主要涵盖了一般性的师德准则，而忽略了教师在具体教学、学生关怀、教育研究等方面的具体表现。这让一位语文老师感到困惑和不公。她表示："师德评价应该综合考量教师在各个方面的表现，但我们学校的评价指标太过笼统，很难准确地反映我的实际工作表现。举例来说，我花了大量时间在备课和批改作业上，希望能提供高质量的教学，同时我也尽力去关心学生的学习和生活。然而，这些具体表现并没有在师德评价中有明确的评估维度，评价结果可能只是对我基本遵纪守法、尊重学生等一些常规要求的评估，而忽略了我在教学中的努力和关爱。这让我感到非常无奈，也让我对师德评价的公正性产生了怀疑。"由于师德评价指标体系缺乏细化的评估维度，教师的具体表现难以得到充分体现和认可。教师的辛勤付出和专业表现可能被忽视，评价结果可能偏向简单、一般性的师德要求，教师的实际师德水平和能力无法通过评价结果充分展现。这种情况可能让教师对师德评价体系失去信心，也会影响教师在教学和教育工作中的积极性和热情。因此，建立更为细化和全面的评估维度，将教师在各个方面的表现纳入评价范围，有助于提高评价结果的准确性和公正性，促进教师全面发展和提升师德水平。

（二）师德评价指标体系构建缺乏教育评价专家团队的有力支持

教育评价专家团队的加入对于师德评价指标体系构建与师德师风建设的诊断、规划和跟踪具有积极的促进作用。教育评价专家团队具备教育评价领域的专业知识和丰富经验。他们熟悉各种评价方法和工具，可以针对师德师风这一特定领域，选择最合适的评价手段，确保评价指标的科学性和可信度。有助于中小学建立有效的师德师风评价体系，改进师德师风建设，提高教育质量。

1. 教育评价专家团队的加入有助于师德师风建设现状诊断

一方面，教育评价专家团队具备系统的评价方法和技巧，借助定量和定性的研究手段，深入了解教师的行为表现、学生和家长的反馈意见，以及学校管理措施的有效性，可以帮助学校或教育机构全面收集并分析与师德师风相关的数据和信息等。例如：评价专家团队可以通过问卷调查收集学生、家长和教师对师德师风的看法和评价。同时设立访谈与焦点小组，与教师、学生、家长和学校管理人员进行深入交流。可以深入课堂观察教师的教学方法、课堂纪律、师生关系等，以获取客观的教学行为数据。还可以采用文本分析、政策研究等方式分析国家、省、市、县、学校等各层级在落实师德师风政策规章制度时的扩散性特点，了解师德师风政策对教师师德师风的引导和影响。这些专业的数据、文本分析，能够有助于学校管理者客观地识别师德师风建设中存在的问题和挑战，有针对性地提出改进意见，从而为学校制定合适的师德师风建设计划提供重要依据。

2. 教育评价专家团队的加入有助于师德师风指标权重规划

教育评价专家团队的加入对于师德师风指标权重规划至关重要。在构建师德评价指标体系时，不同的指标可能对师德师风的综合评估具有不同的重要性。评价专家团队凭借其专业知识和研究背景，能够采用合适的权重规划方法，确保指标体系合理科学，反映教师师德师风的真实情况。

通过实地观察教师在教学过程中的行为表现，如教学方法、与学生互动的方式、课堂纪律等，专家团队可以直接获取有关师德师风的实际数据，而非仅仅依赖自报数据。这样的观察能够提供客观准确的教师表现，对于师德师风评价的权重分配具有重要意义。同时，评价专家团队还可以通过分析教师教案、教学计划、学生评价报告等文本资料，寻找其中反映师德师风问题的线索和特征。这些文本分析结果有助于识别重要的师德师风指标，并为权重规划提供有力依据。专家团队在权重规划中还可依据相关研究、统计数据和专业经验等因素，对不同指标进行综合考量，确保评价结果更加客观准确。他们的专业性和客观性可以避免任意主观性的影响，提高师德师风评价的公正性和可信度。因此，评价专家团队的加入有助于确保评价指标体系权重设置的科学性和准确性，为师德师风评价提供科学依据，推动教师师德师风的提升和教育质量的不断改进。

3. 教育评价专家团队的加入有助于师德师风建设长期跟踪

师德师风建设是一个长期过程，需要持续进行跟踪和评估，以验证师德师风改进措施的有效性和可持续性。教育评价专家团队在此方面发挥重要作用，他们可以协助建立有效的评估体系，周期性地对师德师风建设的进展和成效进行监测。

首先，通过专家团队协助设计评估体系，可以明确师德师风建设的目标和具体指标。通过建立可量化的指标，使得师德师风建设进程具有明确的方向性和可操作性，有利于实现长期跟踪和持续改进。其次，专家团队可通过问卷调查、访谈、观察等方式定期收集、整理和分析师德师风建设相关的数据，从而获取师德师风建设的实际进展情况，并掌握师德师风的现状和问题，为决策者提供决策依据。再次，专家团队利用长期的跟踪式研究，可以将不同时间点的数据进行比较，分析改进措施的实际效果。帮助发现师德师风建设中的弊端和不足，从而引导教育机构采取更加有效的改进措施。最后，在长期跟踪评估的基础上，专家团队可以为下一步师德师风建设的改进提供具体可行的建议。这样，教育机构能够针对问题采取针对性的措施，不断完善师德师风建设工作。

（三）师德评价过程缺乏高质量的"第三方评价方"的有
　　　力参与

师德评价的第三方评价是指由独立于学校或教育机构的第三方机构或专业人员对教师的师德师风进行评估和审核。这种评价机制旨在确保评价的客观性、公正性和专业性，减少主观偏见和利益冲突，提高师德评价的可信度和有效性。

　　访谈中 C 市的一位学校教师带着无奈讲述："你说的这个'师德师风评价制度'，实际上在我们学校里有时真的受到内部利益和压力的影响。你知道的，学校的资源有限，各个学科都在竞争，如果老师的师德表现不符合评价标准，可能会影响学校的整体声誉，甚至会影响老师的绩效评估和晋升机会。这样，何苦为难人呢？因此，我可能会在一些评价指标上刻意表现得过于宽容和纵容，而忽略了一些本应坚守的教育师德准则。这样的行为，实际上并不真正反映我评价的教师的真实师德水平。"因此，第三方评价机构独立于学校不受内部利益和压力的影响，能够客观公正地对教师的师德师风进行评估。当考核结果直接影响薪酬和职业晋升时，第三方评价可以缓解教师在学校师德师风评价中面临的同事和上级的评价压力，让教师更自信地展示自己学校的真实师德表现，保证评价结果的客观性。另外，第三方评价机构通常由具备相关专业知识和经验的评估人员组成，能够更加科学、全面地对教师的师德行为进行评估。他们可以借助标准化的评估工具和方法，提高评价的专业性。最重要的是第三方评价机构可以为不同学校和地区的教师提供相对公平的评价标准，实现跨学校、跨地区的比较。这有助于推动教师师德师风建设的整体提升，形成良性竞争和学习借鉴的氛围。

　　师德评价是一个不断改进的过程。学校应该定期进行评价体系的评估和改进，根据评价结果的反馈和学校的实际情况，不断完善师德评价标准和流程，提高评价体系的有效性和科学性。

第五章
中小学师德失范行为
治理调查与分析

对于新生来说，教师具有无可怀疑的威信，教师是一切美好的化身和可资仿效的榜样。然而决定着儿童对教师的进一步关系的建立的还是教师的工作作风和他的人格品质。

——［苏］凯洛夫

当前我国中小学师德失范问题多从管理理论的视角进行研究，其特点是具有强制的约束力，管理者和被管理者在其中充当着相互对立的二元主体，两者之间是一种权力自上而下的运作过程；此外，由于该问题的敏感性，学者们多采取理论研究。而研究基于对现实师德失范行为处理问题的回应，采用实证研究的方法，了解问题现状，结合中小学管理模式的特点及制度特征，分析当前师德治理理念及方式，寻求建立多元主体参与、共商共治的师德失范行为治理长效机制，对丰富我国中小学师德失范问题的理论研究具有重要意义。因此，在通过文献分析总结现有理论研究的基础上，深入中小学一线进行调研，对当前中小学师德失范行为治理现状展开调查，为了解中小学教师对当前中小学师德失范行为治理的知晓情况、治理现状等，本章采用实证调研方式对中小学教师开展调查，可以有效了解当前中小学教师群体的师德失范行为成因及学校对该现象开展的治理活动。同时对部分中小学校长、教师、家长进行访谈，能够深入了解中小学教师师德失范行为发生的原因，通过对多主体的调查结果分析，探寻师德问题的症结所在，对症下药，提出更科学合理的治理对策。

一、基本情况

（一）调查对象

本次调查的对象包括中小学校长、教师、家长。校长是师德失范问题处理的主要决策者，对学校师德失范行为的处理过程和方式有全面的了解，教师是师德失范行为治理的对象及参与者，对师德失范现象及其产生原因和治理对策有直接的体会及认知；而家长是孩子教育的同行者，对教师的职业道德行为有高度关注，同时也是一些常见师德案件的当事人。因此，将中小学校长、教师、家长作为调查教师职业道德失范及其治理现状的对象，一方面，有利于关注不同利益主体的诉求，从不同主体的身上获取资料能够有效克服信息的不对称性；另一方面，教师对师德失范行为治理的看法具有较强的个人主观感受，难以如实完成问卷填写，只对教师进行问卷调查难以保证数据的信效度。因此，为了获取更加全面、真实的资料，另外选取部分校长、教师、家长作为访谈对象，对问卷中无法深入了解的问题进行访谈，旨在寻求各个主体对师德失范问题的独特见解。需要说明的是：虽然小学和初中属于两个不同层次的教育，但是从现实来看，小学和初中均属于义务教育阶段，中小学教师具有相同的职业道德行为规范，师德失范行为表现较为一致，因此本书的对象定位在小学和初中。

（二）调查设计

1. 问卷的编制

考虑到"师德失范"对于被调查者是一个敏感话题，填写问卷时被调查者会趋利避害，从而导致许多问题难以取证，为了使调查更接近实际情况，在问卷设计时尽量避免出现对个人职业道德评价的提问方式，降低被调查者的防范心理。

本问卷设计的问题主要分为五个部分：第一部分，被调查者的基本资料，包含性别、学段、教龄、职称；第二部分，了解当前中小学教师对相关文件的熟悉程度和学校对此开展了哪些学习活动；第三部分，关于当前中小学师德失范行为现状及突出表现的调查；第四部分，学校针对师德问题是否有相应的制度和治理过程中的参与主体；第五部分，调查当前师德失范行为治理的总体状况。

2. 访谈设计

根据访谈对象的不同，分别设计对校长、教师、家长的访谈提纲，从不同主体的视角了解师德治理问题，对调查问卷中难以了解的问题进行访谈，弥补问卷调查的不足。其中针对校长的访谈提纲设计 6 个问题，包含学校针对师德问题制定的政策、师德失范行为的处理程序和参与主体、政府部门在处理师德问题过程中发挥的职能。对教师的访谈提纲设计 8 个问题，包含对师德规范的熟悉程度、违反师德现状及突出表现、学校处理师德问题的程序、参与主体、处罚力度等，以及对"师德一票否决制"的看法等。对家长的访谈包含 6 个问题，主要分为师德现象调查、学校是否接受家长对师德失范行为的监督、如何看待师德失范行为、教师惩戒权、参与师德失范行为治理的意愿调查。

访谈对象包含校长 10 人，其中中学 5 人，小学 5 人；教师

30 人，中小学各 15 人；家长 20 人，中小学各 10 人。

二、中小学师德失范行为治理存在的问题

2019 年 9 月至 2019 年 11 月，笔者到海南省部分中小学进行了调研，在调研过程中，通过对中小学教师进行问卷调查以及对校长、教师、家长的深入访谈，获得了第一手的宝贵资料，并对资料进行整理、分析。其中总共发放调查问卷 230 份，收回有效问卷 222 份，小学 101 份，中学 121 份；按照访谈设计，访谈对象中校长、教师、家长分别为 10 名、30 名、20 名。本部分将从治理主体、治理对象、治理过程以及治理目标四个方面呈现当前中小学师德失范行为治理的实然状态。

（一）治理主体构成单一

通过调查发现，中小学师德失范行为治理过程中的参与主体主要为教育行政管理部门、校长和学校党组织负责人，涉及的参与组织有教代会，有些学校在重大问题或必要的时候会有其他主体参与。

表 5-1　师德失范行为治理过程中的参与主体

选项	小计	比例
A. 教育行政管理部门	156	70.27%
B. 学校管理者	200	90.09%
C. 教师	111	50%
D. 学生	57	25.68%
E. 学生家长	67	30.18%
本题有效填写人次	222	

如表 5-1 所示，根据问卷调查结果，有 50% 的调查对象认

为师德问题处理的参与主体有教师，而认为参与主体有家长和学生的调查对象占比分别为 30.18% 和 25.68%，说明当前中小学师德问题处理过程中教师、学生、家长参与不足，主体地位难以体现，并且通过交叉分析发现该结果在小学和初中阶段较为一致，如表 5-2 和图 5-1 所示：

表 5-2 小学和初中阶段师德失范行为治理过程的参与主体

	教育行政管理部门	学校管理者	教师	学生	学生家长	小计
小学	69（68.32%）	88（87.13%）	54（53.47%）	28（27.72%）	40（39.6%）	101
初中	87（71.9%）	112（92.56%）	57（47.11%）	29（23.97%）	27（22.31%）	121

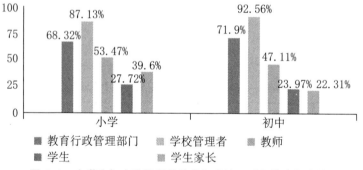

图 5-1 小学和初中阶段师德失范行为治理过程的参与主体

但是对于教师、学生和家长是当事主体还是其他主体，在问卷设计中并未区分，该问题在访谈调查中进一步完善。通过访谈发现，许多教师对学校师德治理的具体措施并不知晓，如 S 教师所述：

　　我们学校的师德问题处理主要由校委会负责，党支部书记为主要负责人，还会有中层正职干部参与，偶尔教代会也会参与，但是教代会并没有发挥太大作用，一般尊重领导决定。其他教师一般不参与，所以具体的过程不太了解；除涉事学生和家长外，其他学生和家长的参与更是少见。

　　根据 S 教师的描述我们可以看出，其所在学校的师德问题处理的决策权主要掌握在学校领导手中，教代会虽然偶尔参与，但依然以领导的决策为主，其他教师、学生和家长极少参与其中。但是，也有部分教师持有不同观点，如 L 教师的观点在该部分教师中较有代表性：

　　大部分师德问题都是直接举报至校长室，不然就由所在年级的年级长上报给学校，学校也有教工之家、教职工代表大会等教师组织，会专门召开会议反映问题并进行处理。针对不同的问题会有不同的参与者，一般情况下会有校长、德育副校长、教职工代表组成的教代会等主体参与，其中校长为主要负责人。而教代会在处理师德问题的过程中能够本着公平、公正的态度提出合理的建议，因为同为教师群体，一些具体的行为产生的原因以及产生的后果，预期发展的态势，教代会能够客观进行评判，并且也起到了适当的监督作用。

　　根据 L 教师的描述，虽然校长作为师德问题处理的主要负责人，但是教代会在处理过程中发挥了重要的作用，是参与师德问题处理的重要组织，而对于其他教师、学生和家长是否参与该过程并未提及。当然，也有少部分调查对象提出所在学校在师德问题处理过程中有其他教师和学生参与的情况，如 M 校长所述："如果发生较严重的师德失范行为，为保证处理结果的公正，会有教代会及其他教师和学生参与，其意见会成为最终处理结果的参考。"虽然该说法只有少部分被调查对象提及，但相对于前面所述，该做法更加完善，更能体现注重多主体参与的民主性。此外，访谈过程中还存在一种截然不同的观点，如W校长所述："对于师德失范问题，我们主要移交教育管理部门处理，学校会配合教育主管部门的工作。"在该处理模式下，教育行政管理部门作为师德问题处理的主要参与者，对处理的程序和结果有最终决策权，而学校只是为教育管理部门作出决策提供服务的主体，并没有真正参与师德失范行为治理过程的裁决，自主性丧失。

在对家长的访谈过程中，发现大部分家长不知道学校是否有公开的师德问题举报的渠道，并表示从来没有参与过学校师德治理相关的活动，不知道学校关于师德问题处理的程序。如A家长的说法在家长访谈中较有代表性：

我没有参与过学校的师德失范行为治理，所以不清楚学校对师德失范行为处罚的程序，平时也没有看到关于师德失范问题的举报渠道；我觉得我们家长跟学校联系比较多的还是孩子的学习情况和孩子在学校的表现。

从A家长的描述可以看出，学校跟家长之间的联系多为孩子的学习情况和在校表现，师德问题的处理，属于学校管理活动的范畴，不注重家长的参与，这导致家长缺乏对师德问题治理的认知。但是，有个别家长表示有参与过学校师德失范行为治理，主要是作为家委会成员或家长代表参与，如C家长所述：

我本人参与过学校的师德失范行为治理，具体情况是由于某位教师有违反职业道德行为表现，学校邀请家委会中家长代表集中到校长办公室开会，听取家长们的意见，但是意见有没有影响结果我就不知道了。

虽然目前家长的参与情况并不乐观，只有少部分家委会成员参与，普通的家长并没有在师德问题处理过程中发表意见的机会，但是在本次对家长的访谈中，笔者对家长参与师德失范行为治理的意愿进行了调查，大部分家长对此都持积极的态度，如前面提及的 A 家长虽然目前没有参与过师德失范行为的治理，但是明确表示："如果学校需要我们家长参与治理教师的失范行为，我愿意配合学校，希望能够尽量给孩子们一个好的教育环境。"可见，家长们参与师德失范行为治理的意愿较为积极。

从以上分析可以看出当前中小学师德失范行为治理过程中并不重视多元主体的参与，只有少部分学校将教师、学生和家长纳入参与师德问题治理的主体。教师、学生和家长都是师德问题中有直接利害关系的群体，应该给予各主体充分表达的机会，让多元主体来评价一个教师的师德，而不是由一个或几个主导者来决定。尤其在相关案件的处理中，要对各方的意见和证据平等对待。对于师德失范行为事实的认定，应该给予当事教师为自己辩护的权利，而不应被缺席、排斥在参与主体之外。不站在教师的角度看待师德问题，难免有失公正。并且当前师德治理主体主要有教育行政管理部门、校长和学校党组织负责人，相对这些主体，在师德治理过程中教师往往是弱者，容易成为被牺牲的对象，而学生和家长是教师直接接触的群体，对教师的师德水平有切身的体会，并且站在家长和学生的角度（不仅是当事学生和家长，也包括其他学生和家长），能够对教师进行更加公正合理的评价。而当前师德治理中教师、学生和家长的参与明显不足，多元主体的利益难以取得平衡，缺乏民主性。

（二）治理对象存在一刀切现象

通过对中小学校长和教师的访谈，发现当前中小学师德失范行为的治理对象存在一刀切现象，主要表现为两个方面：其一，对师德失范行为的性质没有分类；其二，注重行为的结果影响，忽略教师的行为动机。

通过访谈调查发现，师德问题处理主要依据国家或上级相关文件，主要为《教师法》和《中小学教师违反职业道德行为处理办法》等，如：当被问及在师德问题处理过程中是否有具体的行为定性标准时，L校长的说法较有代表性："学校没有出台具体的标准，目前针对该问题主要依据《中小学教师违反职业道德行为处理办法（2018年修订）》进行定性。"并且当问及教师行为定性问题时，许多教师表示并不清楚，认为行为最终如何定性主要由参与师德问题处理的主体来定，正如B教师和Q教师所说：

B教师："具体对行为性质分类不太清楚，一般出现师德失范问题，学校会结合国家出台的文件和当地的一些具体要求进行判定，也要结合失范行为造成的后果的严重程度，这个要根据事态的严重性和文件中的具体要求而定，具体的参与人比较清楚。"

Q教师："不太清楚，貌似没见过关于师德失范行为具体的分类定性标准，开会宣布处罚决定一般都是提到根据《中华人民共和国教师法》和《中小学教师违反职业道德行为处理办法》。"

虽然被访谈的校长和教师都提到了相关的文件依据，但是文件中并没有涉及师德失范行为的定性标准，并且其含糊不清的陈述明显感觉对行为性质的分类问题不了解；根据问卷调查结果，如表5-3所示：222名被调查的中小学教师中，47.75%的教师认为目前中小学师德失范问题处理过程长官意志突出，处理比较随意；还有19.37%的教师对该说法保持中立态度，既不赞同也不反对。可见目前师德失范行为治理遵循民主、正义的特征事实上并不被认同，而行为性质的判定易受决策者的主观意志影响。

表5-3　教师对师德失范行为治理过程中长官意志突出的看法

选项	小计	比例
A. 完全赞同	36	16.22%
B. 比较赞同	70	31.53%
C. 既不赞同也不太反对	43	19.37%
D. 不太赞同	45	20.27%
E. 完全不赞同	28	12.61%
本题有效填写人次	222	

根据B教师的陈述，行为造成的后果也是行为判定的重要因素，并且还有部分校长和教师当被问及师德失范行为性质的判定时表达了类似说法，如"行为造成的影响是最直观的，是衡量师德失范行为轻重程度的可靠依据""一般情况下，失范行为的后果会是判定行为的决定性因素，因为人们潜意识里认为只有这么做对受害的一方才是公平的"。通过访谈结果的呈现可以获得一个事实，在对师德失范行为判定时，人们更关注行为的后果，认为根据行为的后果来判定行为的性质更客观、公平。然而，人们忽略了不好的行为后果可能伴随着向善的行为动机，虽然两者不能相互抵消，但是行为动机是出发点，即使"好心"办"错事"，我们也不能因为"错事"而否定了"好心"，否

则，才是真正有失客观、公平，不利于维护社会良知。因此，师德失范行为的定性只看到行为后果，不考虑行为动机，会导致行为面临一刀切现象。

（三）治理过程缺乏程序正义

一套公正、平等、公开的师德失范行为处理程序内容包括：启动违反师德行为的调查程序、违反师德行为处理的步骤、文件标准、操作流程、实施主体等。[1]但根据调查结果，当前师德问题处理并没有明确的程序和标准等，存在较大的随意性，比如，当被问及"当前对于师德失范行为处理的最大问题是制度不完善导致处理比较随意、长官意志突出，甚至看人下菜碟"时，根据表5-3的结果：222名被调查教师中有36人表示完全赞同，70人表示比较赞同，两项占比接近50%，并且有43人保持中立，既不赞同也不反对，占比19.37%；不赞同该说法的人大概只有30%。而在访谈过程中，大部分中小学教师对学校师德问题的处理程序并不清楚，当被问及所在学校的师德问题处理程序时，被访谈的教师都只是描述了通常情况，更像是一般情况下教师出现违反职业道德行为时是如何处理的，而不是教师所在学校处理师德问题的具体程序。如J教师的描述如下：

学校的处理程序不是很清楚，这个问题应该访谈校长。但是一般情况下是先约谈教师本人，然后对所在班级学生以及任课教师和家长群体进行抽样谈话，不能冤枉教师，不能因为一件小事就否定教师的付出，影响教师的积极性，最后将实际情况形成文字报告，作为佐证为作出最终处理决定提供参考，如果情节严重的，要向上级教育局上报。

---

[1] 程红艳、陈银河：《超越纵容默许与重拳出击：师德失范行为治理的对策研究》，载《中国教育学刊》2019年第2期，第64~69页。

　　根据 J 教师的描述可以看出，虽然教师对学校治理师德问题的程序不太清楚，但是也强调了在处理违反师德问题时应该要听取多元主体的意见，调查全面，不能冤枉教师，更不能因为一点错误而给予教师过重的处罚。

　　而进一步通过对校长的访谈发现，各个学校的师德处理程序有所差异，虽然大致流程都是：调查取证、核实情况→给予处分→告知被调查教师→不满意可以申诉；但是各个学校采取的做法有所不同，有的学校会在调查取证、核实情况之后将结果告知被调查教师，听其解释和申辩，对教师提出的事实及佐证材料进行复核，根据核实情况决定给予何种处分或者免予处分；最后将结果告知被调查教师，如果被调查教师对结果不满意可以进行申诉。如 L 校长陈述：

　　根据人事管理权限，我校在处理师德失范问题时首先对案件的相关情况进行调查取证，及时整理相关证据资料，形成完整的调查报告；然后将调查情况及拟定的处分告知被调查教师，教师可以对其行为解释说明，并提供佐证材料，如果被调查的教师提出的事实、证据成立，应予采信，纳入参考依据，最后给予处分或免予处分的决定。如果教师对处理结果不满意可以向学校或上级部门提出申诉。

　　从 L 校长的陈述中，我们可以看出该校处理师德问题的流程步骤比较规范，但是，该过程依据的文件标准和实施主体并不明确，易导致固定的流程可能会产生多重标准，使结果缺乏公平正义。还有一部分学校在师德问题的处理过程中不仅没有明确的文件标准和实施主体，流程也存在较为随意的嫌疑，比如在该过程中并没有听取被调查教师的申辩，只是将最后结果告知被调查教师；并认为一些较轻的处罚不需要征求教代会意见，而只是高层领导根据提交的调查结果决定给予何种处分，如 M 校长在谈及学校处理师德问题的程序时陈述如下：

对学校有严重违反师德师风行为及重大问题的教职员工，核实相关情况，由学校考核领导小组统一处理意见；如果是重大违纪行为，结果还需要经教代会通过；最终结果由学校办公室公示，公示无异议之后上报教育局审核；如果教师对处理结果不满意可以申诉。

根据 M 校长的描述，可知该校针对师德失范行为的最终处理结果需经过教育行政管理部门审核，说明该地区教育行政管理部门对处理结果有最终的审核权限。然而，还有校长认为学校没有给予最终处分的权利，而只是负责核实相关情况，向教育行政管理部门提交调查结果及建议处分，最终处分由教育行政管理部门决定。如 C 校长表明：

我们学校并没有人事权，所以教师违反职业道德行为的处罚一般由教育局决定，学校只是协助调查、核实情况之后给出建议的处分，但这只能成为参考依据。

另外，某中学 A 校长提出，自己所管理的学校出台了《学校教职工违规违纪处理办法》，其中列举了 72 种违规违纪行为及相应的处分，如果学校出现师德失范的教师，学校将依据该处理办法给予相应的处分。

我校有相应的教师违规违纪行为处理办法，每一个违反职业道德规范行为会受到什么样的处罚很明确，并且是由全校教职工共同制定的，因此一般情况下按照该办法给予处罚老师们也服气。如：依据《学校教职工违规违纪处理办法》，对教职工违纪违规情况分别予以不同的处理。不提前 3 分钟组织学生进教室候课等 72 种行为，学校将对该教职工进行提醒告知；教师没有备课、无教案上课或不批改学生作业，或不履行教学职责等 63 种行为，记工作失误处理，学校将对该教职工进行谈心谈话；学校领导有如学校工作计划不完成等 14 种行为，直接由校长对其进行诫勉谈话；教职工不履行请假手续或一学期无故不参加会议 5 次以上等 16 种行为，认定师德师风存在严重问题，学校将对其进行全校通报，情节严重的将上报主管部门（教育局）；教职工没有通过正常途径解决问题，参与罢工、罢课、罢会，扰乱学校正常的教学秩序等 14 种行为，给予相应的行政处分，教职工在受处分期间，不得参与评优评先、晋升专业技术职务，不得晋升行政职务和工资级别。

由此可见，该校针对师德问题制定了专门的制度，将教师日常可能出现的违规违纪行为进行了罗列及分类，每一类行为有相应的处分。虽然 A 校长没有提及具体的行为认定过程，但该制度的细化使得每位教师能够对标自己的行为，并意识到如果违反职业道德规范将面临的处罚，把公开的处罚制度作为师德失范行为处理结果的标准，一定程度上保障了处理程序的公平正义。

通过对调查结果的分析，发现教师群体对师德失范行为处理的具体程序并不清楚，在访谈中只是说明了自己对该问题的认知情况，而非实际情况；但在问卷调查中，大部分教师对当前中小学师德失范行为治理过程中的公平及正义怀有消极心态，认为当前治理过程中长官意志表现突出、个人主观性强。通过进一步对校长访谈发现，大部分校长都清楚介绍了学校处理师德失范行为事项的流程，但其中的参与主体、文件依据并没有明确，或者有的学校出台了相应的制度，但是却忽略了具体的行为认定过程，导致师德问题的处理按照固定的流程或模式生搬硬套，忽略行为后果与行为之间实际的因果联系。并且容易将行为后果作为处罚轻重的唯一依据，没有考虑行为发生的动机、行为发生时的情境以及行为发生的频次等多种因素；以管理者的视角看待问题，只看到行为本身及其造成的后果，而看不到行为背后的原因，教师行为动机是否为善，不能凭一个或几个决策者的主观看法而定，也不是光听当事学生和教师的说辞，还要向旁观学生和其他教师调查取证作为依据，使师德问题处理的程序公平、公正。此外，教师职业特性使得师德失范问题的处理更加多元复杂，比如"太阳底下最光辉的职业""蜡炬成灰泪始干"等是用来歌颂教师职业的伟大和无私奉献精神，当教师出现师德失范行为时，如何做到不因为教师的奉献而包容袒护、如何做到不因为处罚教师而伤害广大教师的职业情感，这要求建立一套公正、平等、公开的处理违反师德问题的完善程序；而此次调查结果表明，当前师德问题的处理程序存在许多不足，有待完善。

（四）治理目标缺乏人性化

师德失范行为的治理只是一种手段，其结果是试图对违反教师职业道德的行为进行矫正，提升总体的师德水平。目前，师德失范行为的治理主要以消极的防范与规范为主，注重通过事后处罚来打击教师的不道德行为，强调他律对行为的制约作用，其特征是成本低、见效快，从而忽视了道德自律的潜在性和长效性。而滋生该问题的根源是治理目标缺乏人性化，主要体现为两个方面：一方面，缺少"友情提醒式"的预警机制；很多时候师德失范行为的出现不是一天两天而是长期潜伏在教育教学中，并且可以通过某种方式辨别、识别出来，对于师德失范行为的治理，管理者可以通过某种方式寻找踪迹，对存在问题的教师提前干预与指导，防止教师出现无法弥补的错误。另一方面，惩罚教师后，缺少对教师的人文关怀和心理疏导；一般来说，教师遭到惩罚之后被排斥现象比较严重，需要及时地疏导和关怀，从而促进教师的职业成长。

2012 年 8 月，国务院《关于加强教师队伍建设的意见》指出："对教师实行师德表现一票否决制……健全教师考核评价制度……探索实行学校、学生、教师和社会等多方参与的评价办法。"后来，"师德一票否决制"逐步被提倡用于教师考核评价中。就此笔者对中小学教师和校长进行了访谈，访谈的主要问题是：如何看待"师德一票否决制"？结合实际谈谈当前师德治理的目标？现将部分访谈者的较有代表性的回答整理并呈现。

Q 教师：教师有违反职业道德行为可以处罚、处分，但是因为一件事情否定一个人有点过了；处罚之后应该要给予教师改过自新的机会，观察后期改善及表现。当前师德治理的目标我认为更关注师德的总体水平，注重通过惩罚机制来规范师德行为，而对于教师个体的关注极少。

B 教师："师德一票否决制"没有问题，关键是如何理解其中的"师德"，上好课也是教师最重要的师德。有些师德失范行为的界定存在较大的主观性，比如：歧视学生、对待学生不公平等，因此，"师德一票否决制"要看实际情况而定，轻微的师德问题应该以正向倡导、批评教育为主。这也体现了当前师德治理目标存在的问题，注重事后处罚，忽视了教师的职业幸福感的培养。

F 教师：师德问题是底线和红线，如若调查清楚确实存在师德问题，不得姑息，实行一票否决制；但要严格定义师德问题，不能任何错误都与师德挂钩，拿师德对老师进行道德绑架。当前师德治理主要表现为两个方面：第一，对出现师德问题的教师进行处罚；第二，对师德问题的防范，表现为学习、宣传相关的文件。我认为对师德问题的防范还应该抓一些典型的案例在教工大会上进行具体的分析，让教师职业道德失范问题深入人心，并对标自己的行为，起到一种预警作用。

L校长："一票否决制"给出了教师行为不良、品行不端的界限、尺码，把一些原来模糊、回避、没有涉及的师德师风问题明明白白划出底线、红线，谁触碰否决谁，对违反师德行为敢于举旗亮剑，给大多数优秀教师营造良好的师德环境，让校园风气清朗起来。当前师德治理的目标我觉得缺少了对教师个体的关注，教师比其他职业承担更高的职业道德要求，违反师德行为必然要受到处罚，但是我认为处罚之后还应该给予教师成长的关注。另外，好的师德治理更应该注重师德失范行为的预防机制，将行为遏制在发生之前。

通过访谈，获得以下事实：其一，受访者认为"师德一票否决制"没有问题，但是大部分受访者认为其中的"师德"应该严格定义，不能让教师因此受到过分处罚；其二，当前中小学师德失范行为治理主要是行为发生后的惩罚，注重通过惩罚来规范教师的行为，而对于整个教师行业来说有杀鸡儆猴之意，另外，空洞的理论学习，缺少对教师职业道德行为的有效指导和培养。总之，在受访者看来，如果教师存在违反职业道德行为，有必要对其进行惩罚，但是，惩罚的同时不能忽略了对教师作为普通个体的关注。

应当看到，近年来，随着师德建设工作的逐步完善，其中教师的权益逐步被重视，这是可喜的进步。但由于缺乏有效的保障机制，许多教师认为自己的权益面临诸多挑战，比如："教育惩戒有名无实，因为很多老师担心自己以为是正常的教育惩戒，一旦成了变相体罚学生，会面临来自多方的指责，导致名誉、地位受损。"在师德失范行为治理的实践中，更多的是考虑如何惩罚教师，通过最直接、最高效的方式处理师德失范行为，保障总体师德水平；而对于如何制止失范行为的发生和惩罚后对教师的关怀缺少关注，学校是教师成长的职业与生活空间，这种简单粗暴的处理方式不利于教师的职业成长，会影响教师的职业幸福感，这呈现出了当前中小学师德失范行为治理目标中缺乏人性化的特征。

三、中小学师德失范行为治理问题归因分析

如前所述，虽然中小学师德行为在有关规范和制度的指导及约束下有所改善，但师德失范行为治理仍存在诸多问题。具体表现有：治理主体构成单一、治理对象存在一刀切现象、治理程序缺乏程序正义、治理目标缺乏人性化等。本部分追根溯源，进一步探寻中小学师德失范行为治理问题产生的原因。

（一）权威取向的科层模式致使治理低效

科层治理模式以马克斯·韦伯的官僚制理论（科层制）和伍德罗·威尔逊的"政治—行政"二分法为理论基础，是一种自上而下的职位层级，以规则制约为主的治理模式，科层制的权威取向形成严密的上下级关系，目的是保证下级对上级命令的服从。20世纪后期，随着公共环境的变化，科层治理模式难以适应人们对民主政治的需求，受到了其他治理模式的挑战。[1]

当前，我国的行政管理体制以科层模式为主，政策是自上而下地传达和执行的，作为底层的教师在组织中主要是服从角色。这种模式有利于提高决策执行的效率，并且能够使各层级

---

〔1〕 张旦生：《中小学师德失范治理政策的合法性研究》，西南大学2016年硕士学位论文。

之间遵循统一的标准和要求，能够较好地控制和应对危机。科层管理模式下教育管理者和教师之间属于管理与被管理的关系，缺乏有效的对话，该模式下制度一般由管理者制定，教师作为利益相关者参与不足，不能确保其利益表达的机会，容易导致教师把制度看作管理者强加于己的东西。而对师德问题采取科层组织自上而下的解决办法，决定权掌握在管理者手里，教师往往属于弱势的一方，管理者的决策偏向整体利益，以大局为重，把教师的个人利益放在次要地位，因此在决策中管理者往往会"顾全大局"而牺牲教师的个人利益。这容易导致管理者和教师之间的对立，使双方产生冲突。

此外，传统的科层管理模式下权力下放受限，政府对学校管得太多，管得太严，过多的行政干预抑制了学校办学的活力，同时也致使学校在师德失范治理过程中缺乏理性的主动作为。虽然师德问题看似是由学校负责处理，但在调查过程中发现，很多校长和教师表示最后的决定权在教育行政管理部门，如："政府或教育主管部门在处理师德问题时必须发挥最后裁决权，因为目前学校没有人事权。"并且学校要以教育行政管理部门或政府部门的意见为准，权威的层级"对话"导致学校在处理师德问题过程中的自主权缺失，甚至使得即使有其他主体的参与也没有实际意义。如当前某些学校管理者出于对个人私利或学校声誉考虑，即使发现个别教师存在或可能存在体罚或变相体罚学生等问题，也装作毫不知情，或者推诿隐瞒。中小学师德问题频频暴露且屡禁不止的事实告诉我们，把教师违反职业道德的问题简单地归责于教师个体或学校管理者个人，一味地通过制定规范加强规制，并不能从根本上解决问题。当前的科层管理模式已经使政府面临失灵状态、使学校办学自主权丧失、教师认同度不高，如果一味地固守这种模式容易造成人们对政府治理能力的怀疑，使教师对公权力失去信心，导致中小学师德失范行为治理陷入困境。因此，我们应当探索师德失范行为治理低效的体制性因素，改革治理模式，努力创建有利于教师道德成长的体制环境。

（二）制度受工具理性的支配

道德归根结底是由外部的环境和制度决定的。环境在潜移默化地影响着人的观念和行为，而制度对人们行为有规范和约束的作用。

制度的好坏具有价值理性和工具理性两个衡量维度，前者更关注制度的正义性、公平性等，强调对价值的保护。而后者是通过实践来检验工具或手段的效用性，注重的是高效率以及事务最大功效，从而实现为人的某种功利服务。受工具理性的影响，当前中小学师德失范行为治理领域的某些制度已经沦为治理工具和手段，缺乏内在的价值追求。这导致师德失范行为在治理理念上缺乏对行为的准确定性，在治理过程中缺乏程序正义。

一方面，一些教育管理者在工具理性的驱使下，抱着某种功利性的目的，打着"快速提升师德建设水平，培养师德高尚的师资队伍"的旗号，以及本着严格执行"师德一票否决制"的态度，不惜牺牲教师的正当权益。将教师当作治理的对象和客体，没有深入分析作为"人"的教师在不同情境下的行为复杂性，没有考虑行为的类型和行为动机，只是简单地套用制度。《教师法》第37条规定："教师有下列情形之一的，由所在学校、其他教育机构或者教育行政部门给予行政处分或者解聘：（一）故意不完成教育教学任务给教育教学工作造成损失的；（二）体罚学生，经教育不改的；（三）品行不良、侮辱学生，影响恶劣的……"从该条文可以看出，在对师德失范行为定性时,行为后果和行为动机都应该成为重要的参考因素,并且为了避免在执行中损害教师的权益,在行文表述上留有许多余地。此后,《中小学教师违反职业道德行为处理办法》提到,给予教师处分时,"应当与其违反职业道德行为的性质、情节、危害程度相适应……应当……定性准确、处理恰当"。这表明在师德失范行为治理中要对行为进行分类,并结合行为的情节、后果等多种因素综合考虑。但是,《教师法》和《中小学教师违反职业道德行为处理办法》是基于国家层面提出的有关师德的条款及办法,目的在于宏观指导及调控,对于如何区分师德失范行为的性质并未作出明确界定。因此,在执行过程中,在没有具体定性标准的指导下,执行者易受功利主义的影响,注重追求师德失范行为治理的效率和效能,从而导致对师德失范行为性质的判定忽视对内在价值的保护,难以对行为准确定性。

另一方面,为了追求效率,师德问题的处理过分注重"正确的结果",不惜违背合理的程序,结果固然重要,但是对师德问题处理过程的公平正义的追求才是最终的目标,如保护个人尊严、注重参与、决策公开透明等;我们不能为了产生正确的结果而忽略了程序正义。正如我国学者季卫东所言:"从逻辑上说,不正确的程序必然导致不合理的结果,即使出现看似合理的结局那也只能归功于决策者偶然的灵光一现,但其进一步的结果则是更加助长了对合理程序的忽视,同时也使对结果合理性的评价缺少了一个重要的参照。"[1]如山东某中学杨老师体罚学生的案例:

2019年4月29日,山东某中学九年级学生李某和王某两位学生上课期间私自逃课到操场玩耍,被班主任杨老师叫回,为

---

〔1〕 季卫东:《法治秩序的建构》,中国政法大学出版社1999年版,第3页。

了以示惩戒，杨老师用课本抽打了他们几下。对此，学生家长
非常不满，多次上访学校，要求开除杨老师。5月5日，杨老师
因此被学校停职一个月、向当事学生和家长赔礼道歉、向学校
书面检查、承担诊疗费、取消评优、师德考核不及格、党内警
告、行政记过。6月份中考结束后，两学生分数过低，无法进入
当地重点高中，于是家长再次向县教体局举报，并采用了一些
常见的校闹手段，并要求低分保送至县重点高中。县教体局再
次升级处罚。7月2日，县教体局追加处罚：①扣发杨老师2019
年5月至2020年4月奖励性绩效工资；②责成该学校2019新学
年不再与杨老师签订《山东省事业单位聘用合同》；③将杨老师
自2019年7月纳入该县信用信息评价系统"黑名单"。后来迫
于舆论的压力，2019年7月28日，该县人民政府网站发布信
息，称7月23日，教体局已撤销追加处理决定，并根据杨老师
的个人意愿，已将其从原来的学校调往县一中。

（杨老师曾被校方和教体局树为"省艺术教育先进个人、市
优秀班主任、县优秀教师、巾帼岗位明星"的教育典范。）

不可否认，杨老师体罚学生确实违反了中小学教师职业道
德规范，但是，教育行政管理部门在工具理性思维的驱使下，
为了照顾家长的情绪以及平息行为造成的影响，竟采取如此简
单粗暴的方式断送一位教师的职业生涯，让教师在道德、人格
上接受不应有的歧视，并且面对家长的无理取闹，依然听从家
长的诉求反复修改对杨老师的处理结果，这不仅对杨老师来说
不公平，更是伤害了广大教师的职业情感。显然，这种忽略对
价值保护追求效率的管理思维，易导致师德失范行为的治理重
结果轻过程，相关利益主体在师德问题处理过程中的参与权、
话语权没有充分体现，甚至有些教师和学生的参与还是被安排
出场，按照管理者预设的答案来回答，从而产生正确的结果。

此外，政府部门对决策的监督通常是在问题出现之后，缺少事中监督，导致师德问题处理过程的严谨性不足，主观随意性强。究其原因，这些问题来源于行政管理中工具理性的强势和价值理性的缺失，易导致师德问题治理的程序不透明、不民主，缺乏正义。

（三）教师同行自治组织发育不良

在上文中，调查结果呈现出当前治理主体构成单一的实然状态，中小学教师在师德失范行为治理过程中的参与情况并不乐观。教师作为当事人或利益相关者，在师德失范问题治理中缺位的原因较为复杂，一方面是由于管理体制不完善，如缺乏保障教师参与的制度，官僚主义突出，或者有意拒绝教师参与等；另一方面是教师个人的原因，比如部分教师对参与师德失范行为治理持漠不关心、容忍的态度，只要是不涉及自己的利益纠葛，便选择敬而远之。

对此，通过对中小学教师访谈笔者了解到，大部分教师参与师德失范行为治理的积极性不高，以及教师的参与不被重视的最主要原因是教师群体的力量薄弱，没有健全的组织，不能为教师群体发出"有组织的声音"，不具备与教育管理者公平博弈的条件。正如某中学 B 教师陈述：

　　其实现在的教师压力很大，不仅要做好教书育人的本职工作，还要面临各种监督和考核。比如：我们的一言一行都要受到学校、家长甚至社会大众的监督和评价，如果他们不满意，我们的师德考核可能就会受影响；此外，我们还要接受政府和学校的各种检查、考核，如果稍有差错就会被扣分。就算书教得再好，也有可能"师德一票否决"，所以（面对师德考核）不敢懈怠。即使我们觉得自己的付出不被理解、正当权益受到不公正的对待，也没有别的选择，只能承受，因为只靠我个人或者我们几个人的力量没有办法改变这种现状。

中小学教师是肩负着教书育人职责的专业人员，具有相同的职业特征，教师群体必然有着相对一致的利益诉求。所以，为了维护中小学教师的合法权益，充分保障教师诉求表达的机会，应当建立能够代表教师群体发声的同行自治组织。当前，我国各地有教育工会、教师协会等，学校有教职工代表大会，但在师德失范行为治理中这些组织并未有效发挥作用。教师同行自治组织应当具有与其承担的事务相应的知识与能力，并能够得到官方授权独立完成事务。从整体来看，我国教师同行自治组织的建立是为了服务于某种组织，具有较强的依附性，难以独立完成事务，同时具有明显的官办性和对政府的依赖性，角色定位和职责划分比较模糊，发挥的作用非常有限，难以承担替教师群体代言、维护教师合法权益的重任。

（四）禁令没有配以相应的处理办法

回顾我国对师德提出的要求，我们发现一个问题是只重视划一理想的标准，我们用理想的教师职业道德标准要求所有的教师，而且我们谈师德，往往容易用崇高的师德要求所有老师。另一个问题是重视职业的简约要求，忽略细致入微的规定。1991年制定的《中小学教师职业道德规范》（以下简称《规范》）是简约的，仅有 6 条 238 个字。1997 年的版本由 6 条增加至 8 条，改成 596 个字。简约虽然容易被记住，但仍有弊端：一是粗略，不能对具体的师德规范进行细化，只是大致的规定，不利于人们对统一道德标准的理解，例如，何谓"教书育人"，这是一个很模糊的词汇；二是遗漏，有些必要的规定没有被包含其中，例如，如何对待学生集体问题等。《规范》的许多内容是《教师法》等法律法规相关条文的具体化。但《规范》不是强制性的法律，而是教师行业的纪律，是倡导性的要求，但同时具有广泛性、针对性和现实性。《规范》中的"禁行规定"是针对当前教师职业行为中存在的共性问题和突出问题，也是社会反应比较强烈的问题而提出的，如禁止体罚或变相体罚学生、不得组织有偿补课等，但"禁行规定"也并不能包含教师职业行为中可能涉及的所有问题。而是分阶段提出一些阶段性的、可操作的、具体化的要求，能够使学校和教师在教育教学过程中有章可循，规范教师职业行为，提升教师职业道德水平。直至 2014 年，教育部颁布《中小学教师违反职业道德行为处理办法》，并于 2018 年修订，首次通过专门明令禁止教师的违反职业道德行为，其中列举了 10 条中小学教师违反职业道德行为，及违反师德行为的处理办法，使中小学师德问题的治理有法可依。

没有一种规范可以覆盖所有可能发生的事件，对于教师来说，教育实践总是具有个体性的。教师的道德行为可能是一种即时的决策反应，也可能是过去经验累积、反思的结果。[1]而师德禁令应该要有帮助教师明确自身行为的准则和边界，在"可为"和"不可为"之间作出正确抉择，同时也能激励教师在职业化和专业化的道路上更好成长。当前，不仅教育部门对中小学教师行为规范有规定，每个学校也有校规，但是，它们的共性是都停留在规范和禁令层面，只是禁止了教师在教学活动中一些违背教师职业道德的行为，以及对教师的行为提出规范性要求，然而，对于教学活动中的许多突发状况、面对破坏正常教学秩序的学生，教师应该采取哪些行为应对，才能做到既有利于教学活动的开展又能不违背职业道德规范，禁令中并没有涉及。所以，通常都是由教师临场把握，教师当时的情绪状态以及一贯的教学管理风格会影响处置手段的选择。尤其是

---

〔1〕 朱水萍、尹建军：《师德违规行为惩处的国际经验及启示》，载《河北师范大学学报（教育科学版）》2019 年第 6 期，第 64~71 页。

情绪不好的时候，教师对违规学生的惩罚很难摆脱教师宣泄不良情绪的痕迹。为了使教师在合理且可行的范围内处理各项事务，使师生和家长不仅知道行为规范，也明白影响教学活动将承担的后果，教育主管部门或学校应该针对禁令提供相应的处理方法，并明确违反禁令的后果。有了对具体后果的预知，在一定程度上可以减少教师的随意性、学生的对抗性和家长的无理取闹。比如体罚和变相体罚，老师采取的体罚方式、学生的接受性和家长维权时的随意性都与禁令不明有关。因此，禁令没有配以相应的处理办法，导致师德问题的处理缺乏理性的指导，是当前师德治理难以令人信服的重要原因。

　　综上所述，当前中小学师德失范行为治理存在低效问题，主要是因为过度依赖行政权力而导致成本高、效果不佳。为提升治理长效性，应建立多元主体共治模式，包括学校、教师、家长、学生及政府等参与协商治理。同时，成立教师同行自治组织，让教师自主参与师德规范制定，增强道德自律。建立法律顾问制度，保障法律顾问发挥作用，处理师德问题的合法合规性。转变政府职能，合理配置权力，政府服务和监督学校治理，引导共治共建。这些措施将有助于改进中小学师德失范行为治理，提升教师职业道德与学校治理水平。

第三部分
师德治理的现实困境与应对策略

　　时代变迁中，教育面临着多方面的挑战，其中包括信息技术的迅速发展、社会多元化的加剧、学生需求的不断演变等。这些挑战直接影响中小学教育中师德治理的难点和复杂性。通过第二部分对师德治理主要内容的调查与分析，发现影响师德治理的因素有很多，但教师、学生、家长这三个主体是影响师德治理最为关键的核心因素。本部分将基于教师权益、学生行为、家长参与这三个角度着重探讨这三因素对师德治理的主要影响、现实困境以及应对策略，尝试应对各主体在师德治理方面存在的独立问题，同时促进各方协同合作，共同为提高教育质量和培养学生成才而努力。

第六章

教师权益与师德治理

　　正义是社会制度的首要价值，正像真理是思想的首要价值一样。

　　　　　　　　　　　　　　　　　——［美］约翰·罗尔斯

　　教师职业不仅具有专业性，而且还具有公务性。劳凯声指出，现代学校教育是由国家举办、管理、监督的公共事业，教师根据法律规定实施教育活动，执行的是国家的教育公务，因而教师职业具有公务性。[1]专业性追求专业自决，维护专业权威，而公务性倡导公开交流，保障公共利益。这两者之间，常常存在一定的冲突，但是在一个完满的教师职业理念里，这两者的矛盾必须得到合理权衡和协调。"国家若要合理规范教师职业，必须通过立法对教师职业的自主性与公共性的冲突加以适当解决与协调，才能达到较为合理的状态。"[2]通过调研笔者发现，源自权责不清晰与法律规范的模糊性、权益保障缺失与体

---

　　〔1〕 劳凯声：《教师职业的专业性和教师的专业权力》，载《教育研究》2008年第2期，第7~14页。

　　〔2〕 余雅风：《从教师职业的公共性看教师的权利及其界限》，载《教师教育研究》2006年第3期，第52~56页。

制机制的不完善、绩效评估压力与职业倦怠、职业发展机会不均与竞争压力、社会舆论与职业形象等方面的桎梏是师德治理在教师方面所需突破的主体困境。这些影响究其根本是教师在权益保障上存在模糊性，使得教师在职业实践中难以找到平衡点，影响其专业发展和师德履行。

一、师德治理过程中的教师权益困境

在师德治理的过程中，教师的权益面临着一系列主体困境，这主要源于权责不清晰、法律规范的模糊性、权益保障缺失以及体制机制的不完善。这些问题直接影响着教师在职业实践中的专业发展和师德履行，进而影响着整个师德治理的效果。

（一）权责不分明与法律规范的模糊不清

权责不清晰和法律规范的模糊性是教师师德治理中的重要问题。在一些情况下，教师的职责和权利并不明确，导致在具体工作中难以界定职责范围和权力边界，导致滥用权力、责任推卸等不良现象，同时法规的概括性和时效性不足，加大了教育管理的复杂度。如下述案例：

案例一： 安徽宿州市萧县教体局下发通知称，因部分学校供应的学生牛奶疑似存在安全隐患，经检测合格后恢复供奶，要求班主任提前一小时试喝，以确保学生饮用安全。22 日下午，萧县网宣办官微发布通报称，目前该项工作并未执行，已及时撤销通知决定，已停止学生牛奶的供应。教师试吃事件凸显了教育管理中权责关系的混淆，起初是为了确保学生饮食安全而推行的试吃制度，在执行过程中出现了问题。通知要求班主任提前一小时试喝学生牛奶，超越了班主任的职责边界，使其感到职业尊严受损。

案例二： 湖南湘西州永顺县桃子溪学校 25 岁女教师李某田

在公众号"山花诗田"发布一篇题为《一群正被毁掉的乡村孩子》，文中写到"而我，只想为那群乡村孩子说些话，只想挽留身为教师的一丝尊严，只想在这个浮华的时代，保留最后的理想情怀。长话短说，愿我的真诚发言，不会把我推向黑夜；愿我明天醒来，还能看见光明……大晚上开紧急会议，不是探讨孩子教育，竟是商量如何扫地，通过检查。说实话，学校天天扫，真有那么脏吗？自开学来干旱缺水，最后得出的办法是让学生用抹布一点点擦地板……为什么要把那么多时间耗费在扫地上？因为你们要来光顾学校——所谓的上级领导。区检、县检、州检、省检、国检接踵而来，班主任大清早带学生扫地，其他老师忙着准备迎检资料，或要完成上级布置的各类表册"。

以上案例直接反映了教育管理中存在的权责不清晰和法律规范模糊性问题。案例一中，教体局试图通过让班主任试喝学生牛奶的方式确保学生饮用安全，但这一做法却让班主任感到职业尊严受损。这表明在管理层面，权责关系混淆，决策执行缺乏合理性和明确性。有效的管理制度需要在确保学生权益的同时，保障教师的合法权利，促进校园内部的和谐与秩序。因此，有必要制定清晰的管理制度，确保管理决策在合法、合理、透明的框架内运行，保护教师的职业尊严。案例二中，学校因迎检而进行大规模的扫地行动，使得教师们忙于应对检查任务，而非专注于真正的教育教学工作。应注意细化健全相关配套制度，用政策法规的形式对教师的工作职责与时间进行清晰界定，以此保障教师的合法工作权利与健康工作环境。

因此，针对权责不清晰与法律规范模糊性的问题，教育管理部门和政策制定者需要明确和细化教师的职责和权利，通过立法或修订现有法规来增强其适用性和指导性。同时，教育部门应加强教师职业权益的保护和体制机制建设，为教师提供一个公平、公正、有利于专业成长的工作环境。这些措施有利于在根本上改善师德治理中的问题，促进教育事业的健康发展。

（二）程序正义缺失与教师权益保障不足

程序正义又被视为"看得见的正义"，是指在行使正义的过程中遵从法律的规范[1]。当前中小学教师违反职业道德行为的惩罚过程存在不透明、缺乏民主性、长官意志突出等特点。特别是在网络信息时代，教师的行为过失或过错，很容易被过度放大，教育管理者迫于舆论压力，很难保持理性客观的态度，一旦舆论发酵，事态扩大，教师往往成为弱势群体，许多教育管理者采取的策略是"弃卒保车"，牺牲教师保住学校的形象。因而，教师往往难以得到公正的评判。如下：

北京某小学美术教师 A 被校长提醒，班级纪律有点乱。她挑选了其中一位特别调皮的孩子，将他带到学校的地下室，告诉他说："不听话，就要待在地下室里，以后听话吗？"孩子答应听话，A 老师将其带回教室。晚上，校长接到孩子父母的电话，投诉 A 教师体罚孩子。A 教师多次申诉并未体罚孩子，但家长并不罢休。校长无奈，借合同到期之际解聘了 A 教师，尽管 A 教师是一位负责的好老师。合适的美术教师并不容易很快找到，学校上美术课只能依靠实习生勉强凑合。

同时，教师作为被评价者，往往缺乏有效的路径参与评议、审判，虽然政策赋予了教师许多的权利，如《中小学教师违反职业道德行为处理办法（2018 年修订）》第 9 条第 1 款规定："教师不服处理决定的，可以向学校主管教育部门申请复核。对

---

〔1〕 程红艳、陈银河：《超越纵容默许与重拳出击：师德失范行为治理的对策研究》，载《中国教育学刊》2019 年第 2 期，第 64~69 页。

复核结果不服的，可以向学校主管教育部门的上一级行政部门提出申诉。"然而，在现实中，由于没有第三方机构有效保障教师权利，目前教师权利保护体系在程序上面临难以跨越的困境。具体来说即是，教育管理部门既是"被告"，同时也是"法官"，其结果必然是教师的权利难以有效实现。另外，对于教师较严重的处分，目前一般存在警告、记过、降低岗位等级或撤职、开除等几个等级的措施，但是对教师行为处分应界定为何种等级，目前政策上只是给出了相应的一般性原则，仍然需要明确有效的指导。如《中小学教师违反职业道德行为处理办法（2018 年修订）》第 6 条规定："给予教师处理，应当坚持公平公正、教育与惩处相结合的原则；应当与其违反职业道德行为的性质、情节、危害程度相适应；应当事实清楚、证据确凿、定性准确、处理恰当、程序合法、手续完备。"但在实践中，如何对教师行为进行界定，往往带有模糊性与随意性。如下述案例：

B 老师在上课时，发现有学生在其背后贴了张"我是乌龟，我怕谁"的字条，还在上面配有乌龟形象，B 老师觉得受到侮辱，与这名学生扭打起来。县教育局认为 B 老师的行为违反了教育部《中小学教师违反职业道德行为处理办法》第 4 条第 5 项的规定，依照第 7 条规定，经研究决定给予 B 老师解雇的处分。后来由于众多教师的情绪激动和舆论的沸腾，决定改为将其专业技术等级降低一级。

上面的阐释共同指向了教师参与权的缺乏，其背后的根本原因在于师德治理政策在程序正义上不够透明、民主，缺乏公正性，容易受到舆论的压力和管理者的决策影响。这使得教师在师德治理过程中难以得到公正的评判和保障，增加了教师的权益风险。因而，确保师德治理在政策制度上程序正义，是保障教师权益的必要路径。

（三）评价指标体系有待完善与绩效考评压力

师德治理中关于"评价指标体系有待完善与绩效考评压力"的问题是当前教育管理领域亟须解决的挑战之一。目前，许多学校的师德评价指标较为笼统，未能为教师提供清晰的行为准则和绩效标准。教师往往难以理解何为优秀的师德表现，而评价人员在缺乏具体的评估指标时难以作出科学公正的判断。教育从业者普遍反映，这种模糊性导致师德评价结果主观性较强，缺乏客观依据，影响了评价的公正性和可信度。

同时，师德评价中存在的绩效压力问题主要源于内部利益和学科竞争。学校内部存在有限的资源，各学科和教师之间存在一定程度的竞争关系。在这种背景下，教师的师德评价结果可能对学校整体声誉、个体薪酬和职业晋升产生直接影响。由于评价结果可能被用于绩效考核，教师感受到内在的压力，可能在评价中采取过于宽容和纵容的态度，避免因不符合学校利益和竞争需求而受到负面影响。这种情况下，评价结果可能受到实质性的干扰，难以准确反映教师的真实师德水平，而更多地成为一种形式化的过程，失去了对教育质量和师德提升的引导作用。

师德评价指标体系不完善与绩效压力相互交织，可能导致评价结果的失真，影响教师的工作积极性和学校师德建设的效果。解决这些问题需要学校建立更为科学、客观、公正的评价体系，同时关注绩效压力来源，确保评价过程独立、透明，真实反映教师的师德水平。

（四）职业发展机会不均与竞争压力

教师面临职业发展机会不均与竞争压力，直接影响了师德治理的难度。这一问题的存在使得师德治理不仅需要关注教师个体的道德行为，还需要考虑整个教育体系中的不平等和竞争激烈的背景。

案例一：2020 年 10 月 16 日，姚某燕发布了一段视频，公开怀疑自己在职称评定中的落选情况。尽管她在个人基本积分方面排名第二，但被两名其他教师的民主测评分值超越，最终未能获得高级职称。2020 年 10 月 28 日，姚某燕前往焦作市山阳区纪委监委派驻焦作市山阳区教育局纪检监察组，反映了问题并提交了申诉信。2021 年 1 月 18 日，姚某燕以山阳区教育局的行政不作为为由将其告上法庭。除法律程序外，姚某燕也因旷工受到了行政警告处分，并在学校受到了警告处分。此外，她在 2020—2021 年度的考核中被评定为不合格，失去了参与职称评选的资格。

案例二：2023 年 5 月，一份 34 名河南省三门峡市教师共同按手印的联署声明称，他们 2019 年 8 月参加三门峡市直属学校招教考试，经过笔试、面试、体检、公示全部合格后，录取为市直公办编制教师，工作至今已近 4 年。每天高强度工作，但是至今编制没有落实，合同、工资、社保、医保、公积金皆无，且多次向主管部门反映未果，因而集体在教育局抗议。三门峡市教育局周一对这 34 名教师抗议的情况发声明表示，市教育局第一时间"做好耐心细致的政策解读工作"，教师当晚全部返回。声明说："目前，34 名教师全部在岗，学校教学秩序正常。教师工资在 2022 年 9 月以前由民办学校发放，学校转公办后由财政逐月发放。"该教育局表示，关于教师编制问题，因处于规范民办义务教育过渡期，相关部门"已按程序全力推进本着依法依规、尊重历史、尊重事实的原则在最短时间内，予以妥善解决"。

案例中，我们可以发现职业发展机会不均使得师德治理缺乏统一标准。由于教育资源在不同地区或学校之间的分配存在不平等，教师在职业发展过程中面临的机会差异显著。一些教育机构拥有更丰富的师资力量、更完善的教育资源，其教师更容易获得更好的培训、科研支持等机会。而在资源匮乏的地区，教师可能面临较少的职业发展机会。这种差异性使得师德治理难以制定统一的评价和激励标准，因为不同背景的教师面临的挑战和机遇不同，需要有差异化的师德治理策略。同时需要指出，竞争压力增加也导致了师德治理的复杂性。在面对有限的职业机会时，教师之间的竞争可能导致一些不正当的手段被采用，以获取更多的资源和机会。这包括可能出现的学术不端、人际关系偏向等问题。师德治理需要面对这些竞争压力引发的道德风险，通过建立有效的监管和激励机制来应对。竞争压力还可能引发教师之间的相互猜忌和紧张关系，使得师德治理难以在和谐的氛围中展开。当教师为了职业机会而相互竞争，合作氛围可能受到破坏，教育团队的凝聚力和协同性可能减弱。在这种情况下，师德治理不仅需要关注个体教师的道德行为，还需要促进整个教育体系的协同发展，确保教育资源的公正分配和师德建设的全面推进。

二、教师权益困境的有效突破：构建公平正义的师德治理体系

完善程序、注重多元主体参与和保障教师申诉权是提升中小学师德失范行为治理合理性和公正性的关键。通过建立公开透明、公平正义的制度，使教师在师德问题处理过程中享有合理权益诉求，避免任意权力滥用和不公平对待。这样的努力将有助于塑造看得见的正义，提高中小学教师师德建设的长效性和稳定性。

（一）注重治理程序完善

程序一般指既定的规则次序；而在法律上，指根据既定的方式、步骤、时间和顺序作出决定的过程，其特征是根据某种标准和条件整理争论点，平等地听取各方意见，在当事人能够理解或认可的情况下作出决定。[1]当前中小学师德失范行为治理过程中官僚风气依然比较严重，权力垄断现象普遍。自由主义大师阿克顿说道："权力导致腐败，绝对权力导致绝对腐败。"[2]西方自由民主发展的历程告诉我们，要遏制权力的随意性，需要借助宪制及其相关程序。因而，当我们无法排除教育管理者假借师德管理之名随意用权时，师德失范行为的处罚过程需要建立完善的程序来抑制公共权力的滥用。虽然完善的程序并不必然带来正确的结果，但至少能够提升结果的合理性与权威性。

因此，完善程序是中小学师德失范行为治理的现实诉求，其结果应遵循以下几点要求：首先，师德失范行为治理过程中，应该赋予各利益相关者平等博弈的机会，并且能够充分表达个人意愿，最终得出的结果能够反映出经过理性协商所达成的共识，"与程序的结果有利害关系或者可能因该结果而蒙受不利影响的人，都有权参与该程序并得到提出有利于自己的主张和证据以及反驳对方提出主张和证据的机会"。[3]这能避免中小学师德失范治理带有"暗箱操作"的性质。其次，教育管理者在多元主体的利益博弈中应该平等对待多方的利益诉求，不能有意

---

[1]　鱼霞、申素平、张瑞芳：《教师申诉制度研究》，载湛中乐主编：《教师权利及其法律保障》，中国法制出版社2015年版，第417~428页。

[2]　[英]约翰·埃默里克·爱德华·达尔伯顿–阿克顿：《自由与权力》，侯建、范亚峰译，译林出版社2014年版，第294页。

[3]　陈瑞华：《通过法律实现程序正义——萨默斯"程序价值"理论评析》，载《北大法律评论》1998年第1期，第188页。

偏袒任何一方，更不能将个人意志及个人情感用于决策判断，为相关主体建立平等交流、共同对话的保障机制。如在美国的审判制度中，陪审团决定事实问题，法官决定量刑问题，体现的就是分权原则。而赋予公诉方和辩护方在法庭上平等辩护的机会，是通过对立面的设置来牵制公权力，尽可能保护当事人的利益。该制度注重的不是产生什么样的结果，而是程序的正当性，结果建立于双方的利益博弈过程。

此外，一套处理中小学教师违反师德问题的完善程序应该包括：实施主体、文件标准、操作流程、启动违反师德行为的调查程序、违反师德行为处理的步骤等。在对教师失范行为进行处罚之前，应当先对该行为定性，结合行为发生的动机、行为发生时教师所处的情境，以及行为出现的频次等多种因素进行考量，判断行为产生的后果及行为之间的因果关系，确定该行为的性质。并且在定性的过程中要保证多元利益主体的表达诉求，其他教师对该教师解释的认可程度及向学生（包括当事学生和其他学生）了解行为发生的起因，可以作为教师行为性质判断的依据。所以，一套完善的程序不仅要保证合法合规性，而且还要关注多元主体的诉求，使程序遵循公平正义。

（二）建立同行自治模式

2013 年，教育部颁布《关于建立健全中小学师德建设长效机制的意见》，提出关于师德建设的七大机制，其中包括严格师德考核，促进教师自觉加强师德修养；强化师德监督，有效防止失德行为；规范师德惩处，坚决遏制失德行为蔓延等具体措施，目的在于提升中小学师德建设的长效性。此后，"师德一票否决制"被广泛用于对教师的评价考核中，各个地方也相继制定了"师德红线"等一系列严格政策，一致对师德的监督和惩处采取了高压立场。但是，仅凭监督、惩处等外部措施难以稳定师德水平，虽然对规范师德行为具有成效，但是也导致出现越来越多的"佛系"教师，抱着"少管少出错，不管不出错"的心态，面对不利于学生学习、成长的行为，睁一只眼闭一只眼，懒于管教，只满足于完成教学任务，这导致师德建设适得其反。分析其中的原因，主要有两点：

第一，师德被定位在道德制高点，以师德之名对教师进行道德绑架，忽略了教师也需要道德关怀。在现行的师德建设机制中，师德被过度强调为教师应该具备的道德品质，这种以道德为核心的治理方式往往使教师感到道德压力巨大。他们可能会觉得被不公平对待。极端高压的治理方式可能导致一些教师选择回避问题、消极应对，甚至产生逆反心理，认为只要避免违反规定就可以了，而忽视对师德修养的认真思考和自我反省。这样的情况下，师德建设的目标很难达成，反而加剧了教师的心理负担。

第二，教师被当作师德处理的对象，主体地位缺失，没有话语权。现行的师德建设机制往往把教师当作被监督和惩处的对象，而忽视了教师在治理师德问题中应有的参与权利。这种单向性的治理模式，使得教师在整个师德建设过程中缺乏话语权，无法真正参与到制定师德规范的过程中来，不能对自身职业行为和发展提出建设性意见和建议。由于缺乏主体地位，教师对师德建设的积极性和主动性受到抑制，甚至对治理措施的效果产生怀疑。在这种情况下，一些教师可能会对治理措施采取抵触态度，认为自己并未违反规定，而被动接受治理措施，也会影响他们对师德建设的认同感和信心。

师德行为最终是教师内心自愿选择并自觉践行的结果，因此，强化教师的道德自律是建立健全中小学师德建设长效机制的重要内容。教师只有通过认可并自觉遵守职业道德行为规范，才能激发职业尊严；如果是缺乏教师认可的师德行为规范，即使看上去很完美，却容易被教师视为道德绑架，内心拒而不从。

通过调查发现，当前中小学师德失范行为的治理主要是由教育行政管理部门和学校管理者主导，管理者掌握着处分的话语权，易受舆情或个人主观臆断的影响。如果让中小学教师充分参与师德失范行为治理过程，授予教师一定的处分决定权，改变只是把中小学教师视为师德惩戒对象的弊端，既能够体现师德问题治理的公正性，又能够增强教师的道德自律，使师德规范成为教师自觉自愿的选择，从而克服长期以来师德治理短效性突出的问题。因此，建议成立教师同行自治组织，该组织以一种自愿、自主的形态存在，去除行政的干预和功利的限制。组织成员不仅包括中小学教师代表，还应该邀请高校中研究师德的教师参与；目的在于改变形式主义和空洞的说教，允许教师们站在自己的立场，平等地交流对话，直接参与、共同制定细化的、属于自己的师德行为规范。一方面，能够增加中小学教师对该规范的认同感，使中小学教师自觉将外在的规范对标自己的职业行为；另一方面，让中小学教师成为治理师德问题的主体，有利于他们在参与的过程中完善道德认知，从而进行内心自省。此外，教师同行自治组织还应该依法制定中小学教师违反师德行为的处理程序，作为处理师德失范行为的依据。因此，成立教师同行自治组织，为师德失范行为的治理提供新的视角，关注教师的职业尊严和利益表达，强调道德自律，而不是通过外在僵硬的标准来施压。

（三）建立多元共治模式

"治理"理念要求打破师德失范行为的处罚过程中单一权利主体的弊端，使教师在师德问题处理过程中分享组织管理的权利，改变传统的以权利控制为主的处罚过程，以及教育管理者和教师以往在师德失范行为处理过程中充满矛盾、冲突的对抗关系，寻求一种通过平等对话、相互协商达到道德共识的治理模式，保障教师在师德失范行为治理过程中的主体地位，尊重教师的合理利益诉求，而不是单纯把教师当成治理的对象。比如：对师德失范行为定性时，除了要给予当事教师为自己辩护的权利，还应该给予该事件其他相关利益主体陈述自己意见的机会，并要保持平等、公正的态度对待多个主体对自己的辩护及提供的证据。同时，对于师德失范行为事实的认定，当事教师不应被缺席审判，而是要参与其中并能够为自己的行为进行辩护，积极促进处罚的决定者和被处罚教师之间的有效对话。以平等沟通、协商的方式来处理师德问题，避免因信息的不对称造成对教师处罚结果的不公平。比如：在发生师德失范事件时，学校设立师德失范行为处理委员会，由教师代表、学生代表、家长代表、学校领导等构成。该委员会对师德失范事件进行调查，听取当事教师的辩护，了解其他相关利益主体的意见，共同决定处理方案。会议上，当事教师可以陈述自己的看法、反思自己的行为，并积极与学校领导和教育管理者对话，共同寻求解决问题的途径。这样可以确保对师德失范事件有全面了解，避免单一权利主体的决策过程。

因此，一方面，要保证各利益主体能够平等交流、协商。如果家长和教师、学校之间能够建立良好的沟通，教师和学生之间能够保持平等的对话，可以避免许多师德问题的发生，让家长参与学校管理，扩大家长对学校办学活动和管理行为的知情权、参与权和监督权，有助于培养家长的参与意识和主体意识，提升家长对学校教育活动的认同感。同时，教育行政管理部门、校长、教师同行及学生共同成为师德失范行为治理的主体，既能够让师德行为接受层层监督，又能强化教师的自我约束，有助于避免师德失范行为的滋生与升级蔓延。如果发生师德失范行为，各主体都会面临不利的影响，学校既不能包庇、纵容自己的教师，也不能借师德之名伤害教师，过分处理；更不能因家长态度强硬、无理取闹，就以保全学校名声为重，选择放弃对教师权益的维护。因为不同主体之间彼此相互独立，各主体之间的利益诉求是不一致的，因此，如何使多方的利益博弈取得最优化，防止利益的天平偏向强势的一方，需要有效整合相关主体的利益诉求并建立冲突解决机制，而共同参与、平等对话机制是解决矛盾冲突最直接有效的方式之一。

另一方面，努力探寻恢复正义的途径。无论给予当事教师何种惩罚都不是师德失范行为治理的最终目的，如果能够通过恢复正义的方法途径来解决矛盾冲突，有利于重新建立良好的家校关系及和谐的师生关系，对学生的成长产生积极的影响。因此，对于尚未构成犯罪的失范行为，如果损害了学生和家长的利益，当事教师应该主动承担责任，承认自己的师德失范行为，向当事学生和家长道歉，争取获得学生和家长的谅解，并赔偿相应的损失等，才符合恢复正义途径的需求。如果当事人达成共识、自愿和解，校方或教育管理部门应该认可和解的结果，以批评教育为主，不再追究教师的责任。若当事主体未达成和解，学校再出面，积极做好安抚工作，以便促成和解。若和解失败，再组织其他处理程序。

（四）建立法律顾问制度

教育部 2012 年颁布的《全面推进依法治校实施纲要》指出："中小学应当指定专人负责学校法律事务、综合推进依法治校，有条件的学校，可以聘请专业机构或者人员作为法律顾问，协助学校处理法律事务。"从而促进学校管理过程中决策合法化，切实推进依法治校。在师德案件中，如果教师的行为涉及违法违规问题，应当由专业的法律顾问协调处理，但是，如今法律顾问尚未发挥应有的作用，当学校出现师德问题，教育行政管理部门和学校管理者都担心事情搞得尽人皆知、引起社会舆论，影响办学声誉，只能对教师下手，做教师的思想工作。比如：师生冲突的案件中，如果家长来势汹汹，教师往往有理难辨，容易吃亏，即使法律顾问为教师打赢了官司，教育管理者为了稳定家长的情绪，总要出于人道主义地给一笔钱，结果让家长有意识地以为"校闹"行为最终总是有利可得。因此家长认为只要坚持闹到底，学校总会妥协，造成教育行政管理部门、学校、法律都不能成为教师权利的保护者，谈何尊师重教？

因此，当前中小学不仅要建立法律顾问制度，还需要保障法律顾问在师德问题治理过程中有效发挥作用。由于大多数中小学的办学行为具有较强的同质性，不同学校的师德问题也是大同小异，为节约社会资源，发挥规模效应，法律顾问制度由县（区）级教育行政管理部门主导，对法律顾问制度所需的人、财、事等方面实施监管，为其所管辖的中小学提供法律顾问服务，处理师德问题时，既要保证合法性，又不牺牲任何一方的利益来获取"正确结果"；此外，法律顾问制度可以为中小学教师建立师德行为普法平台，为教师们提供关于师德行为的咨询服务。目前对中小学师德失范行为的禁令只告诉了中小学教师哪些行为不可为，然而却没有为中小学教师提供在面对各种状况时应该如何处理的措施，尤其在教育惩戒方面，如何准确把握惩戒的尺度成了中小学教师普遍的困惑。通过法律制度建立师德行为普法平台，为教师们答疑解惑，使中小学教师在合法合规范围内使用法律赋予教师的权利，并充分认识行为的性质及行为可能造成的后果，提高教师有关职业道德的法律意识，能够有效减少许多师德失范问题的产生。因此，建立法律顾问制度，为中小学教师提供专业的法律服务，能够有效提升教师职业行为的合法合规性，并且能够为教师的权益提供最后一道屏障。

（五）保障教师申诉权利

教师申诉权，是指作为当事人的教师认为有关教育行政组织或学校的行为侵犯其合法权益时，依法向法律规定的行政机关提出撤销或变更原处理决定、责令限期改正或重新处理、停止侵权，直至赔偿损失的请求的权利。[1]教育法律对教师的申诉权有着明确的规定，当教师认为自身权益受到不合理侵犯时可以依法向有关部门申诉。例如，《中小学教师违反职业道德行为处理办法》第9条第1款规定："教师不服处理决定的，可以向学校主管教育部门申请复核。对复核结果不服的，可以向学校主管教育部门的上一级行政部门提出申诉。"虽然明确了教师的申诉权，但这显然是自家人管自家人，难免有失公正，使得教师申诉成功的机会更加渺茫。并且《中小学教师违反职业道德行为处理办法》并没有对教师申诉的受理程序作出任何规定，也没有明确教师在该过程中的听审权，使得教师申诉权落实不到位。

因此，教师的申诉权需要一个良好的程序制度来保障，只有公正的处理程序，才更能够倾向于产生公正的结果。比如教师应该在多长时间内提起申诉才有效；该向哪个部门申诉、提供哪些申诉材料等内容，才能保障教师申诉的权利。同时该制度对申诉受理部门也要作出相应的规定，如调查期限、举行听证的时间、下达受理决定书的期限等，这些要求既能够保证教师申诉的有效性，也可以规范和监督受理部门的行为。所以，

---

〔1〕 钟骏树：《我国教师申诉制度问题研究》，江西师范大学2009年硕士学位论文。

为保障教师申诉权落到实处，需要进一步完善关于教师申诉案件的配套制度。首先，该制度要秉持公开原则。有关部门在受理教师申诉案件的过程中，应将有关申诉的规定和要求向教师公布，在作出有关教师权益的决定行为之前及之后都应告知教师，尤其是关乎教师重大权益的行为，如剥夺或限制教师权利的行为时，作出决定之前应该向当事教师说明原因，听取教师的解释并由教师来举证，如果成立应当予以采纳。这既能体现"先取证、后裁决"的公平原则；又可以通过共同对话实现信息共享，减少教师对结果的被动接受。另外，整个案件调查的过程、结果及相关材料都应该完整保存，并允许相关人员查阅。其次，在教师申诉的受理过程中应当举行听证会，赋予教师对自己的失范行为公开解释的机会，向申诉部门陈述事实和发表意见，并允许教师同行、家长、社会人士等列席听证，接受广泛的监督。因此，将听证作为申诉受理过程的必要程序，不仅保障了教师的知情权和话语权，同时对最终裁决也具有较强的约束力。最后，为保障教师申诉权的合理利用，应当配备相关的问责制度，如果申诉过程中存在教师提供虚假材料、作伪证及受理部门徇私舞弊、滥用职权等行为，将对其追究责任，保证申诉的有效性和严肃性。

此外，需要着重指出的是随着现代化进程的发展，国家积极推进从传统管理模式到现代化治理的变革。而在教育领域，赋予各级各类学校办学自主权，最大程度激发学校作为治理主体的积极性与能动性，让学校自主治理成为教育治理的主旋律，是现代化教育治理的关键与核心。[1]虽然在宏观层面上，我国教育现代化改革取得了喜人的成果。但是，在学校这一微观层

---

〔1〕 张乐天：《推进学校治理能力现代化：意义、重心与路径》，载《复旦教育论坛》2014 年第 6 期，第 5~9 页。

面上，我国中小学校内部体制改革尚未成功，传统科层制的管理模式束缚了学校的办学自主性，主要原因在于尚未厘清政府与学校的衔接关系，政府在学校管理中错位、越位的现象时有发生，过多的行政干预制约了其他主体参与学校治理活动的积极性。因此，转变政府职能，合理配置权力，成为中小学师德失范行为治理中的重要措施。政府和学校应该达成一种共识：师德问题的治理是一个以共治善治为目标的多元主体协商、互动的过程。而政府为了更好地发挥作用，须转变以往的行政职能，将师德失范行为治理的具体执行、操作权利下放至学校，由学校组织具体的处理程序。而政府部门在中小学师德失范行为治理过程中发挥服务和监督的作用。厘清治理过程中各主体分权共治的权责关系，有所为有所不为，转变政府部门以往作为决策者的角色，建立服务型政府，为中小学师德失范行为治理提供指导服务，帮助中小学校解决师德问题处理过程中遇到的难题；并完善制度建设，建立具体可行的师德制度，使中小学在处理师德问题中做到有章可循。另外，为保障中小学师德失范行为治理的规范化，以及强化处理程序的民主性、公正性和合法性，政府部门要做好中小学师德问题治理过程中的监督问责工作，对处理过程进行监督，对结果进行评价，如果学校管理者处理师德问题过程中存在滥用职权、主观随意等乱作为现象，政府部门要及时问责处理；同时，要追踪教师对处理结果的接受程度及教师的申诉权是否得到保障，为师德问题处理的公正性提供最后一道防线。因此，要基于去行政化的立场，理顺政府与学校的关系，转变政府的职能，推动师德失范行为治理步入多元主体共同参与的民主治理轨道。

第七章

学生行为与师德治理

> 要学生做的事，教职员躬亲共做；要学生学的知识，教职员躬亲共学；要学生守的规则，教职员躬亲共守。

> ——陶行知

在师德治理的复杂网络中，学生作为主体之一扮演着至关重要的角色。然而，一些学生的"问题行为"往往成为师德治理过程中一颗难啃的硬骨头。教育现场常常呈现出一种窘境：部分学生的行为被简单地归类为问题，而教师往往未能深入理解背后的真实心理需求。这种理解的缺失，不仅导致了学生与教师之间关系的紧张，也成为师德治理面临的一个主要挑战。学生的"问题行为"可能是对内在冲突、需求不满或情感困扰的表达，然而，教师对其缺乏深度的理解，使得师生之间的沟通变得困难，师德治理陷入僵局。本章将主要探讨这一问题的成因、影响以及可能的解决途径，以期为构建和谐的师生关系提供有益的启示。

一、师德治理过程中学生"问题行为"的理解困境

德国生命哲学学派代表人物狄尔泰将理解视为人文社会科

学的研究方法，并提出了著名论断："我们析明自然，但我们理解心灵人生。"[1]其注重通过理解把握人的内在精神活动，强调人的内在精神体验，认为通过理解才能体验自身与他人生命的价值与意义。理解是一种哲学思维方式，建构着人际交往的整体环境，影响着个体的心灵成长。但是，理解却并非一种人人都具备且轻易能获得的思维与能力，莫兰指出，不理解在人类社会中随处可见，且常常在人类社会关系中处于支配地位。不被理解的支配地位往往造成人际交往中的误解和过激行为，由此引发了人与人之间的敌对状态、轻视蔑视与仇恨心理。伴随着不理解，无数的心灵谋杀、污蔑、诽谤、卑鄙行径如同洪水般泛滥。[2]因而，把握理解的内涵，提升理解的意识与能力，是实现良好人际互动与交往的重要前提条件。

（一）理解视域下学生"问题行为"的本体意义

理解的缺失在教育领域中司空见惯。教育中存在着大量的教师对学生"问题行为"不理解的映射，例如，"犯错"的孩子们常常会抱怨道："老师根本就不关心我！""为什么没人知道我是怎么想的！"教师理解能力与意识的缺失在学生的呼喊声面前无处隐藏、暴露无遗。教师对学生行为表现的不理解加剧了学生内心的迷茫与困惑，使学生心灵遭受压抑，甚至产生更加严重的反抗、叛逆行为，这势必会破坏师生关系，消解教育的力量。一定程度上可以说，教师能否正确理解学生的行为表现，是真实有效的教育发生的前提。那么，我们不禁要问，学生"问题行为"究竟意味着什么？我们又是如何对之加以认识的呢？

---

〔1〕 王庆节：《解释学、海德格尔与儒道今释》，中国人民大学出版社 2004 年版，第10页。

〔2〕 [法] 埃德加·莫兰：《伦理》，于硕译，学林出版社 2017 年版，第 165 页。

传统理性主义视野下，对学生"问题行为"的认识，是从教育者的立场出发的。学生"问题行为"一般是指不符合教师的主观期待或违反规则的行为，是学生不履行职责、违规越线的不良行为。在这种思维逻辑下，学生"问题行为"被标签化为一系列失范行为，是需要被控制和改造的对象。教师常常凭借道德规范及说理的方式来对学生的"问题行为"进行干预，企图对学生的行为进行矫正。呈现的现实情景是，教师往往急于求成，没有耐心、爱心，不去窥探学生的真实内心。这是一种独白式的管理与教育，缺乏双方的共情与视域融合，导致原本师生之间浓烈的教育学关系无法建构与维系。面对学生问题行为，传统独白式的教育形态无法深入学生的内心。现实中大量存在的教师面对学生"问题行为"时所表达的无力感和窘迫感，昭示着传统理性主义的思维方式的低效甚至无效，这就需要教育者在实践时进行思维方式的转换，走向理解的视域，达至理解式教育的境界。理解式教育指教师在管理与教育学生时，不是出于对付他们、矫正他们、说服他们的目的，而是对作为他者的学生的"心灵有兴趣"，与作为他者的学生的心灵真诚相连。

从现象学的角度出发来理解学生"问题行为"，学生"问题行为"首先就不是被评价、被改造的对象，而是学生内在生命世界展开的一种表征。依据舒茨的意义理论，行动是主观所表达的体验与意义脉络，"每一项已然行动之发生均开始于构想，故而对于逐步构成的行动而言，此一已然行动乃是意义脉络"。[1]也就是说，个体行动是由内在的需要与意义追寻所推动的，学生"问题行为"是饱含意义的内在生命显现。这就是说，学生的行

---

〔1〕　[奥] 阿尔弗雷德·舒茨：《社会世界的意义构成》，游淙祺译，商务印书馆 2012 年版，第 100 页。

动是由内在需要推动的，主体主动探索世界与自我之间关系的过程。一定意义上可以说，在教师看来幼稚的和不成熟的，甚至是不可容忍的"问题行为"，其实只不过是学生以自己所能运用的方式解决其所面临的问题的一种尝试与努力。因而，学生"问题行为"的产生，缘于学生内心与外部环境之间产生的冲突与不和谐。冲突与不和谐则源于学生没能合理解决自我与环境之间的矛盾，从而导致的心理上与技能上的缺乏感与无力感。当"问题行为"发生时，学生处于一个失调的关系网与意义网络之中，学生主体自我与外部世界之间的共生关系产生着不可调和的失衡。因而从一定程度上可以说，"问题行为"是学生内部自我与外部世界发生冲突的表征。

从存在论的视角看，学生作为鲜活的生命个体，"问题行为"是其内在意义的外显，这呼唤着教师的伦理关怀态度，即通过移情建立师生的情感纽带，在耐心倾听和反思中与学生沟通互动，进而引领学生的成长。在面对学生的不合常理的行为时，范梅南提出了教育学理解的理念："教育学理解包括反思性的和交互作用的因素。换句话说，它要求成年人能够自我管理，同时能够主动、积极地与孩子进行交流，且能够明智选择交流的时机和方式。"〔1〕当学生"问题行为"发生时，教师需要的正是这样一种教育学理解，而不是将学生抛在一个意义混乱的，与外部撕裂、隔阂的状态中，甚至是在学生混乱的内心世界增添新的困苦。

（二）学生"问题行为"理解缺失的困境分析

教育实践中需要理解。在解释学的视域下，学生"问题行为"就是呈现在教师面前的文本，它是一种吁请、呼唤，渴求

---

〔1〕［加］马克斯·范梅南：《教学机智——教育智慧的意蕴》，李树英译，教育科学出版社 2001 年版，第 81 页。

教师的积极关注和理解。从现象学的视角看，学生"问题行为"是学生在生活实践中展示的具有意向性的意义事件，需要教师的积极倾听与反思，但在工具理性、效率意识的裹挟下，教师在面对学生"问题行为"时，往往作出的是误判与误读。

1. 客观事实性代替"心理因"

区别于事实态度，理解是一种心理态度，理解者积极与他者建立互动关系，探寻他者行为背后的心理因。在面对学生问题行为时，理解意指教育者通过诉说、倾听、体验等活动，实现互动主体之间的心灵会通，积极挖掘、探寻学生行为的内在意向。

但在当下的教育实践中，教师仅仅专注于事实性问题，遗忘了要去理解学生问题行为的"心理因"。面对学生"问题行为"，教师大多停留在认知或知道状态，"'知道'作为一种'事实态度'，它的目标是要把握对象的'真'"[1]。"真"是一种抛开情感因素的科学思维，在科学理性的主宰下，教师在认识过程中会尽量摆脱个人的主观心理因素，以便客观理性地把握事实。我们常常见到的是，面对班委反映的某某学生的"问题行为"，教师常常这样回应：好的，你反映的情况我已经知道了，我会去调查核实（客观事实情况）的；直面"问题行为"的学生时，教师常常这样开头：你的问题（情况）我已经知道了。教师不去倾听学生的心声，当学生试图辩解时，教师往往用一句"事实就是你……"来压制学生的内心情绪情感的倾泻。从教师的话语逻辑可以推断出，其思维惯性中认定事实是最重要的，事实就是"王道"，其他的一切，都附属于事实，学生的任何动机、情感、需求等，都不是可以推翻事实的

---

〔1〕　陈嘉明：《"理解"的理解》，载《哲学研究》2019年第7期，第118～125页。

理由，学生与教师之间的交流通道在事实面前被硬生生地阻断了。

不可否认，关注事实是教师面对"问题行为"的必要思维，但是学生"问题行为"发生时，究竟什么才是事实？教师应该关注什么样的事实？这些问题决定着教育的形态和质量。一般来说，问题行为发生时，存在着两种事实，客观事实与主观事实，客观事实指的是已经发生的外在的行为表现及其结果，而主观事实则是学生内在的心理真实。现象学提倡回到事物本身，回到对事物本质的理解，体验现象的深层本质或意义，但回到事物本身并不是要回到描述性的客观事实，而是回到主观性的行为意义层面，这才是本质直观的要义。客观事实只是回到主观事实的一个线索，但这个线索会将行动者导向何处，取决于理解者的有效解读，如果偏执地执着于表面现象，这个线索起到的甚至是反作用。学生"问题行为"虽然以外在的事实性的失范行为表现出来，但"问题行为"是果，心理层面的矛盾与冲突才是因，执着于对学生外在行为的解读，无益于对学生内在的真实理解。

教师片面的逻辑认知活动，只是把学生"问题行为"当作客观事实来进行评价，将学生行为客观化，看似保持了价值中立，实则不然，教师对学生行为事实的关注目的在于与客观性、抽象化的既定规范相匹配，当学生行为与已有规范之间发生连接时，教师就自动启动既定事实评价机制与教育机制。但是，正如同事实推不出价值一样，教师对事实的认知，无法导向教师正确的教育行为，以事实性取代心理因，最终会因为教师无法走向学生真实的内心世界，而消解教育的力量。正如范梅南指出的，教师"'该如何做'这个问题是无法从现有的事实中归纳出来的，事实性的观察，不足以告诉教师下一步该怎么做，教师该采取什么行动，并不能从学校的伦理道德准则那里推导出来"。[1]

2. 类型化解读导致"个性化"的缺失

理解是境遇化的，面对个性特点、心理需求各异的学生，理解需要教师的教育机智，需要教师在把握学生行动意义的基础上进行个性化的指导。

教育科学将教育规律的地位与作用不断彰显，在其影响下，教师力求通过学习相关的教育理论知识，把握普遍性的教育规律，但是，教师常常忘记了，由于教育实践中人的复杂性与生命的整体性，虽然教育规律是唯一性的，但实践则是多样化的。在面对学生的"问题行为"，教师往往企图追求一套行之有效的方法，即通过所学教育学理论和教育学经验，对"问题行为"做简单化、同一化处理，以使问题得以快速解读、定位和解决。例如，面对学生的打架、课堂吵闹、与老师顶撞等"问题行为"，教师自信有一套"高效的""放之四海而皆准"的应对办法，就像工人在解决一项工程问题，使用模型化、客观化、计量化等方式将学生当作客观对象处理。此时，学生的主体性被悬置，拥有的丰富内在情感、动机等因素被掏空。可以说，在面对学生"问题行为"时，教师不是在对学生进行意义探寻，更多的是直奔主题，寻求问题的模型化解决方案。但是这种问题解决的方式，更多地指向学生的外在行为，看似有效的方法，实则不然。更多时候，问题不是被解决了，而是转向更加幽暗静谧的地方隐藏起来。这种问题解决的方式，浪费了教育的时机，放弃了教师的职责，背离了教育的初衷。

面对学生的问题行为，教师往往是将学生"问题行为"类

---

〔1〕〔加〕马克斯·范梅南：《教学机智——教育智慧的意蕴》，李树英译，教育科学出版社 2001 年版，第 34 页。

型化，以使解决方式标准化、模式化。李晓文对教育中常见的做法提出了批评："学生出现了纪律松散的问题，这是行为规范的困难或者退步的表现。针对这个问题，我们应该采取的对策是进行'自我控制'的教育。学生出现了喜欢挑剔同学毛病的现象，这是一种只看别人不看自己的'手电筒'现象。对于这个问题，我们应该进行'严于律己，宽以待人'的教育……"[1]她提出，"评价时应考虑到具体个体的状况和行为背景，而不是简单套用标准，只有这样才能真正了解某种行为对行动者的意义""理解是一个从个别事件入手，把握其个别性的意义的过程"。[2]世上找不到两片相同的树叶，更何况面对个性迥异的学生，看似相似的"问题行为"实则潜藏着迥异的复杂情感、动机。因而，类型化的解读以及普遍化教育方式，阉割了教育中个性化的心灵互动活动，无法指向学生"问题行为"的意向性与意义。

3. 学生"问题行为"的关注点在"事"而不在"人"

对象的属性决定教师的行动逻辑，面对学生"问题行为"，教师关注对象的属性，决定着教师实践的方式。理解视域下，"人"及其行动的意义才是终极的关怀对象，理解的对象是具有意向性的人，从这个意义上来讲，学生"问题行为"的关注核心应集中在作为主体的学生本身。

但在理性化、规范化思维逻辑下，面对学生"问题行为"时，大多数教师是将"问题行为"而不是将产生"问题行为"的学生作为关注的对象。正如有研究者指出的，"行为外在表现

---

〔1〕 李晓文：《青少年发展研究与学校文化生态建设》，教育科学出版社2010年版，第13页。

〔2〕 陈嘉明：《"理解"的理解》，载《哲学研究》2019年第7期，第118~125页。

概念的外在规范化理解，往往使教师把行为作为教育的出发点而不是把儿童作为出发点"。[1]也就是说，面对学生"问题行为"时，教师倾向于将学生的"问题行为"而不是产生"问题行为"的学生当做关注对象，进入教师的意识里的，只是一个事件或一个问题，而不是"问题行为"的主体——完整的学生生命个体。进而，教师对学生"问题行为"的处理方式必然是以对待客体的方式，而不是对待主体的方式，即以控制、命令、改造而不是对话、沟通的方式，这严重背离了教育的基本宗旨。教育的对象是学生，教师应通过直面学生成长过程中的困惑和错误来达成对学生行为的理解和教育。教师将学生的"问题行为"而不是"问题行为"的学生当作关注点，是将手段当作了目的，"事"取代了"人"，从而就消解了教育。

　　"人"在"事"的裹挟下被遮蔽了，"事"取代"人"成为中心，这样，教师就将学生"问题行为"解读为一项纯粹的管理工作，而非需要心灵对话的教育活动，管理的逻辑代替了教育的逻辑，学生被客体化，理解退化到边缘位置。教育的坐标中心应是鲜活的人，教师通过理解来引导学生成长是教育的本质。如果教师将学生"问题行为"当作深入了解学生，以更好地对学生进行教育指导的契机，而不是把学生"问题行为"仅仅当作一个消极的、破坏性品质和行为而进行严厉制止的话，那么，教师就应该关注学生的整体生命，而不是急于对学生的行为进行评价和判断。

---

　　[1]　周兴国：《意义世界中的儿童行为表现概念及其意涵》，载《安徽师范大学学报（社会科学版）》2019年第3期，第135～141页。

二、学生"问题行为"理解困境的有效突破：让教师成为理解者

理解精神的缺失，使得教师缺乏对于学生内在生命成长的关注，使得教育始终无法抵达学生的心灵深处。教师唯有成为理解型教师，才能在面对学生"问题行为"时，给予正确的教育指引。理解型教师在面对学生问题行为时，应体现相应的教育智慧与情怀。

（一）对学生"问题行为"进行非判断性理解

非判断性理解是指教育者在教育意向的指引下，耐心倾听孩子的愤怒、迷茫、痛苦和恐惧，不作批判性或否定性的判断，让隐藏在孩子内心的想法在倾诉的过程中不断显现与明了。这就意味着，在"问题行为"发生时，教师不应立即以外在的规则规范来对学生的行为作出评价。非判断性理解保障了学生心灵的自由敞开，利于教师对学生内在意图的把握。范梅南指出："教育学理解的任务就是鼓励孩子们表达出他们自己的想法……承认必须以一种非判断性的方式聆听，而不是以自己的兴趣为中心。"[1]非判断性理解强调了教育者需要倾听，而不是基于教育者的主观期望对孩子进行武断的评价。

如何达成非判断性理解？这就需要教师有意识地悬置外在规范。悬置外在规范要求作为理解者的教师，面对学生的"问题行为"时，不应将关注点放在规则规范上，而应通过倾听、沟通渗透进学生"行为问题"背后的内心世界。附着在理解者身上的定型化、规律性的前置观念，其经验性容易使理解走入误区，因而，悬置外在规范提倡教师进入"无我"的境地，进

---

[1] [加] 马克斯·范梅南：《教学机智——教育智慧的意蕴》，李树英译，教育科学出版社 2001 年版，第 84 页。

入"无我"境地指的是理解者要走下讲台,主动融入学生的内心世界之中,"感其所感""想其所想"。进入"无我"的境地才能更好地融入学生的生命场之中。有研究者指出:"从外在的行为规范要求出发来判断学生的行为表现,到从学生的意图出发来理解学生的行为表现,是一个关系学生'问题行为'的根本性转换。"[1]悬置规范利于学生作为"意义主体"的回归,是教育者走向理解学生"问题行为"的决定性一步。需指出,非判断性理解不是指对学生的放任,对事实的置若罔闻,而是追求站在学生立场对学生的内心世界进行更加合理的解读,以实现对学生人性化的、真实有效的引导。

(二) 关注"问题行为"背后的学生成长需求

"'成长需要'指的是基于人生命成长的立场,个体成长过程中呈现出来的需要。"[2]成长需要是由个体内在发展潜能推动的需要,其推动着成长中的个体做出特定的行为表达。从成长需要的视角看,学生问题行为恰恰是其解决自身成长过程中所面临的问题的一种尝试,这种尝试是学生生命涌动的体现,是学生内在的、本能性的需要。有研究者指出,学生"问题行为"产生的原因,源于其强烈的生命成长需要与其满足自身需求的手段、方式之间的不对称。"成长中人的内在需要,常常与幼稚的、失之偏颇的认识及不恰当的表现需要的能力混在一起,以问题状态呈现出来。"[3]这就是说,"问题行为"是内在需要的外在表现形式,教师需要结合学生的内在心理需求去理解学生

---

〔1〕 周兴国:《"学生行为问题"的意义主体:基于案例的分析与阐释》,载《教育科学研究》2018年第8期,第5~9页。

〔2〕 李家成:《学校变革应关注学生的成长需要》,载《人民教育》2005年第18期,第2~5页。

〔3〕 李晓文:《青少年发展研究与学校文化生态建设》,教育科学出版社2010年版,第22页。

的行为，否则，"如果将学生的行为完全与他们的成长经历和成长过程分开看待，并且忽略了个体在成长过程中的内在需求，那么可能就只会看到一些局部的表面现象"。[1]所以说，教师应联系学生内在需要去理解学生的行为。成长需要理念下，学生的某些"问题行为"，只不过是在内在情感、内在需要的激发下，其不合理表达自身愿望与诉求的表现。因而，面对学生"问题行为"，教师所要做的，应是充分挖掘与揭示学生"问题行为"背后所隐藏的成长需要，在认可与尊重的基础上，通过交流、对话等方式，协助学生以合理的方式与手段实现自身的需要，以使学生在实现需要的过程中实现其生命的健康成长。

（三）探寻学生"问题行为"的意义链条

要真实理解与公正对待学生"问题行为"，教师需要从"问题行为"的表象事件中深挖出隐藏在问题学生成长环境中的矛盾与冲突。教师对"问题行为"的理解不应基于行为判断，而应基于连续性的关联事件来判断。关联性事件以矛盾、冲突、对立、不和谐为基调，是学生成长中的一系列遭遇，这些连续性的事件是理解学生问题行为的重要线索，"这些事件塑造了一种关系，或者说，构成了一种生态"。[2]教师应对这些线索背后的整体生态进行追溯和还原，否则容易在意义链条的缺失下对行为者进行错误的解读。如黄向阳在分析校园欺凌这一"问题行为"时指出，在电影《悲伤逆流成河》中，易遥的防卫欺凌行为在校方看来，成了实施欺凌的行为。校方之所以冤枉易遥，是因为他们与多数校园欺凌干预者和研究者犯了相同的错误——

---

〔1〕 李晓文：《青少年发展研究与学校文化生态建设》，教育科学出版社2010年版，第13页。

〔2〕 黄向阳：《学生中的欺凌与疑似欺凌——校园欺凌的判断标准》，载《全球教育展望》2020年第9期，第13~24页。

根据欺凌行为及其后果来作出评判。因此，他指出，欺凌并不仅仅是一项单一的动作或行为，而是一个完整的事件。由此类推，要理解学生"问题行为"，教师应从行为判断走向生态判断。这就是说，教师不能简单地将学生"问题行为"看作单一的当下行为，并用行为规范对行为后果作出直接判断，而应该将对"问题行为"的理解融入一系列连续性事件，理解"问题行为"发生与发展的整体生态。因而，理解型教师在面对学生"问题行为"时，应建立一种动态的、时空绵延的观念，教师应该意识到，学生当下发生的行为，不仅仅是其当下的状态表征，而是缠绕在行为者身上无法消解的过往生活图景与意义的一种必然性显现。只有这样，教师才能沿着意义链条探寻到学生的真实内心和遭遇，进而以正确的行动帮助学生走出困惑与迷茫。

（四）回归教师惩戒权的权威本性

教师惩戒权具有育人属性，这是教师的道德责任。教育惩戒权是教师使用教育权威对学生进行教育的过程。教育惩戒权的目的在于使学生认识和改正错误，而不是为了惩戒而惩戒。为了使学生认识到错误，心甘情愿地改正，那么，教师在行使惩戒权过程中，必须获得学生内在的认同，使学生在情感上接纳教师的管教。诚然，教育惩戒权必然与强制性联系在一起，但是这种强制，只是惩戒权行使中的一个环节，甚至不是必要的环节。强制可分为内在强制与外在强制，权力是内在强制与外在强制的结合，而权威虽是产生的一种外在的强制，但对心灵来说，其更多的是追求一种内在的自由，让学生认识到错误，产生内在的认同，从而自觉改正与遵循。因而，师德建设中，教师惩戒权的复归，不代表教师在面对学生时，回归到过去的强制之中，教师惩戒权的回归，带来的是惩戒权内在精神的转变。具体说来，对教师应做出如下指导与说明。

　　教育管理者与培训专家应使教师意识到惩戒权既是一种权益，也是一种义务。惩戒权是教师权利体系的组成部分，是教师育人工作中的合法性说明，惩戒权对于教师来说，是一种道德权利。但惩戒权同时也意味着教师须勇于承担育人的道德义务。教师道德建设之中，需对教育惩戒权的性质、功能、边界做出整体的界定，使教师明晰责任与义务，慎用该权利。应重点惩戒之中侵犯学生权利的意识，这是当今教育惩戒权与以往惩戒权的巨大差异点，20世纪，教师惩戒权随意突破界限现象较为突出，这侵犯学生的权益，造成了教师整体形象的下降。当前，教育惩戒权应具备不侵犯学生自由与尊严的消极意识，也应具备以惩戒促进学生发展的积极意识。另外，应使教师学会自我反思，努力提升教育智慧。惩戒权不是万能的，也不应机械地操作，它更多的是对教师用于承担教书育人职责的一种立场宣告。教师在惩戒学生的过程中，应结合具体情境，灵活性地开展学生管理。惩戒只是教师在行动时最后选择的一种方法，当面对不同的人群时，处罚并不总是必要的。当教师能够以幽默、机智的方式展开教育并有效地规劝时，往往能够产生更好的管理效果。

第八章
家长参与与师德治理

每个人都有家庭中儿童的生活，市场上的生活，人与人往来的生活，以及与自然界接触的生活。从这许多生活当中得来的种种知识，种种思想，种种习惯，都是广义的教育。这种广义的教育，简单地说起来，就是社会的能力。这种能力和影响，是可以拿来陶冶人的习惯和性质的。

——［美］约翰·杜威

当代社会，德育、智育和体育的延伸使得教育不再局限于学校和课堂。随着时代的发展，学校教育在外向开放方面不断取得进展，家长的角色也变得越来越重要。建立学校、老师、家长和孩子之间畅通、互动的渠道，形成学校、社会和家庭之间的全方位网络系统教育，对于研究师德治理具有极其重要的意义。但是根据前文的研究，日常教育实践、师德治理中，家长参与面临着一些现实困境。教师与家长之间的冲突屡见不鲜，教师与家长之间常常出现控制与反控制的相互交织状态，这消解了家长参与的意义，破坏了家校合作的和谐生态。究竟是什么因素导致教师与家长之间的对抗性局面？本章以师德治理中重要的主体构成——家庭为切入点，基于教师专业道德的角度对家长与教师之间的冲突进行解释，揭示家校冲突的症结，促进教师的道德建设，以推进家校合作的科学化、理性化，建构教师与家长之间良好的合作生态。

一、师德治理过程中的家长参与困境

学生的发展离不开家校双方的通力合作，需要双方各自发挥好自身的职责与义务。权利与义务是对等的，有权利即意味着有义务。已有的教育政策与理论探索，分别对教师的自主权与家长的参与权进行了阐释，特别是对家长的参与权做了深入的论证。如洪明和徐梦婷对家长教育参与权的合法性来源和类型进行了分析论证。其指出，"父母对子女的教育权利和义务是基于子女的出生而自然产生的，家长具有原生性的教育权利、义务和责任，是自然发生和普遍存在的，是天经地义的"。[1]郑新蓉从社会契约的角度对家长参与权进行了论证："公共教育的国民性（公民性）一方面是父母家庭私教育权转移为国家公共教育权的基础和前提；另一方面，也是父母、家长行使教育权利的依据，即国民（公民）对公共教育的满意程度决定家长（也就是公民）对教育权力的行使范围、内容和方式。"[2]

综合来看：教师的自主权主要表现为：①"进行教育教学与管理活动，开展教育教学改革和实验"；②"从事科学研究、学术交流、参加专业的学术团体、在学术活动中充分发表意见"；③"指导学生的学习和发展、评定学生的品行和学业成绩"。家长的参与权主要表现为：①知道学校怎样教育他们的子女；②了

---

[1] 洪明、徐梦婷：《论家长的教育参与》，载《中华家教》2021 年第 1 期，第 62~71 页。

[2] 郑新蓉：《试析父母教育权的起源、演变和特征》，载《教育研究与实验》2000 年第 5 期，第 14~18 页。

解学校的政策和计划并可对此作出影响；③采取必要的措施，保护子女的受教育权利不受任何人剥夺侵犯；④评价学校在日常生活及教学上承担的责任。从上面可以看出，教师的专业权利与家长民主参与权利，二者都具有法定效应，两者共同作用于学校教育。但在实践中，两者之间不可避免地会存在着张力。在民主社会之中，两者的摩擦能通过相互尊重、理性对话等方式维持在正常的限度以内，实现二者的良性互动。但权利本位式教师主义以专业权利垄断教育话语权，打破了这种平衡，教师在面对家长民主参与时表现出威权取向、自我封闭、拒绝对话等特征，会造成教师与家长之间的权利呈现不可通约性，引发两者的激烈碰撞。结果必然是，权利的对抗消解了家校合作的意义，教育生态遭受破坏。

（一）专业权威的傲慢致使家长参与沦为形式

家长民主参与教育，对改进教师教育教学有着重要意义。但权利本位式教师专业主义排斥家长的积极参与，面对家长参与，教师彰显出傲慢的姿态、权威者的角色，在这种不民主的氛围中家长民主参与沦为"名不符实"的形式主义。教师利用专业权利来专断教育事务，拒绝家长的理性怀疑，抵制、压制家长的正当权利与利益诉求。在孩子教育这一共同事务面前，教师以其"专业性"角色表现出绝对的权威，不容许家长正当的批判和怀疑，家校合作的阵地转变为教师专业权利展示的舞台。家校合作家长会成为"听训会"；教师与家长之间的交流沟通变成依靠微信、QQ等社交软件上单向度的指令发布与接收；家长的怀疑被看作对教师的人身攻击，被看作传播负能量的行为；当家长想法与教师想法不一致时，需要坚决贯彻与执行教师的意图。在权利本位理念的迷惑下，教师将专业自主权与民主参与权对立起来，认为家长的参与不是建言献策，不是利益一致基础上的合作协商，而是对其自身专业性的挑衅。家长民主参与权在教师专业权利面前，是第二位的，专业自主权的位阶是高于家长的民主参与权，即专业权利是优先于、凌驾于民主权利。教师的专业权威的傲慢直接导致家长的民主参与权受到压制，破坏民主社会教育同盟的价值。古特曼在分析教师专业主义与民主大众参与之间的矛盾时，否定了教师的过分专业权威。她指出："教师联盟声称拥有教育专业知识这一点是确实的，但他自身不具有足够的道德力量可以推翻（民主）权威。"[1]也就是说，教师专业权利在面对家长民主参与权时，不具有优先性、绝对性和自我确证性。权利本位式教师专业主义的专业自傲，以专业权利排斥家长正当的民主参与权，使家校合作始终无法深入实质层面，不利于实现健康的家校关系。

（二）民主参与权的强势介入干预正常的教学秩序

"哪里有压迫，哪里就有反抗"，这是一条亘古不变的社会定律。家长的民主参与意味着他们不会完全按照教师的意愿被动地服从或者盲目地支持，而且也不仅仅是根据教师的指导来引导孩子的学习。权利本位式教师专业主义以专业权利压制家长的民主参与权，作为对权利本位的反抗，家长必然通过更加激烈的反抗方式来表达"权利在民"。作为对权利本位式教师专业主义的应答，家长通过非常规、非合作性的方式实践其民主参与权必然成为一种常态。如某媒体报道：

随着网络的普及，越来越多的家长针对校长、教师在学校管理和课堂教学中的行为，常常通过网络表达自己的诉求和意愿，内容甚至涉及"一堂课该怎么教""为什么我家孩子不能当

---

〔1〕 ［美］艾米·古特曼：《民主教育》，杨伟清译，译林出版社2010年版，第29页。

班长""课表这样排不合理""凭什么给我孩子处分"等微观性的教学和管理问题，有的家长甚至选择去论坛发匿名帖"声讨"老师。

不久前，一位家长在网络上公开抵抗教师来行使质疑权和表达权，直言"我就退出家长群了"。关于事件的起源，从表面来看在于教师让家长检查的作业过多，家长身心俱疲，还得不到尊重，致使家长埋怨，并质疑教师让其检查作业的合理性。追索深层次原因，与教师在行使专业自主权时，缺乏平等与谦逊的意识，将权利绝对化，拒绝与家长进行积极沟通不无关系。家长"检查多少作业""检查到什么程度"等本应是双方协商的问题，教师单方面强势"官宣"，这种专业傲慢势必会激起愤怒。

有研究者指出："据上海市教科院公布的对1340名中小学教师进行工作压力调研的结果：近八成教师感觉压力重。令人惊讶的是，九成教师认为家长的'过度干预'是导致教师工作压力的最大来源。"[1]家长的干预成为教师工作的最大压力源泉：一方面，表明了家长民主参与权与教师专业权利之间冲突的激烈程度，致使同为合作伙伴的家长成为让教师"感受到无尽的压力"和"造成了心理问题"的对手；另一方面，也表明了教师应对家长参与时能力的欠缺。可以说，权利本位式教师专业主义对教师的专业成长产生了侵蚀与破坏作用，致使教师在面对家长质疑时表现出束手无策、"非专业性"的症状。随着社会的发展，家长的教育素养与政治素养不断提升，民主参与的意愿与意识必然会不断增强，对学校教育与教师的期待将会

---

〔1〕 胡金平：《家长干预学校教育行为的现象分析——一种嵌入的视角》，载《湖南师范大学教育科学学报》2012年第2期，第32~36页。

越来越多元化，家长与教育系统的互动将会越来越频繁。权利本位式教师专业主义下，教师一味压制与否定家长的民主权利，不去主动建构有效的家校沟通与矛盾应对机制，家长强势介入与干预的冲突情形势必将层出不穷、愈演愈烈，最终给家校合作的前景蒙上阴影。

二、家长参与困境的有效突破：构建和谐平等的"对话"环境

教师专业主义不仅体现在由专业知识与技能建构起来的专业权利上，同时也应体现在其行为规范、专业义务的履行之中。在教育民主视野下，教师与家长之间应是一种对话关系。对话关系"颠覆了世俗社会中尊卑贵贱的等级关系，从而'突出了参与者各方的平等性'，尊重'参与者表达意见和观念的自由和权利'"。[1]

（一）制度与政策的引领

政策上明确家长参与是家长的一项权利。对于家长的参与权，我国目前在立法上整体是比较含混的。总体上还是偏向于家长的义务，而不是权利的确证。如《教育法》第 50 条第 1 款、第 2 款指出："未成年人的父母或者其他监护人应当为其未成年子女或者其他被监护人受教育提供必要条件。未成年人的父母或者其他监护人应当配合学校及其他教育机构，对其未成年子女或者其他被监护人进行教育。"但是对家长的权利，则很少明确指出。因而，需要对家长参与做进一步的阐释，在政策上承认家长参与不仅是一种义务，同时更是一种权利，即应接纳、认可、尊重家长参与的权利。

---

〔1〕 吴先伍：《他者伦理视野中的道德教育》，上海三联书店 2019 年版，第186 页。

　　政策上对于家长个体的权利行使提供条件与保障。对于家长参与的权利，目前主要是在家长委员会这一组织层面而谈的，如教育部《关于建立中小学幼儿园家长委员会的指导意见》指出，"学校要为家长委员会开展工作提供必要的条件。完善学校科学民主的决策机制，保障家长委员会有效参与学校管理。完善科学的评价机制，保障家长委员会对学校工作实施有效监督。开放教育教学活动，保障家长委员会参与教育工作。建立学校与家长委员联席会议制度定期通报情况，保障沟通渠道畅通，确保家长委员会依法、规范、有序、有效地开展工作"。但是对于家长个体如何维护自身的权利，还缺少明确的指引。同时对于弱势阶层的家长以及学校中话语权缺少的家长，应通过正义的渠道让家长的声音能顺利传达，真正实现家长个体化参与。

　　当前的教师专业标准（表8-1）缺少教师与家长交往时的标准，应扩充教师专业标准的内容与维度，将教师面对家长时的行为标准补添其中。依据前面的分析，家长作为学校教育的重要参与者，作为学生利益的重要承担者和受益者，教师在与家长沟通时，应树立专业的标准及其意识。教育管理部门在制定教师专业标准时，应在"专业理念与师德"一维中，添加"教师应平等、真诚地与家长进行沟通，回应、解释家长提出的疑问"，体现教师与家长交往时表现出来的民主道德素养，将平等性、民主性、公共性、义务性等价值理念构筑到教师专业道德之中，以实现教师的专业成长与道德成长。

表 8-1　中学教师专业标准

维度	领域	基本要求
专业理念与师德	职业理解与认识	1. 贯彻党和国家教育方针政策，遵守教育法律法规。 2. 理解中学教育工作的意义，热爱中学教育事业，具有职业理想和敬业精神。 3. 认同中学教师的专业性和独特性，注重自身专业发展。 4. 具有良好职业道德修养，为人师表。 5. 具有团队合作精神，积极开展协作与交流。
	对学生的态度与行为	6. 关爱中学生，重视中学生身心健康发展，保护中学生生命安全。 7. 尊重中学生独立人格，维护中学生合法权益，平等对待每一位中学生。不讽刺、挖苦、歧视中学生，不体罚或变相体罚中学生。 8. 尊重个体差异，主动了解和满足中学生的不同需要。 9. 信任中学生，积极创造条件，促进中学生的自主发展。
	教育教学的态度与行为	10. 树立育人为本、德育为先的理念，将中学生的知识学习、能力发展与品德养成相结合，重视中学生的全面发展。 11. 尊重教育规律和中学生身心发展规律，为每一个中学生提供适合的教育。 12. 激发中学生的求知欲和好奇心，培养中学生学习兴趣和爱好，营造自由探索勇于创新的氛围。 13. 引导中学生自主学习、自强自立，培养良好的思维习惯和适应社会的能力。 14. 尊重和发挥好共青团、少先队组织的教育引导作用。
	个人修养与行为	15. 富有爱心、责任心、耐心和细心。 16. 乐观向上、热情开朗、有亲和力。 17. 善于自我调节情绪，保持平和心态。 18. 勤于学习，不断进取。 19. 衣着整洁得体，语言规范健康，举止文明礼貌。

（二）通过对话彰显与增进专业性

现代社会，教育系统的开放性塑造着教师专业的形态。"由于教师会与越来越多的学校外的人协作，随着这种趋势的发展，新的技能、关系及导向将从根本上转变教师专业的本质。这种新的专业化趋势是合作的，而非孤立的；它开放而不封闭，高瞻远瞩而不狭隘自视。"〔1〕变得更加专业意味着不能再固守于学校之中。聆听家长的想法，并给予合理的回应是教师专业性的重要衡量指标和体现。

对话式教师专业主义认为，对话是专业性的构成性要素，要通过对话来显示专业性，通过对话来提升专业性。"教师的权利和义务是教师在与其他教育主体或社会主体权利义务关系中实现的"，〔2〕法律赋予教师的专业自主权不等于教师拥有拒绝沟通的权利，沟通也不意味着对教师专业权的降格，恰恰相反，教师的专业性是在与相关参与者的对话和沟通中得以彰显和成长的。表面上看，家长干预和教师专业性遭受质疑体现的是教师权威的失落，但深层原因之一在于教师专业对话能力的不足。对话式教师专业主义提倡教师秉持积极的专业主义，不应将家长的质疑看作否定和挑衅，从而认为自身的专业性受到了威胁与挑战，而应将它看作展示自身专业能力的契机，在冲突与和谐之中重建自身的专业权利。也就是说，教师应当在与家长的公共探讨中通过对问题的专业分析、理性解释、公正判断、清晰表达中体现自身的专业和立场，通过自身的专业性表现赢得专业认同和专业权威。需要指出的是，在就分歧而进行的对话

〔1〕［美］Michael Fullan：《教育变革的新意义》（第4版），武云斐译，华东师范大学出版社2010年版，第232页。

〔2〕李晓燕：《中国教师权利和义务及其实现保障论纲》，载《国家教育行政学院学报》2006年第6期，第26~31页。

中，教师应更多地指向客观的专业判断。教师观点的表达应建立在以专业知识、专业标准为基础的依据之上，表明自己的行为是建立在专业共同体的协商与判断之基础上的，这样的论证更易使教师获得认同与支持。因为，"证据和同行的认可——而非个人想法——是专业保证的本质"。[1]而建立在个人经验及情感之上的话语，容易给人一种主观臆断的感觉，从而失去专业性力量。

对话式教师专业主义的教师寻求通过对话精神引领教育公共事务的探讨和交流，并不意味着教师应一味地迎合家长的利益诉求，更不意味着教师专业自主权利在民主时代的失落。家长是具有多元利益诉求的群体，教师与家长之间的冲突在实践中是难以避免的，教师应倡导和推动双方的平等交流。即使家长强势也不应成为教师放弃专业原则和降低职业的尊严的原因。作为专业人员，教师基于专业判断、教育爱原则及其平等沟通的专业行为是具有合法性的，教师自身应具有专业自信和专业担当。教育行政管理部门与学校应对教师合理的专业行为予以相应的制度保障，维护专业尊严。如学校可以通过建立家长申诉制度和教师辩护制度，缓解教师与家长的直接面对面冲突，或聘请第三方评价机构来作出相应的道德责任裁定，而不是当教师与家长发生矛盾时，一味站在教师的对立面，息事宁人，这种做法会造成教师专业自主权遭受双重伤害。国家应加大立法力度，对家校冲突过程中家长非理性的违法行为予以法律制裁，并加大宣传，以避免使教师在家校合作中践行自主权时处于不利处境，使教师免遭伤害，保护其专业尊严。教育行政管理部门应建立公开公正的平等对话机制，让教师与家长之间基于平等、信任的对话成为教育中的常态。

---

〔1〕〔美〕肯尼斯·A. 斯特赖克、乔纳斯·F. 索尔蒂斯:《教学伦理》（第5版），黄向阳、余秀兰、王丽佳译，华东师范大学出版社2018年版，第154页。

（三）通过对话遏制职业傲慢与偏见

教师专业自主权是一种与其他主体对话、共存、协商、互惠的专业权利。教师在实践过程中要学会运用专业权利积极开展对话，实现对共同利益的关注，而不是将自己封闭、孤立在专业权利及其专业生活中，将专业自主权看作绝对权利，堵塞主体与主体间的交流。"如果教师专业主义执着于教师不应该接受公众的外在评价，那么这就是一种形式的职业傲慢：它试图隔绝教师于正当的外在评价之外。"[1]拒绝任何外在的评价，将家长的质疑性评价看作业余性的、无理取闹、不可理喻的，是专业傲慢的表现。

对话式教师专业主义认为，对话能消解教师专业权利的形式化、绝对化。林成堂等提出：为防止教师专业自主权演变为封闭性、占有性与绝对性的权利，应认识到教师专业自主权是权与责的统一，体现专业权与责的平衡；兼有集体性与个体性、手段性与目的性；是一种与其他主体对话、共存、协商、互惠的专业权利。[2]对话理念下，权利不是排他性的，权利要在与他人的对话中来实现，否则，权利就会演变成专制力量，这与权利的本意是背道而驰的。"权利意味着一种资格，它只有在个人的行动中才能显示出来！教师并不是直接以诉诸个体权利的方式来享有权利，而是通过责任担当的方式来间接地获享权利。"[3]对话式专业主义打破了教师权利优先的困境，提倡教师的对话意识和能力、民主的协商精神、共同利益的理解，是教

〔1〕[美]艾米·古特曼：《民主教育》，杨伟清译，译林出版社2010年版，第88页。

〔2〕林成堂、江玲：《论教师专业自主权的实践尺度》，载《华东师范大学学报（教育科学版）》2011年第3期，第28~32页。

〔3〕冯婉桢：《教师专业伦理的边界——以权利为基础》，教育科学出版社2012年版，第74页。

师走出"权利优先""绝对权利"困境的重要路径。对话教师专业主义唤醒教师自觉接受外在评价与监督的意识，使教师在与其他权利主体的交流、协商、辩论过程中，将自身的专业性展现出来，实现专业自主权与专业义务的统一。目前教育部颁发的教师专业标准的三个一级指标——专业理念与师德、专业知识、专业能力，在专业理念与师德一维中缺少教师面对家长时的交往规范，专业理念或师德只是囿于教师的校内生活中，没有延伸至家校合作的层面。因而，可通过必要的顶层设计，使教师专业标准突破教师校内生活的限制，体现出教师面对家长时应有的合理行为规范。即通过顶层设计，引导教师做出符合专业标准的行为，以防止教师面对家长时的傲慢。将对话要素和对话精神引入教师专业标准中，使得教师与家长的积极对话成为一项专业义务和专业标准。

（四）通过对话明晰教育的公共性与实践性

对话有利于教师与家长双方的相互理解和自我理解。社会生活中，许多矛盾都是产生于主体双方站在自身的视角看待问题，缺乏对话而产生的视域融合。作为经过专业训练的专家，教师拥有丰富的理论知识，但即使是专家，面对复杂的社会实践也是存在局限性的。专家的本质特点是价值中立，只对求真或探索奥秘、归纳规律感兴趣，是实然而非应然的领域。[1]对于"是什么"的问题，比如说儿童身心发展规律、教育教学中的客观事实、客观原理或者客观规律等问题，虽然教师作为专业者，拥有家长所不具备的对于教育教学问题的理性认识能力，但这并不决定着教师可以主宰教育实践。通过与家长的互动，教师会意识到：教育不仅仅是纯粹的理论问题，其兼具理论与

---

〔1〕 徐文新：《专家、利益集团与公共参与》，载《法律科学（西北政法大学学报）》2012年第3期，第47~59页。

实践的双重特性，教师的实践行动不是因为合乎知识逻辑就具有不可争辩性。对话使教师意识到，自身所持的理论理性只是回答"是什么"的问题，而无法圆满解决实践过程中的"应当怎样"的伦理实践问题。通过对话与辩争，教师会逐渐领悟和认可哈贝马斯所提倡的用对话协商的方式达成伦理决策的合法性与道德性，并逐渐践行 D 原则，即"只有当所有可能受到影响的人都同意参与到理性商谈之中，这些规则才是有效的"。[1]以上分析表明，对话使教师明晰教育的实践性，使教师在与家长互动时不固执于专业性，而是平等地沟通，最大程度地达成利益攸关方之间的一致意见，以践行教育中专业伦理和民主原则。需要强调的是，正当的批评与质疑也属于理性商谈，教师属于国家工作人员，按宪法规定，有接受人民质疑与批判的义务。

对话式教师专业主义提倡，教育是公共性的伦理实践决策。而伦理决策的合理性取决于平等对话，"一项伦理决策是不是经由开放与未受操控的对话而达成的，可能是在事实上决定这一决议是否正确的一个要素"。[2]这就是说，教育决策不仅仅是一项专业问题，也是一项伦理实践与价值判断的问题，教师在专业知识基础上作出的理性判断不能完全代替合作基础上形成的价值判断。教师的教育决策对话式教师专业主义使教师意识到自身的局限性，认清教育实践的复杂性，以利于教师在教育实践过程中审慎地作出行为决策，最终实现教师与家长之间的积极交流，提高教育实践决策的质量。

（五）通过对话建构教育共同体

对话式教师专业主义倡导教师直面家长的疑惑，并加以澄

---

〔1〕〔美〕芭芭拉·福尔特纳编：《哈贝马斯：关键概念》，赵超译，重庆大学出版社 2016 年版，第 144 页。

〔2〕〔美〕肯尼斯·A. 斯特赖克、乔纳斯·F. 索尔蒂斯：《教学伦理》（第 5 版），黄向阳、余秀兰、王丽佳译，华东师范大学出版社 2018 年版，第 156 页。

清，消除由于隔阂造成的质疑。教师与家长之间的对话能够建构一种共同事业感，常态化的对话启动机制能够使得双方就教育中的问题进行敞开的交流，强化双方身份感与责任感，利于双方的包容、理解、妥协以及合作。良好的对话能够促使"教师—家长"这一教育共同体一致意见的达成，即使无法达成一致意见，也会有助于开启良性的格局，为进一步的协商创造条件。通过与家长严肃而理性的对话，教师失去的只是偏见与不足，得到的将是家长的尊重与理解。当教师将家长的不同意见当作行使专业性判断与专业性权利的机会，承认家长的权利并最大可能满足其需求，努力寻求教师与家长之间的更进一步的对话，这就是在建构教育共同体。正如斯特赖克所说，"当教育者们拒绝将分歧当作行使主权的机会而努力寻求更多的对话时，他们便是在努力维护共同体"。[1]这意味着，对话能建构并维系教育共同体。

家校教育共同体中，教师与家长之间是"合作"而不是"协作"的关系。协作暗含其中交往一方占据权力中心，起着主导与支配作用，协作中始终有"中心—边缘"结构的幽灵在作祟，使交往双方各自盘算，貌合神离。"只要存在着中心—边缘结构，就不可能出现平等与自由的合作，至多也只会生成一种协作的状况。所以，倾向于强化中心—边缘的参与不可能有利于合作关系的生成。"[2]而合作是双方在对话基础上的地位平等、情感信任与相互支持的关系。教育共同体拒绝各方在行动时的封闭性，行动的一方要参照另一方，各方在行动与决策时，

---

〔1〕 ［美］肯尼斯·A. 斯特赖克、乔纳斯·F. 索尔蒂斯：《教学伦理》（第 5 版），黄向阳、余秀兰、王丽佳译，华东师范大学出版社 2018 年版，第 154 页。

〔2〕 张康之：《合作的社会及其治理》，上海人民教育出版社 2014 年版，第 20~21 页。

要将另一方纳入自身的视野中，而不是单方面的决断。如前面提到的关于家长检查作业引发矛盾中，教师是单方面的指令传达，缺少家长的声音，"检查多少作业，如何检查"等方面，此时的家校沟通是教师居于中心地位而主导的。教育共同体中，教师的行动需要建立在"教师—家长"双方共同沟通、互相确认的基础上。

需要指出的是，对话式教师专业主义不提倡巴伯式的强势民主观，即教师所有的教育教学行为都应源于家长协商与沟通，这种观念恰恰体现的是教师与家长之间的相互不信任，会使得教师在开展教育教学时无法自由运用理智进行独立判断，无法获得职业的满足感与尊严，破坏教育共同体内部的关系，最终瓦解教育共同体。我们应遵照古特曼的民主教育理念，为了职业教育者能更好地履行自身的职业功能，赋予职业教育者一定的职业权威，这是丝毫不损害家长的民主权威的。实践中，为了教育共同体的形成与深化，学校应成立专门的家长事务接待中心，并定期开展教师与家长座谈会，对家长的问题进行收集，容许家长与公众就教育事务发表自身的看法，最主要的是，在家长提出合理的意见时，教育者要及时启动相关程序以做出回应与应对，为后期双方进一步真诚、广泛的交流奠定基础，体现学校作为一个公共服务部门的道德担当。

第四部分
师德师风案例展示

　　师德榜样作为教师人格形象的典型代表，对教师道德发展、社会风尚优化发挥着重要的引领作用。为了更好地践行师德标准，切实提高师德治理水平与治理能力，本部分重点收集了教育部、中国教育报持续公布师德师风优秀典型事迹以及违反教师职业行为典型案例，帮助教师对照先进案例寻找差距，剖析反面案例吸取教训，切实提高师德水平。

第九章

师德师风优秀典型案例

你只要以身作则，我就会效法你。榜样是最好的告诫。

——［古希腊］伊索

为全面贯彻习近平总书记关于教育的重要论述和全国教育大会精神，深入落实中共中央、国务院《关于全面深化新时代教师队伍建设改革的意见》，推进实施教育部等七部门《关于加强和改进新时代师德师风建设的意见》，持续贯彻师德师风第一标准，强化教师思想政治和师德师风建设工作，多年来教育部、中国教育报持续公布师德师风优秀典型事迹，通过正面引导帮助广大教师坚定理想信念、厚植爱国情怀、涵养高尚师德，牢记使命、不忘初心，努力做教育改革的奋进者、教育扶贫的先行者、学生成长的引导者。

一、人民教育家于漪——一辈子做教师，一辈子学做教师

于漪，女，汉族，1929年2月7日出生，中共党员，上海市杨浦高级中学名誉校长，曾任全国语言学会理事、全国中学语文教学研究会副会长。

长期躬耕于中学语文教学事业，坚持教文育人，推动"人

文性"写入全国《语文课程标准》。主张教育思想和教学实践同步创新，撰写数百万字教育著述，许多重要观点被教育部门采纳，为推动全国基础教育改革发展作出了突出贡献。获"全国先进工作者""全国三八红旗手""全国教书育人楷模"等荣誉称号，2019 年 9 月 17 日，国家主席习近平签署主席令，授予于漪"人民教育家"国家荣誉称号。

于漪是新中国培养的第一代语文教师，她以"站上讲台就是生命在歌唱"的极大热情投入工作，但在其后的年代里，她也曾饱经风霜。1977 年，她重返讲台。"回归"后的于漪以强烈的使命感潜心钻研语文教学，因为课上得好，她的整个教学生涯中共开了近 2000 节公开课。"在我的课上，要让每个学生都成为发光体。"于漪率先倡导将"我讲你听"式的线性教学结构改为网络式、辐射性的互动教学，在语文教学中产生了广泛影响。

1978 年初，报告文学《哥德巴赫猜想》发表，兴奋的于漪找到学校数学老师，告诉对方"这是了不起的成就，我们唱个'双簧'，你给学生讲陈景润的科学贡献，我讲陈景润为科学献身的精神"。这正是于漪"教文育人"思想的体现。在她看来，语文不仅是教孩子理解和运用语言文字，更是在建设他们的精神家园，塑造其灵魂。20 世纪 90 年代初，语文学科开始被工具性所左右时，于漪撰文《改革弊端，弘扬人文》，提出"工具性与人文性的统一是语文学科的基本特点"。这个观点写入后来的全国语文课程标准，深刻改变了语文教学的模式。

步入新世纪，于漪又提出语文学科要"德智融合"，即充分挖掘学科内在的育人价值，将其与知识传授能力的培养相融合，真正将立德树人落实到学科主渠道、课堂主阵地，加强教师的育德能力，得到全国教育界高度认可。

2008 年，上海市普陀区桃浦基础教育联合体成立。这里是上海市老化工基地，也是老百姓眼里的"教育洼地"。当教育界同仁邀请于漪指导联合体工作时，她欣然应允，"我愿意做一名志愿者"。而早在 20 世纪 90 年代初，于漪刚刚退休，就有民办学校开出 60 万元年薪聘她做"特别顾问"，她婉言谢绝。

于漪说："我一辈子的理想就是做一名'合格'的教师，这个'格'不是用量化来衡量的，而是国家的要求、人民的嘱托。"正是因为这个"理想"，这位老人总是不知疲倦，她的挂历上，几乎每个日子都画上了圈，不少格子里画了两个甚至更多的圈。她为推进教育综合改革、办好"家门口的好学校"倾注了心血，如今还承担国家级骨干教师培训的重任；她时刻关注中国教育的变化发展，当教育功利化的现象显现、语文教学徘徊不前时，她的谏言从不缺位。[1]

二、全国优秀教师黄大年——我是国家培养出来的，我的归宿在中国

黄大年，男，汉族，1958 年 8 月出生，中共党员。国际知名战略科学家、中国地球物理学家，曾任吉林大学新兴交叉学科学部首任部长，地球探测科学与技术学院教授、博士生导师。2017 年 1 月 8 日，因病不幸去世，年仅 58 岁。

黄大年同志热爱祖国，品格高尚，始终把祖国富强、民族振兴作为矢志不移的追求目标，2009 年毅然放弃国外优越条件回到祖国，长期从事探测技术研发，充分挖掘中国在多个领域取得的最新进展成果并形成了技术能力，首次推动我国快速移

---

[1]《人民教育家先进事迹——于漪》，载 http://www.moe.gov.cn/jyb_xwfb/moe_2082/2021/2021_zl37/shideshiji/202105/t20210511_530839.html，访问日期：2024 年 7 月 31 日。

动平台探测技术装备研发，突破国外技术封锁，被誉为新时代海归科技报国的楷模。2024年9月13日，国家主席习近平签署主席令，授予黄大年"人民教育家"国家荣誉称号。

全国广大教师和教育科研工作者要以黄大年同志为榜样，学习他热爱祖国、立志为祖国和人民奉献全部的赤子情怀；学习他恪尽职守、为国家培养凝聚人才的高尚风范；学习他创新创造、勇追国际前沿科技的可贵担当；学习他勤奋拼搏、为实现强国梦鞠躬尽瘁的崇高精神。要自觉将学习黄大年同志精神与加强和改进高校思想政治工作、培育和践行社会主义核心价值观相结合，紧密团结在以习近平同志为核心的党中央周围，以更加昂扬的精神状态和务实的工作作风，撸起袖子加油干，立足岗位作贡献，为全面建成小康社会、实现中华民族伟大复兴的中国梦而努力奋斗！[1]

三、全国优秀教师李芳——用生命完成教师"最后一课"

李芳，女，1969年5月出生，汉族，中共党员，生前系河南省信阳市浉河区董家河镇绿之风希望小学教师。2018年6月11日下午放学，李芳护送学生离校返家，行至离学校50米的十字路口按交通信号灯指示有序通过时，一辆载满西瓜的无牌照三轮摩托车闯红灯急速驶来，且毫无刹车迹象。危难时刻，李芳奋不顾身冲上前去用自己的身体挡护学生，并奋力将学生推开。学生得救了，李芳遭到严重撞击，经多方抢救无效，于2018年6月13日4时逝世。

李芳同志坚守乡村教学一线，29年如一日，全心全意贯彻

---

〔1〕《"时代楷模"先进事迹——黄大年》，载 http://www.moe.gov.cn/jyb_xwfb/moe_2082/2021/2021_zl37/shideshiji/202105/t20210511_530839.html，访问日期：2024年7月31日。

党的教育方针，辛勤耕耘，无私奉献，在平凡的教学工作岗位上创造出了不平凡的业绩。她始终将学生放在首位，钻研创新教学方法，精心为学生上好每一堂课。她爱生如子，对所教学生了如指掌，及时为学生排忧解难，是学生心目中受爱戴的好老师、好朋友。

她以德施教，注重对学生的思想品德教育和健全人格的培养，用爱心抚育每一个孩子，用自己的言行感染学生，使学生受到潜移默化的影响。她心怀大爱，临危不惧，舍己救人，用生命为学生上好最后一堂课，让崇高的师德和不朽的师魂熠熠生辉，塑造了新时代人民教师的光辉形象。李芳同志是践行"四有"好老师要求的先锋模范，是优秀乡村教师中的杰出代表，为大力表彰和学习宣传李芳同志先进事迹，教育部决定追授李芳同志"全国优秀教师"荣誉称号。

全国广大教师和教育工作者要以李芳同志为榜样，学习她爱岗敬业、爱生如子的崇高师德，学习她心怀大我、无私奉献的至诚情怀，学习她为人师表、行为世范的品格风范，学习她奋不顾身、舍己救人的大爱精神。要自觉将学习李芳同志先进事迹与落实习近平总书记关于建设政治素质过硬、业务能力精湛、育人水平高超的高素质教师队伍重要指示相结合，不忘初心、牢记使命，深入落实立德树人根本任务，强化培养社会主义建设者和接班人的使命担当，以更加昂扬的精神状态和务实的工作作风，争做党和人民满意的"四有"好老师，为全面建成小康社会、实现中华民族伟大复兴的中国梦而努力奋斗。[1]

---

〔1〕《那是青春吐芳华——母校同学、老师追忆李芳》，载 http://www.moe.gov.cn/jyb_ xwfb/moe_ 2082/2021/2021_ zl37/shideshiji/202105/t20210511_ 530854.html，访问日期：2024 年 7 月 31 日。

四、全国优秀教师张桂梅——扎根深山、不负韶华

张桂梅，女，满族，1957年6月生，中共党员，云南省丽江华坪女子高级中学党支部书记、校长，华坪县儿童福利院院长。曾获全国先进工作者、全国师德标兵、全国最美乡村教师等荣誉。

张桂梅同志忠诚党的教育事业，坚守滇西贫困地区40多年，放弃优越的工作条件，毅然投身深度贫困山区教育扶贫主战场，攻坚克难，执着奋斗，为当地教育发展和脱贫攻坚作出了重要贡献。她矢志不渝，克服种种困难，努力阻断贫困代际传递，建成针对贫困山区家庭困难女孩的全国第一所全免费女子高中，使600多名贫困家庭学生圆梦大学，托举起贫困家庭脱贫发展的希望与信心。她立德树人，始终坚持一线言传身教，加强师生思想政治和理想信念教育，给予困难学生母亲般的呵护，深受师生和群众爱戴。她敬业奉献，长期拖着病体忘我工作，将自己工资、所获奖金和社会捐助诊疗费等100多万元全部用于兴教办学，在与时间赛跑和病魔抗争中，以实际行动兑现着自己"只要还有一口气，就要站在讲台上"的诺言，用不懈追求书写着不忘初心、牢记使命，为党和人民事业永远奋斗的绚丽人生。

张桂梅同志身上集中体现了一名人民教师绝对忠诚的政治品格、心有大我的家国情怀、教育为民的责任担当、爱生如子的高尚师德，张桂梅同志是教育战线脱贫攻坚工作中的优秀教师代表，是生动践行"四有"好老师要求的杰出榜样，为大力表彰和学习宣传张桂梅同志的先进事迹，教育部决定授予张桂梅同志"全国优秀教师"荣誉称号。

全国广大教师和教育工作者要以张桂梅同志为榜样，学习

她爱党爱教、至诚报国的崇高信念，学习她教育扶贫、攻坚克难的坚定意志，学习她以德施教、敬业爱生的师德风范，学习她执着奋斗、无私奉献的高尚情操。要坚持以习近平新时代中国特色社会主义思想为指导，自觉将学习张桂梅同志精神与学习贯彻党的十九届四中全会精神相结合，全面贯彻党的教育方针，落实立德树人根本任务，发扬奋斗精神，强化使命担当，只争朝夕，锐意进取，为党育人、为国育才，坚决打赢教育脱贫攻坚战，为决胜全面建成小康社会、加快建设教育强国、实现中华民族伟大复兴的中国梦不懈努力。[1]

五、全国教书育人楷模张万波——娃儿们走出大山的筑梦人

张万波，男，满族，1973 年 2 月生，中共党员，辽宁省本溪市本溪满族自治县第五中学教师。他扎根乡村教育 24 年，在艰苦的条件下，坚持教书育人，用耐心和爱心教会农村孩子学习知识、学会做人。曾获全国优秀教师、2021 "全国教书育人楷模"等荣誉。

1997 年，24 岁的张万波作为辽宁省优秀毕业生从本溪师专毕业。当时，本溪县南部山区的祁家堡中学急需数学教师，政治专业的张万波"临危受命"。

2000 年，张万波首次担任毕业班班主任，同时第一次执教初三数学课。当时，他的妻子怀孕，需要照顾，但张万波克服困难还是第一个到校，最后一个离校，单程骑车 11 公里，风雨无阻。同年 9 月，张万波又接了一个初三班级。栾忠慧等 3 名

---

[1]《"时代楷模"先进事迹——张桂梅》，载 http://www.moe.gov.cn/jyb_xwfb/xw_zt/moe_357/jyzt_2018n/2018_zt14/zt1814_zy/201806/t20180622_340611.html，访问日期：2024 年 7 月 31 日。

学生每天上下学都要翻山越岭，往返要 3 个小时。张万波心疼学生，就带着他们住在学校附近，完全没有任何报酬地组织学生在校上晚自习，和学生吃住在一起。此时，张万波的孩子刚刚过了一周岁的生日，每当他通过电话听到儿子称呼他为"爸爸"的时候，他对自己的妻子和孩子都感到非常内疚。但当他看到学生一点点进步时，他觉得这样做是值得的，因为他对得起学生，对得起家长，更对得起人民教师的称呼。此后，张万波做了 16 年班主任。他用无私的爱温暖了每一名学生，改写了这些乡村学子的命运。

2017 年，张万波的孩子到县城读高中，年迈的母亲和父亲先后做了两次心脏手术。即使这样，他也没有耽误学校工作。全校教务大小琐事都落在他一个人身上，他努力处理着教务、教学和班主任管理之间的关系和时间分配，见缝插针地谋划安排。并且，他始终没有停止学习的脚步，锐意进取，在课改、教育教研和信息化工作中都取得了一定的成绩！

2020 年担任教学副校长后，他依然坚持亲自教授一班学生的数学课程，每天都是第一个到校、最后一个离校。尽管有县城学校提供更好条件和待遇的诱惑，但他还是选择了留下来，因为他深爱着乡村的学生们，与他们分不开。24 年的教学生涯，回首张万波的教学之路，一路走来，一直在乡村教育事业上无私奉献、执着坚守。

六、全国教书育人楷模叶海辉——体育课上的"魔法师"

叶海辉，男，汉族，1971 年 11 月生，中共党员，浙江省玉环市坎门海都小学体育教师。曾获全国优秀教师、浙江省特级教师、2021"全国教书育人楷模"等荣誉。

1999 年，叶海辉来到海岛上的坎门一中担任体育教师。彼时，黄泥地是体育课的大舞台，五六个篮球是体育教学的所有器材。学校经费有限，可孩子们的运动耽误不得，怎么办？叶海辉冒出一个想法——自制体育器材。旧报纸、透明胶带，叶海辉熬了几个长夜，从乒乓球大小到直径五六十厘米的纸球出现在了孩子们的课堂。这些大小不一的纸球一经亮相，便吸引了孩子们的目光，从此叶海辉自制的"纸球"随着课程的需要，成了足球、篮球、实心球、地滚球、小沙包……

从此，叶海辉的发明"一发不可收拾"。20多年来，他的"宝贝"已有80余种420 320多件，获得国家专利8项。发明器材显然不是用作摆设，叶海辉的体育教学同样充满魔力。传统游戏"石头剪刀布"被他玩出了30多种新花样，比如根据排球动作"垫、传、扣"，制定出了"扣球胜传球，传球胜垫球，垫球胜扣球"的制约关系。还有武术动作的"拳、掌、勾""马步、并步、弓步"，篮球动作的"运、传、投"等，也都成了传统游戏的新符号。类似的教学游戏，叶海辉发明了2000多例。

21世纪初，互联网网页、论坛刚刚兴起，叶海辉就冒出了创办体育教师专业研究网站的想法，想借此让更多体育教师分享教学资源。海岛上条件不够，叶海辉就购买大量专业书籍，给自己扫盲补课。他自费租借服务器，多次上门寻求县教育技术中心的硬件支持，折返一趟就有20多公里。教育技术中心的工作人员不禁惊叹，一名体育教师对信息技术竟然如此痴迷。2004年，他创办了专门的体育教育网站——"中国体育教师网"，目前注册会员达21万人，点击率超1.4亿次。

新冠疫情期间，考虑到学生们出行受限，叶海辉便有了制作居家锻炼微课的想法。他把自己家当作摄影棚，一家三口齐上阵，妻子做总监，自己做演员，儿子担任摄像。为了追求画面的完美，一个镜头就拍了不下30次。微课经公众号一发布，当天的点击量就破了万。

2011 年，一则"红粉笔乡村教育计划"招募志愿者的广告引起了他的注意。看到图片中孩子们渴望的眼神，叶海辉说："哪个老师不疼爱学生？不管他是不是我的学生，不管他在哪儿。"叶海辉带着一大箱活动器材，长途跋涉 1800 多公里，来到了这个群山环抱的山区学校。眼看着大课间没有正常的活动组织，运动场上没有像样的运动器材，难题一个接一个。叶海辉深吸一口气，说干就干！他自掏腰包购买了油漆和刷子，在水泥地上画出了羽毛球场和跳房子格，当起了"装修工"。他为学校量身打造了一套大课间活动方案，结合学校运动场地瘦长、斜坡的特点，创编了"跳房子""上山打兔子"等分组分项活动，他又变成了"设计师"。

走进大山的叶海辉，也在走进了学生的内心。一次公开课上到"极限人椅"环节，学生们停住了。"毕竟地处偏远，人们思想传统，劝说了老半天，孩子们才渐渐学会男女生搭档完成。"从此，每节课后叶海辉总要留下学生和志愿者，听一听他们的意见，然后回去调整自己的教案。每晚 12 点后才休息，是叶海辉支教生活的常态。

至今，这所小学仍然沿用着 10 年前叶海辉为他们设计的大课间。一有空暇，他就去当"助教"，把自己的授课经验、体育游戏等倾囊教授给学校的其他教师。此后几年，叶海辉又在江西、西藏、青海各地留下了支教的足迹。回到玉环，他把支教的点点滴滴告诉身边的同事、朋友，希望更多热心人前来参与。在给"红粉笔"计划的乡村教师培训时，叶海辉这样说："如果说支教教的是 100 个孩子，那么为乡村教师讲课，可能会让1000 个孩子爱上体育。"自从踏上体育教师这条道路，叶海辉奔跑的脚步就从未停下。幸运的是，他用他的能量带动了更多的人，一起奔跑在追寻纯粹教育的路上。

七、全国教书育人楷模郭文艳——用爱书写教育人生

郭文艳，女，汉族，1983 年 5 月生，中共党员，河南省新乡市辉县市西平罗乡中心幼儿园园长、教师。曾获河南省李芳式的好老师、河南省最美教师、2021 年"全国教书育人楷模"等荣誉。

2002 年，20 岁的郭文艳从师范学校毕业，先后在幼儿园和小学做了两年教师。结婚后，等到有了孩子，郭文艳也做起了全职太太。后来儿子要上幼儿园了，她也不愿意一个人在家待着，便报名参加了辉县市教育局组织的招教考试。"成绩竟然还不错，第一名，考上了市第二幼儿园的教师岗位。"从师范毕业到结婚生孩子，离开几年之后，终于又要回到熟悉的校园了，郭文艳有些激动。这一年，她 30 岁。

郭文艳所在的辉县就像是挂在山上的，偏僻的地理位置、落后的经济条件，造成了生源流失、师资短缺等一系列难题，一些家长不计代价，甚至举家外迁，也要将孩子送到山外读书。2012 年，辉县市在西平罗乡成立了侯兆川教育文化中心后，郭文艳跟着张青娥园长背起行囊，来到了位于大山深处的川中幼儿园。

3 年之后，年仅 47 岁的张青娥永远地倒在了工作岗位上，川中幼儿园园长的接力棒，自此传到了郭文艳手中。为了孩子们，她挑起了前辈的重担，为了乡亲们，她选择了别样的教育人生路。

为了筹建课程需要的生态种植园，郭文艳成了一个"不坐办公室"的园长。那段时间，她凌晨 5 点便开始工作，中午稍作休息接着干，一直干到天黑，一天两头见星星。盛夏阳光刺

眼、天气炎热，只见她赤脚挥锄，弯腰拔草、撒化肥，手上脚上都是泥。稍微有些空闲时间，她顾不上休息，就跑到班上给孩子上课。

生活的艰苦尚可以接受，可面对教育理念落后、办学资源紧缺、教具学具匮乏等状况，郭文艳犯了难：如何因地制宜开设课程？我们要培养什么样的孩子？一切从头开始，需要怎么做？郭文艳想到了我国学前教育的开创者陈鹤琴。"对于鹤琴先生的'活教育'，我们不能简单照搬，要进行本土化的创新落地。"在此理念引领下，川中幼儿园遵循规律、回归朴素，构建起了适合幼儿发展的生态教育园本课程体系，致力于培养崇尚自然、遵循自然、自主自由的社会公民。一片片原本枯黄的玉米皮，在孩子们的手中变成了拖鞋、靠垫、盛开的花朵等，这是"玉米皮"课程。在教师的引导下，孩子们用野菊花、枯树枝、废旧纸箱、玻璃瓶等进行各具特色的花艺创作，这是"插花"课程。这些"自然课程"提升着孩子们发现美、欣赏美、创造美的能力。

为把家长引领到科学教育孩子的大军中来，郭文艳请专家开展育儿知识专题讲座，并定期带领教师进行全员家访活动，了解孩子的学习情况和家庭情况，帮助家长学习科学育儿知识。但这些，往往都是治标不治本。为了彻底改变家长的思想意识，2014 年，经中国农业大学教授孙庆忠指导，郭文艳为家园共育换了一个新思路——她带领幼教团队成立了全国第一个以幼儿园为依托的乡村社区大学——川中社区大学。川中社区大学被定义为"不是家长学校，不是农民技术学校，是成人终身学习的公民学校"。随着不断尝试和突破，在郭文艳的带领下，川中社区大学在西平罗村和兆村创办乡村学堂。如今川中社区大学的课程，也从最初的 4 门增加到 24 门，更加科学，也更接地气。

郭文艳和她的团队成员，现在不仅有着川中幼儿园教师、川中社区大学讲师的双重身份，每个人都还担任着西平罗乡一个行政村村委会副主任的职务。"我们想让村里的男女老少都走进社大，树立起终身学习的理念，让吵架和搓麻将的声音变少，让歌声和读书声变多……"对此，郭文艳越来越有信心。

郭文艳这一路走来，似乎只做了一件事——献身乡村教育，担当育人使命。而郭文艳一直在做的，并将继续做下去的，不正是以乡村教育的绵薄之力来助推乡村振兴的国家战略吗？

八、"时代楷模"王红旭——让生命化作那道光芒

王红旭，男，1986 年 12 月出生，汉族，中国共产党入党积极分子，生前系重庆市大渡口区育才小学体育教师。

2021 年 6 月 1 日 18 时左右，2 名儿童在大渡口万发码头长江段沙滩边玩耍，不慎落水。危急时刻，王红旭同志丢下自己 3 岁的孩子百米冲刺跳江救人，倾尽全力将孩子往岸上推，在数十名群众联手接力下，2 名落水小孩成功救起，他却因体力不支，不幸被江水冲走。经多方搜救，6 月 2 日 16 时许，王红旭同志遗体在出事水域附近被找到。

王红旭同志 12 年教师职业生涯中，始终忠诚党的教育事业、爱岗敬业、潜心育人、忘我奉献，在平凡的教学工作岗位上创造出了不平凡的业绩。他始终将学生放在首位，关心学生身心健康，及时为学生排忧解难，是深受师生和家长喜爱的好老师。他潜心育人，积极探索教育教学规律，注重培养学生健全人格和强健体魄，改革课堂教学，取得了明显效果。他心怀大爱，舍己救人，在危难时刻舍身勇救儿童，用实际行动书写了一名人民教师的价值追求和责任担当，践行了人民教师的光

荣职责和神圣使命，塑造了新时代人民教师的光辉形象。

王红旭同志出身教育世家，秉承一家三代人热爱教育事业、从事教师职业的家风传统，传承德高为师、身正为范的家训师风，兢兢业业教书育人，充分展现出了教育世家的精神风范和至诚至深的教育情怀。王红旭同志是践行"四有"好老师要求的先锋模范，是教育系统庆祝中国共产党百年华诞，在青年教师中学党史、干实事涌现出的杰出代表。为大力表彰和学习宣传王红旭同志的先进事迹，弘扬他的崇高精神，教育部决定追授王红旭同志"全国优秀教师"荣誉称号。

全国广大教师和教育工作者要以王红旭同志为榜样，学习他爱岗敬业、爱生如子的高尚师德，学习他潜心育人、辛勤耕耘的赤诚情怀，学习他以德施教、为人师表的品格风范，学习他心怀大爱、舍己救人的崇高精神，自觉将学习王红旭同志先进事迹融入党史学习教育和师德专题教育，全面贯彻党的教育方针，深入落实立德树人根本任务，强化为党育人、为国育才的使命担当，以更加奋进的精神状态，争做为学为人的"大先生"、争做党和人民满意的"四有"好老师，努力培养德智体美劳全面发展的社会主义事业建设者和接班人。

第十章
师德失范行为警示教育案例

要加强师德师风建设，坚持教书和育人相统一，坚持言传和身教相统一，坚持潜心问道和关注社会相统一，坚持学术自由和学术规范相统一，引导广大教师以德立身、以德立学、以德施教。[1]

——习近平

教育任重道远，自当策马扬鞭。为深入贯彻落实党的二十大精神，严格落实教师职业行为十项准则要求，加强教师思想政治和师德师风建设工作，严明底线红线，打造德才兼备的高素质队伍，营造风清气正的育人环境，多年来，教育部、中国教育报持续报道违反教师职业行为十项准则典型案例，希望广大教师以警示案例为镜鉴，对照检视、查找问题、剖析根源、及时整改，恪守师德"底线"，远离师德"红线"，坚守心灵净土，牢记职业操守，以优秀的师德师风尽显师者担当，争当"四有好老师"，做好"四个引路人"。

---

〔1〕《习近平在全国高校思想政治工作会议上强调　把思想政治工作贯穿教育教学全过程　开创我国高等教育事业发展新局面》，载 https://news. 12371. cn/2016/12/08/ARTI1481194922295483. shtml，访问日期：2024 年 7 月 31 日。

一、某市中学教师李某、杨某某、邵某某有偿补课问题

2021年7月，李某、杨某某、邵某某参与校外违规有偿补课。

该3名教师的行为违反了《新时代中小学教师职业行为十项准则》第10项规定。根据《事业单位工作人员处分暂行规定》《中小学教师违反职业道德行为处理办法（2018年修订）》等相关规定，给予李某通报批评、年度考核不合格、调离原工作岗位、取消评奖评优、职务晋升、职称评定等资格处理，责令其所在学校主要负责人作出书面检查；给予杨某某、邵某某警告处分和通报批评、年度考核不合格、调离原工作岗位、取消评奖评优、职务晋升、职称评定等资格处理，责令其所在学校主要负责人作出书面检查，对学校负责人进行批评教育，降低2020学年学校发展性考核档次。[1]

二、某小学教师徐某某收受礼品礼金问题

2021年至2022年期间，徐某某多次收受学生家长礼品礼金。

徐某某的行为违反了《新时代中小学教师职业行为十项准则》第9项规定。根据《中小学教师违反职业道德行为处理办法（2018年修订）》等相关规定，给予徐某某记过处分，三年内不涨工资、不晋级、不评优，停职至2023年8月31日，停职期间不发工资，停职期满后调离学校。对所在学校党支部书记进行诫勉谈话，给予校长警告处分。[2]

---

〔1〕《师德警示教育（二）违反中小学教师职业行为十项准则典型案例》，载 http://www.moe.gov.cn/jyb_xwfb/moe_2082/2021/2021_zl37/jiaoyujingshi/202105/t20210511_530820.html，访问日期：2024年7月31日。

〔2〕《教育部公开曝光第十三批7起违反教师职业行为十项准则典型案例》，载 http://www.moe.gov.cn/jyb_xwfb/gzdt_gzdt/s5987/202308/t20230816_1074599.html，访问日期：2024年7月31日。

三、某中学教师耿某带领学生应援娱乐明星问题

2020年5月，耿某在上课时间带领学生为娱乐明星应援，并录制视频在网络传播，造成不良影响。

耿某的行为违反了《新时代中小学教师职业行为十项准则》第3项规定。根据《中小学教师违反职业道德行为处理办法（2018年修订）》等相关规定，给予耿某停职检查处理；对学校校长进行诫勉谈话。[1]

四、某小学教师胡某某学术不端问题

2015年以来，胡某某多次抄袭他人作品用于自己出版书籍、发布微信公众号推文以及主编教材等，并获得多项荣誉称号。

胡某某的行为违反了《新时代中小学教师职业行为十项准则》第8项规定。根据《事业单位工作人员处分暂行规定》《中小学教师违反职业道德行为处理办法（2018年修订）》等相关规定，撤销胡某某副校长职务、调离教学岗位，撤销其所获荣誉称号。[2]

五、某中学教师吴某某性骚扰学生问题

吴某某隐瞒真实身份和年龄，通过微信与在校女学生进行低俗聊天，用淫秽语言挑逗，向女学生传播色情视频、图片等。

以上行为违反了《新时代中小学教师职业行为十项准则》

---

〔1〕《师德警示教育（二）违反中小学教师职业行为十项准则典型案例》，载http://www.moe.gov.cn/jyb_xwfb/moe_2082/2021/2021_zl37/jiaoyujingshi/202105/t20210511_530820.html，访问日期：2024年7月31日。

〔2〕《师德警示教育（二）违反中小学教师职业行为十项准则典型案例》，载http://www.moe.gov.cn/jyb_xwfb/moe_2082/2021/2021_zl37/jiaoyujingshi/202105/t20210511_530820.html，访问日期：2024年7月31日。

第 7 项规定，根据《中国共产党纪律处分条例》《中小学教师违反职业道德行为处理办法（2018 年修订）》，给予吴某某开除党籍、开除公职处分，依法撤销其教师资格。[1]

六、某中学教师肖某某在课堂上歧视、侮辱学生问题

2021 年 2 月，肖某某在课堂上发表通过家长收入水平质疑家长素质以及歧视、侮辱学生等言论。肖某某的行为违反了《新时代中小学教师职业行为十项准则》第 5 项规定。根据《教师法》《中国共产党纪律处分条例》《教师资格条例》《事业单位工作人员处分暂行规定》等相关规定，给予肖某某党内严重警告处分，降低岗位等级处理并调离岗位；撤销其教师资格，收缴教师资格证书，将其列入教师资格限制库，5 年内不得重新取得教师资格。对学校主要负责人进行问责，给予党内警告处分。[2]

七、某小学教师刘某体罚学生问题

2022 年 5 月，刘某在对学生教育管理中出现推搡打骂等体罚行为。刘某的行为违反了《新时代中小学教师职业行为十项准则》第 5 项规定。根据《中小学教师违反职业道德行为处理办法（2018 年修订）》等相关规定，给予刘某解聘处理，责成其向家长及学生承认错误。对所在学校执行校长给予停职处理，

---

〔1〕《师德警示教育（二）违反中小学教师职业行为十项准则典型案例》载 http://www.moe.gov.cn/jyb_ xwfb/moe_ 2082/2021/2021_ zl37/jiaoyujingshi/202105/ t20210511_ 530820. html，访问日期：2024 年 7 月 31 日。。

〔2〕《师德警示教育（二）违反中小学教师职业行为十项准则典型案例》载 http://www.moe.gov.cn/jyb_ xwfb/moe_ 2082/2021/2021_ zl37/jiaoyujingshi/202105/ t20210511_ 530820. html，访问日期：2024 年 7 月 31 日。

对学校进行全区通报批评，取消当年评优资格。[1]

八、某中学教师刘某开办校外培训班、诱导学生参加有偿补课问题

2018 年，刘某开办某艺术培训中心，利用晚上和周末为本校及校外学生进行有偿补课。刘某的行为违反了《新时代中小学教师职业行为十项准则》第 10 项规定。根据《事业单位工作人员处分暂行规定》《中小学教师违反职业道德行为处理办法（2018 年修订）》等有关规定，对刘某做出行政警告处分，扣除一年奖励性绩效工资、取消其两年内评优评先资格、全校范围内作出检查的处理。对学校主要负责人进行通报批评、诫勉谈话。[2]

---

〔1〕《教育部公开曝光第十三批 7 起违反教师职业行为十项准则典型案例》，载 http://www.moe.gov.cn/jyb_xwfb/gzdt_gzdt/s5987/202308/t20230816_1074599.html，访问日期：2024 年 7 月 31 日。

〔2〕《师德警示教育（二）违反中小学教师职业行为十项准则典型案例》载 http://www.moe.gov.cn/jyb_xwfb/moe_2082/2021/2021_zl37/jiaoyujingshi/202105/t20210511_530820.html，访问日期：2024 年 7 月 31 日。

附录 1

中小学师德失范行为治理现状调查问卷

尊敬的老师：

您好，首先非常感谢您抽出宝贵时间参与本次问卷调查！因学术调研需要，需要调查中小学师德失范行为治理现状，特进行此调查。

本次问卷为意愿感知问答，答案无对错之分。您的意见和真实感受将对本次研究提供莫大帮助，希望能够得到您的支持与配合。本次调查保证所获取的信息将仅用于学术研究，对您的信息将绝对保密，请您放心！

衷心感谢您的支持与合作！祝您身体健康，工作顺利！

一、个人基本情况调查

1. 请问您的性别是（　　　）

A. 男　　　　B. 女

2. 请问您任教的学段是（　　　）

A. 小学　　　B. 初中

3. 请问您的教龄是（　　　）

A. 不到 5 年　B. 5-10 年　C. 10-20 年　D. 20 年以上

4. 请问您的职称是（　　　）

A. 三级教师　B. 二级教师　C. 一级教师　D. 高级教师

E. 正高级教师　　　　F. 未评

二、师德失范行为治理现状调查

5. 您对现行《中小学教师职业道德规范》的熟悉程度是（　　　）

A. 非常熟悉　B. 比较熟悉　C. 一般　D. 不熟悉

6. 您所在学校和教育局针对现行《中小学教师职业道德规范》开展了哪些活动（　　　）[可多选]

A. 没有活动　　B. 要求教师自己学习

C. 学校组织教师集中学习　　　　D. 办专家解读讲座

E. 校内宣传　　F. 不清楚

7. 您对现行《中小学教师违反职业道德行为处理办法》的熟悉程度是（　　　）

A. 非常熟悉　B. 比较熟悉　C. 一般　D. 不熟悉

8. 您所在学校和教育局针对现行《中小学教师违反职业道德行为处理办法》开展了哪些活动（　　　）[可多选]

A. 没有活动　　B. 要求教师自己学习

C. 学校组织教师集中学习　　　　D. 办专家解读讲座

E. 校内宣传　　F. 不清楚

9. 您所在学校中教师违反师德的现象多吗（　　　）

A. 非常普遍　　B. 普遍　　　C. 有但不普遍　D. 没有

10. 请在以下师德失范行为中选出您最常见的两种类型（　　　）

A. 体罚学生或变相体罚学生　　B. 有偿补课

C. 谩骂、侮辱学生

D. 因家长职务、经济状况区别对待学生

E. 索要、收受学生及家长财物

F. 当学生受到伤害时不管不顾

11. 您所在学校有没有针对师德师风问题制定相应的制度？（　　）

  A. 有，且严格执行   B. 有，但流于形式

  C. 不知道   D. 没有

12. 您所在学校目前针对中小学师德失范行为处理过程的参与主体有哪些（　　）[可多选]

  A. 教育行政管理部门 B. 学校管理者

  C. 学生家长   D. 学生

  E. 教师

13. 请问您所在学校是否有针对处理师德失范行为成立专门的组织？（　　）

  A. 有   B. 不知道   C. 没有

14. 您所在学校在处理某位教师失范行为过程中是否听取过您对该教师的评价（　　）

  A. 是，并听取意见   B. 是，只是走走形式

  C. 否

15. 您所在学校在处理师德失范行为过程是否听取学生对教师的评价（　　）

  A. 是，并听取意见   B. 是，只是走走形式

  C. 否

16. 您所在学校在处理师德失范行为过程是否听取其他家长对教师的评价（　　）

  A. 是，并听取意见   B. 是，只是走走形式

C. 否

17. 您所在学校在处理师德失范行为的决策中是否有保障教师申诉的权利（　　）

A. 有　　　　　　B. 不知道　　　C. 没有

18. "当前对于师德失范行为处理的最大问题是制度不完善导致处理比较随意、长官意志突出，甚至看人下菜"，对此您的看法是（　　）

A. 完全赞同　　B. 比较赞同　　C. 既不赞同也不反对

D. 不太赞同　　E. 完全不赞同

19. 您所在学校对教师职业行为的管理监督？（　　　）

A. 非常宽松　　B. 比较宽松　　C. 一般

D. 比较严格　　E. 非常严格

20. 您所在学校对违反教师职业道德规范行为的处罚？

A. 非常不严厉　B. 比较不严厉　C. 一般

D. 比较严厉　　E. 非常严厉

21. 您对目前所在地区针对中小学师德失范行为处理对策推行现状的满意度是（　　　）

A. 非常满意　　B. 比较满意　　C. 一般

D. 不太满意　　E. 不满意

22. 请问您对改进当前师德失范的治理措施和手段有什么意见和建议？

_____

_____

_____

_____

_____

附录 2

中小学师德失范行为治理现状访谈提纲（校长）

1. 贵校有没有针对师德师风问题制定相应的制度？如何制定？

2. 在处理师德失范问题时贵校是否有制定相应的程序？

3. 请问贵校师德失范问题主要由谁负责处理？是否有教师组织（比如教代会）或其他主体参与？如果教师对处理结果不满意是否可以申诉或举行听证会？

4. 在处理过程中，是否有准确对失范行为进行定性？定性标准？

5. 您如何看待"师德一票否决制"？

6. 你认为政府或者教育管理部门在处理师德问题中发挥了哪些职能？起到什么作用？请问当地教育管理部门是否有聘请法律顾问？

中小学师德失范行为治理现状访谈提纲（教师）

1. 您对《中小学教师职业道德规范》以及《中小学教师违反职业道德行为处理办法》是否熟悉？学校有没有针对这两个文件专门组织过学习？

2. 您所在学校违反教师师德的现象多吗？主要集中于哪几种类型？

3. 在处理师德失范问题时贵校是否有制定相应的程序？

4. 请问贵校师德失范问题主要由谁负责处理？是否有教师组织或其他主体参与？如果教师对处理结果不满意是否可以申诉或举行听证会？

5. 就您看来，对教师违反师德问题处罚方式、处罚力度是否合适？

6. 教代会在处理师德问题中起到什么作用？

7. 您如何看待"师德一票否决制"？

8. 您觉得该如何有效解决当下中小学教师职业道德失范问题？

中小学师德失范行为治理现状访谈提纲（家长）

1. 在您看来，现在中小学教师违反师德的现象多吗？主要集中于哪几种类型？

2. 请问您是否知道您孩子所在学校是否有公开的师德问题举报的渠道、方式？

3. 学校处理师德失范问题时，您有没有参与？一般处罚程序是怎样的？

4. 您是否支持教师对扰乱教学秩序的学生实施必要的惩戒？您希望教师如何处理？

5. 请问您如何看待教师体罚或变相体罚（如罚站、罚饿、罚劳动、罚抄作业）、有偿补课、收受家长财物、辱骂学生等师德失范行为？

6. 如果学校对某位教师因师德失范行为进行处罚，需要您对该教师进行评价，您是否愿意配合？

中小学教师师德师风认知调查问卷

尊敬的教师：

你好！本调查问卷旨在了解教师师德师风建设情况。请您根据自己的实际情况，选择最符合的答案。您的回答将对我们的研究工作提供宝贵的参考。感谢您的配合！

1. 您的性别是（　　）

A. 男　　　　　　B. 女

2. 您的教龄是（　　）

A. 0-5 年　　　　B. 6-10 年

C. 11-15 年　　　D. 16 年以上

3. 您的学历是？

A. 大专　　　　　B. 本科　　　　　C. 研究生及以上

4. 您目前所在的学段是？

A. 小学　　　　　B. 初中　　　　　C. 高中

5. 您认为师德建设的重要程度是？

A. 极其重要　　　B. 重要

C. 比较重要　　D. 不重要

6. 您如何看待师德建设中的一票否决制度（　　　）

A. 非常好　　　　B. 比较好

C. 一般　　　　　D. 不好

7. 您认为自己在工作中是否始终坚守教师的职业道德？

A. 总是　　　　　B. 大部分时间

C. 一半时间　　　D. 很少

8. 当社会利益与个人利益相冲突时，教师需先维护社会利益？

A. 非常同意　　　B. 同意

C. 比较同意　　　D. 不同意

9. 从以下师德失范行为中选出您最常见的两种类型（　　　）

A. 体罚学生或变相体罚学生

B. 有偿补课

C. 谩骂、侮辱学生

D. 因家长职务、经济状况区别对待学生

E. 索要、收受学生及家长财物

F. 当学生受到伤害时不管不顾

10. 请谈谈您对教师专业主义的看法。

_____

_____

_____

_____

参考文献

一、著作类

[1] 教育部课题组:《深入学习习近平关于教育的重要论述》,人民出版社2019年版。

[2] 俞可平:《民主与陀螺》,北京大学出版社2006年版。

[3] 褚宏启主编:《中国教育管理评论》(第2卷),教育科学出版社2004年版。

[4] (汉)董仲舒撰:《春秋繁露》,中州古籍出版社2010年版。

[5] 钱穆:《宋明理学概述》,学生书局1977年版。

[6] (宋)程颢、程颐:《二程集》,王孝鱼点校,中华书局1981年版。

[7] (宋)程颢、程颐:《二程集》,王孝鱼点校,中华书局2004年版。

[8] (清)黄宗羲原著:《宋元学案》,全祖望补修,陈金生、梁运华点校,中华书局1986年版。

[9] (明)王守仁撰:《王阳明全集》(上),吴光等编校,上海古籍出版社1992年版。

[10] (清)王夫之:《宋论》,舒士彦点校,中华书局1964年版。

[11] 璩鑫圭、童富勇编:《中国近代教育史资料汇编:教育思想》,上海教育出版社1997年版。

[12] (清)康有为:《大同书》,姜义华、张荣华编校,中国人民大学出版社2010年版。

[13] （清）康有为：《大同书》，汤志钧导读，上海古籍出版社 2005 年版。

[14] 梁启超：《饮冰室合集》，中华书局 1989 年版。

[15] 高平叔编：《蔡元培教育论著选》，人民教育出版社 2011 年版。

[16] 中国蔡元培研究会编：《蔡元培全集》（第 2 卷），浙江教育出版社 1997 年版。

[17] 崔福林、王国英、许春华主编：《教师职业道德修养》，河北大学出版社 2005 年版。

[18] 孙培青主编：《中国教育管理史》，人民教育出版社 1996 年版。

[19] 《毛泽东文集》（第 7 卷），人民出版社 1996 年版。

[20] 湖南省长沙师范学校编：《徐特立文集》，湖南人民出版社 1980 年版。

[21] 武衡、谈天民、戴永增主编：《徐特立文存》（第 3 卷），广东教育出版社 1995 年版。

[22] 陈秀云、陈一飞编：《陈鹤琴全集》（第 2 卷），江苏教育出版社 2008 年版。

[23] ［苏］В. Н. 契尔那葛卓娃、И. И. 契尔那葛卓夫：《教师道德》，严缘华、盛宗范译，华东师范大学出版社 1982 年版。

[24] 檀传宝主编：《教师职业道德》，北京师范大学出版社 2015 年版。

[25] 亓子杰、王庆之主编：《教师道德学》，山东人民出版社 1990 年版。

[26] 教育部人事司组编：《高等学校教师职业道德修养》（修订版），北京师范大学出版社 2006 年版。

[27] 叶澜：《"新基础教育"论——关于当代中国学校变革的探究与认识》，教育科学出版社 2006 年版。

[28] 马和民主编：《新编教育社会学》（第 2 版），华东师范大学出版社 2009 年版。

[29] 檀传宝：《教师伦理学专题——教育伦理范畴研究》，北京师范大学出版社 2010 年版。

[30] 倪愫襄编著：《伦理学导论》，武汉大学出版社 2002 年版。

[31] 李义天：《美德伦理学与道德多样性》，中央编译出版社 2012 年版。

[32] 何怀宏：《伦理学是什么》，北京大学出版社 2015 年版。

[33] 陈杏兰等：《感动中国的山村教师——走近大别山师魂汪金权》，华

中师范大学出版社 2010 年版。

［34］［美］约翰·S. 布鲁贝克：《高等教育哲学》，王承绪等译，浙江教育出版社 1987 年版。

［35］窦桂梅：《做一名有专业尊严的教师》，漓江出版社 2007 年版。

［36］［法］卢梭：《爱弥儿》，李平沤译，商务印书馆 1978 年版。

［37］《马克思恩格斯选集》（第 1 卷），人民出版社 1995 年版。

［38］季卫东：《法治秩序的建构》，中国政法大学出版社 1999 年版。

［39］［美］肯尼斯·A. 斯特赖克、乔纳斯·F. 索尔蒂斯：《教学伦理》，黄向阳、余秀兰、王丽佳译，华东师范大学出版社 2018 年版。

［40］万绍红：《美国宪法中的共和主义》，人民出版社 2009 年版。

［41］贺来：《"主体性"的当代哲学视域》，北京师范大学出版社 2013 年版。

［42］刘云杉：《从启蒙者到专业人——中国现代化历程中教师角色演变》，北京师范大学出版社 2006 年版。

［43］冯婉桢：《教师专业伦理的边界——以权利为基础》，教育科学出版社 2012 年版。

［44］夏晓红编：《梁启超文选》（下），中国广播电视出版社 1992 年版。

［45］［美］Phillip C. Schlechty：《创建卓越学校：教育变革的 6 大关键系统》，杜芳芳译，华东师范大学出版社 2012 年版。

［46］［美］加布里埃尔·A. 阿尔蒙德、西德尼·维巴：《公民文化——五个国家的政治态度和民主制度》，张明澍译，商务印书馆 2014 年版。

［47］［美］艾米·古特曼：《民主教育》，杨伟清译，译林出版社 2010 年版。

［48］阎亚军：《中国教育改革的逻辑——对改革开放以来我国基础教育改革的反思》，浙江大学出版社 2016 年版。

［49］［美］约翰·罗尔斯：《正义论》，何怀宏、何包钢、廖申白译，中国社会科学出版社 1988 年版。

［50］［英］约翰·埃默里克·爱德华·达尔伯格－阿克顿：《自由与权力》，侯建、范亚峰译，译林出版社 2014 年版。

［51］王庆节：《解释学、海德格尔与儒道今释》，中国人民大学出版社

2004 年版。

[52] [法] 埃德加·莫兰:《伦理》,于硕译,学林出版社 2017 年版。

[53] 陈嘉映:《何为良好生活:行之于途而应于心》,上海文艺出版社 2015 年版。

[54] 朱小蔓:《情感教育论纲》(第 3 版),南京师范大学出版社 2019 年版。

[55] [奥] 阿尔弗雷德·舒茨:《社会世界的意义构成》,游淙祺译,商务印书馆 2012 年版。

[56] [加] 马克斯·范梅南:《教学机智——教育智慧的意蕴》,李树英译,教育科学出版社 2001 年版。

[57] 李晓文:《青少年发展研究与学校文化生态建设》,教育科学出版社 2010 年版。

[58] [美] 丹尼斯·朗:《权力论》,陆震纶、郑明哲译,中国社会科学出版社 2001 年版。

[59] 金生鈜:《规训与教化》,教育科学出版社 2004 年版。

[60] [法] 爱弥尔·涂尔干:《道德教育》,陈光金、沈杰、朱谐汉译,上海人民出版社 2001 年版。

[61] 蔡春:《在权力与权利之间——教育政治学导论》,北京师范大学出版社 2010 年版。

[62] 吴康宁:《教育社会学》,人民教育出版社 1998 年版。

[63] 黄向阳:《德育原理》,华东师范大学出版社 2000 年版。

[64] 吴先伍:《他者伦理视野中的道德教育》,上海三联书店 2019 年版。

[65] [美] Michael Fullan:《教育变革的新意义》(第 4 版),武云斐译,华东师范大学出版社 2010 年版。

[66] [美] 芭芭拉·福尔特纳编:《哈贝马斯:关键概念》,赵超译,重庆大学出版社 2016 年版。

[67] 张康之:《合作的社会及其治理》,上海人民教育出版社 2014 年版。

[68] J. Ahrens, R. Caspers, J. Weingarth, *Good Governance in the 21st Century*, Edward Elgar Publishing, 2011.

二、论文类

[1] 洪明、徐梦婷：《论家长的教育参与》，载《中华家教》2021年第1期。

[2] 胡金平：《家长干预学校教育行为的现象分析——一种嵌入的视角》，载《湖南师范大学教育科学学报》2012年第2期。

[3] 劳凯声：《教师职业的专业性和教师的专业权力》，载《教育研究》2008年第2期。

[4] 李晓燕：《中国教师权利和义务及其实现保障论纲》，载《国家教育行政学院学报》2006年第6期。

[5] 林成堂、江玲：《论教师专业自主权的实践尺度》，载《华东师范大学学报（教育科学版）》2011年第3期。

[6] 徐文新：《专家、利益集团与公共参与》，载《法律科学（西北政法大学学报）》2012年第3期。

[7] 郑新蓉：《试析父母教育权的起源、演变和特征》，载《教育研究与实验》2000年第5期。

[8] 张乐天：《推进学校治理能力现代化：意义、重心与路径》，载《复旦教育论坛》2014年第6期。

[9] 朱水萍、尹建军：《师德违规行为惩处的国际经验及启示》，载《河北师范大学学报（教育科学版）》2019年第6期。

[10] 柏路、包崇庆：《习近平关于师德师风重要论述的生成逻辑、内容结构及理论品格》，载《思想教育研究》2021年第9期。

[11] 鲍传友：《提升学校治理能力需要进一步完善学校内部治理结构》，载《教育发展研究》2017年第20期。

[12] 陈桂生：《"师德"研究》，载《教育研究与实验》2001年第3期。

[13] 陈嘉明：《"理解"的理解》，载《哲学研究》2019年第7期。

[14] 陈金钊：《过度解释与权利的绝对化》，载《法律科学（西北政法大学学报）》2010年第2期。

[15] 陈牛则、邱露：《推进教育治理体系与治理能力的现代化——"全国教育管理学科学术委员会第13届学术年会"综述》，载《中小学管

理》2015 年第 2 期。

[16] 陈瑞华：《通过法律实现程序正义——萨默斯"程序价值"理论评析》，载《北大法律评论》1998 年第 1 期。

[17] 陈振中：《重新审视师生冲突——一种社会学分析》，载《教育评论》2000 年第 2 期。

[18] 成方露、孙彩霞：《陶行知思想对我国新时代教师师德建设的启示》，载《生活教育》2022 年第 31 期。

[19] 程红艳、陈银河：《超越纵容默许与重拳出击：师德失范行为治理的对策研究》，载《中国教育学刊》2019 年第 2 期。

[20] 褚宏启：《教育治理：以共治求善治》，载《教育研究》2014 年第 10 期。

[21] 戴红宇：《论韩愈的"为师之道"及当代启思》，载《中国德育》2022 年第 17 期。

[22] 戴妍、陈佳薇：《我国教师权威的历史演进与现实审视》，载《教师教育研究》2021 年第 3 期。

[23] 杜时忠：《教师道德从何而来》，载《高等教育研究》2002 年第 5 期。

[24] 杜时忠：《教师道德越高越好吗》，载《中国德育》2010 年第 2 期。

[25] 杜时忠：《以道德的教育培养道德的人》，载《教育科学研究》2014 年第 8 期。

[26] 杜治政：《规范与美德的并存与互补：历史视角》，载《医学与哲学》2023 年第 3 期。

[27] 冯苗、曲铁华：《教育对话的本体论解读——哲学解释学的视角》，载《教育科学》2008 年第 1 期。

[28] 甘剑梅：《教师应该是道德家吗——关于教师道德的哲学反思》，载《教育研究与实验》2003 年第 3 期。

[29] 郭良婧：《论底线伦理的"后退"与信念伦理的"缺乏"》，载《伦理学研究》2017 年第 6 期。

[30] 郭玉华、李铭：《高校师德评价指标体系构建研究》，载《传承》2016 年第 1 期。

［31］ 蒿楠：《论教育治理体系下的学校自主发展》，载《教育理论与实践》2016 年第 29 期。

［32］ 何怀宏：《底线伦理的概念、含义与方法》，载《道德与文明》2010 年第 1 期。

［33］ 何云峰：《教师道德：期待与角色定位》，载《伦理学研究》2015 年第 4 期。

［34］ 郝德永：《我国当代教育改革的方法论偏差及症结》，载《教育研究与实验》2018 年第 1 期。

［35］ 胡金平：《家长参与教育的政治社会学分析》，载《南京师大学报（社会科学版）》2012 年第 5 期。

［36］ 扈中平、刘朝晖：《对道德的核心和道德教育的重新思考》，载《华东师范大学学报（教育科学版）》2001 年第 2 期。

［37］ 黄向阳：《学生中的欺凌与疑似欺凌——校园欺凌的判断标准》，载《全球教育展望》2020 年第 9 期。

［38］ 贾志国：《中国传统课程思想的发展逻辑：合情化、合理化、合法化》，载《教师教育学报》2023 年第 2 期。

［39］ 姜丽华：《探究"教师权力"》，载《教育科学》2007 年第 2 期。

［40］ 《教育部、全国教育工会颁发中小学教师职业道德要求（试行草案）》，载《江苏教育》1985 年第 13 期。

［41］ 靳澜涛：《从教育治理到教育治理现代化的内在逻辑及其价值理性》，载《中国电化教育》2021 年第 10 期。

［42］ 李洪修、陈栎旭：《改革开放以来中国师德政策的变迁历程、内在逻辑与未来展望》，载《社会科学战线》2022 年第 11 期。

［43］ 李家成：《学校变革应关注学生的成长需要》，载《人民教育》2005 年第 18 期。

［44］ 李鹏：《普及化阶段中国高等教育治理体系与治理能力现代化的制度逻辑》，载《湖北社会科学》2022 年第 9 期。

［45］ 李清雁：《师德建设研究的现状、问题与展望》，载《河北师范大学学报（教育科学版）》2009 年第 8 期。

［46］ 李西顺：《教师专业道德建构——以王阳明"致良知"学说为分析工

具》，载《教育研究》2022 年第 1 期。

[47] 刘次林：《直面师德问题，强化师德治理能力》，载《中国德育》
2022 年第 3 期。

[48] 刘健、王颖、孙雅：《改革开放以来我国高校师德政策演变及走向》，
载《教育文化论坛》2023 年第 3 期。

[49] 刘磊：《我国师德建设主导形态转向与突破路径》，载《中国教育学
刊》2017 年第 3 期。

[50] 刘洋溪、任钰欣、舒菁怡：《整体性治理视域下教师队伍建设的现实
困境与优化路径》，载《教育研究与实验》2023 年第 3 期。

[51] 刘志林、陈博旺、曾捷：《高校教师师德评价制度的文本检视、困境
反思及改进路径》，载《黑龙江高教研究》2023 年第 4 期。

[52] 吕洪刚：《教育治理视角的师德建构理论与实践》，载《现代教育科
学》2017 年第 12 期。

[53] 吕普生：《中国行政审批制度的结构与历史变迁——基于历史制度主
义的分析范式》，载《公共管理学报》2007 年第 1 期。

[54] 牛风蕊：《建国以来我国高校教师发展制度的变迁逻辑——基于历史
制度主义的分析》，载《国内高等教育教学研究动态》2015 年第
21 期。

[55] 齐军：《从失范到规范：教师教学生活的社会学审视》，载《教育理
论与实践》2012 年第 11 期。

[56] 施雪华、张琴：《国外治理理论对中国国家治理体系和治理能力现代
化的启示》，载《学术研究》2014 年第 6 期。

[57] 石中英：《教育中的民主概念：一种批判性考察》，载《北京大学教
育评论》2009 年第 4 期。

[58] 宋芳明、余玉花：《评价观：师德评价合理性的理论反思》，载《黑
龙江高教研究》2018 年第 4 期。

[59] 宋晔、牛宇帆：《教师权威：爱与惩罚的道德张力》，载《教育科学
研究》2016 年第 7 期。

[60] 滕世华：《公共治理理论及其引发的变革》，载《国家行政学院学报》
2003 年第 1 期。

［61］ 王海明：《权力概念辨难》，载《西南民族大学学报（人文社科版）》2010 年第 5 期。

［62］ 王小梅：《以人为本推进新时期师德建设——学习〈教育部关于进一步加强和改进师德建设的意见〉的认识与思考》，载《中国高教研究》2005 年第 1 期。

［63］ 王中男：《教师伦理道德：失范与复归——基于"个体·社会"框架的一种分析》，载《教育理论与实践》2015 年第 12 期。

［64］ 魏海苓、孙远雷：《论治理视野下的教育行政管理体制改革》，载《辽宁教育研究》2006 年第 6 期。

［65］ 魏则胜：《在德性与规范之间》，载《哲学研究》2011 年第 1 期。

［66］ 夏远永：《当前高校青年教师师德治理问题及机制研究》，载《浙江理工大学学报（社会科学版）》2016 年第 2 期。

［67］ 徐贲：《告别专业主义》，载《上海采风》2013 年第 10 期。

［68］ 许立新：《教师专业主义的再认与重建——英国课程改革背景下"基于课程要素"的分析框架》，载《比较教育研究》2009 年第 8 期。

［69］ 杨炎轩、叶婵媛：《师德教育视域下我国中小学教师师德失范行为的归因与治理》，载《现代教育管理》2023 年第 5 期。

［70］ 于水、查荣林、帖明：《元治理视域下政府治道逻辑与治理能力提升》，载《江苏社会科学》2014 年第 4 期。

［71］ 余雅风：《从教师职业的公共性看教师的权利及其界限》，载《教师教育研究》2006 年第 3 期。

［72］ 俞可平：《权力与权威：新的解释》，载《社会科学文摘》2016 年第 8 期。

［73］ 遇桂敏、吴洪波：《陶行知师德学说浅论》，载《教育探索》1998 年第 2 期。

［74］ 张旦生、张振改：《间接规制：师德治理的有效路径》，载《中小学管理》2015 年第 4 期。

［75］ 张旦生、张振改：《政策工具视角下师德分层治理的路径探索》，载《教育科学研究》2015 年第 8 期。

［76］ 张桂华：《"理解"视域下的谈心教育：以青年思想引导为例》，载

《中国青年研究》2019 年第 10 期。

[77] 张素娟：《定性与定量相结合的图书馆绩效考核体系设计与实现》，载《农业网络信息》2013 年第 7 期。

[78] 贺林：《用"三个代表"思想指导师德建设》，载《金融理论与教学》2003 年第 2 期。

[79] 上官子木：《学校民主评选活动中的问题》，载《教育科学研究》2010 年第 2 期。

[80] 张文才：《高等体育院校师德师风评价指标体系构建研究》，载《现代教育科学》2023 年第 1 期。

[81] 张自慧：《论师德自觉及其实现路径》，载《教育伦理研究》2018 年第 0 期。

[82] 赵常丽：《孔子师德观的现代意义》，载《青海民族学院学报（社会科学版）》2008 年第 2 期。

[83] 赵丽萍：《论教师权威的现代重塑》，载《中国德育》2010 年第 3 期。

[84] 褚宏启、贾继娥：《教育治理中的多元主体及其作用互补》，载《教育发展研究》2014 年第 19 期。

[85]《中小学教师职业道德规范》，载《人民教育》1991 年第 10 期。

[86] 周金山、程红艳：《教育民主视野下教师专业主义的走向》，载《现代教育管理》2018 年第 6 期。

[87] 周兴国：《"学生行为问题"的意义主体：基于案例的分析与阐释》，载《教育科学研究》2018 年第 8 期。

[88] 周兴国：《意义世界中的儿童行为表现概念及其意涵》，载《安徽师范大学学报（社会科学版）》2019 年第 3 期。

[89] 朱力：《失范范畴的理论演化》，载《南京大学学报（哲学·人文科学·社会科学）》2007 年第 4 期。

[90] 邹汉林：《以邓小平理论为指针加强师德建设》，载《学校党建与思想教育》1998 年第 5 期。

[91] 邹红军、柳海民：《新中国 70 年中小学师德政策建设回眸与前瞻》，载《中国教育科学（中英文）》2020 年第 1 期。

［92］秦苗苗：《习近平关于师德建设论述研究》，大连海事大学 2020 年博士学位论文。

［93］阿不都松·艾木拉江：《中小学教师职业倦怠对师德失范行为的影响研究》，华中师范大学 2022 年硕士学位论文。

［94］韩露：《孟子为政思想及其对现代教育治理的启示》，曲阜师范大学 2022 年硕士学位论文。

［95］张旦生：《中小学师德失范治理政策的合法性研究》，西南大学 2016 年硕士学位论文。

［96］钟骏树：《我国教师申诉制度问题研究》，江西师范大学 2009 年硕士学位论文。

［97］周艳：《论中华传统师德与当代师德教育》，广西师范大学 2006 年硕士学位论文。

［98］周娟：《我国高等教育治理法治化研究》，南昌大学 2017 年博士学位论文。

［99］Elmore R. F. "Instrument sand strategy in public policy", *Policy Studies Review*, 1987（1）。

三、其他

［1］《中共中央关于党的百年奋斗重大成就和历史经验的决议》，载《人民日报》2021 年 11 月 17 日。

［2］柳拉：《各有难念的经：被呼来喝去的家长》，载《中国青年报》2002 年 9 月 25 日。

［3］习近平：《做党和人民满意的好老师》，载《人民日报》2014 年 9 月 10 日。

［4］中共中央、国务院《关于全面深化新时代教师队伍建设改革的意见》。

［5］教育部等《教师教育振兴行动计划（2018—2022 年）》。

［6］教育部《关于印发〈新时代高校教师职业行为十项准则〉〈新时代中小学教师职业行为十项准则〉〈新时代幼儿园教师职业行为十项准则〉的通知》。

［7］中共中央、国务院《深化新时代教育评价改革总体方案》。

［8］中共中央《关于全面深化改革若干重大问题的决定》。

［9］《正在乌兹别克斯坦访问的习近平向全国教师致慰问信》，载 https://www. gov. cn/ldhd/2013-09/09/content_ 2484494. htm，访问日期：2024年7月31日。

［10］海南省教育厅《关于在全省教育系统开展师德师风专项整治行动的通知》。

［11］贵州省教育厅《关于印发〈贵州省师德师风建设专项行动实施方案〉的通知》。